KB112597

ESG 투자의 시대

Investment and business in ESG era

초판 1쇄 발행 | 2021년 11월 26일
초판 2쇄 발행 | 2021년 12월 10일

지은이 | 송주형·최진석·전홍민
펴낸이 | 박영욱
펴낸곳 | 북오션

경영지원 | 서정희
편 집 | 권기우
마케팅 | 최석진
디자인 | 민영선·임진형
SNS 마케팅 | 박현빈·박가빈
유튜브 마케팅 | 정지은

주 소 | 서울시 마포구 월드컵로 14길 62
이메일 | bookocean@naver.com
네이버포스트 | post.naver.com/bookocean
페이스북 | facebook.com/bookocean.book
인스타그램 | instagram.com/bookocean777
유튜브 | 쏠쏠TV·쏠쏠라이프TV
전 화 | 편집문의: 02-325-9172   영업문의: 02-322-6709
팩 스 | 02-3143-3964

출판신고번호 | 제2007-000197호

ISBN 978-89-6799-646-8 (93320)

앞으로 10년, 미래를 지배할 투자와 경영

ESG 투자의 시대

송주형
최진석
전홍민
지 음

📖 북오션

최근에 이르러 ESG는 우리나라는 물론 전 세계적인 비즈니스의 패러다임을 바꾸는 키워드가 되고 있다. 한 세기를 지배해 온 시장자본주의의 물결은 갈수록 심해지는 빈부격차와 지구 환경의 파괴로 인한 큰 도전에 직면해 있어, ESG가 지속가능한 자본주의의 한 축으로서 자리잡아가는 모양새다. 이 책은 우리나라 국부펀드인 KIC의 운용역이었던 우리 회사의 송주형 대표가 KIC의 현직 ESG투자 담당자인 최진석 팀장과 회계 및 거버넌스 전문가인 전홍민 교수와 함께 저술한 ESG 안내서로서, 독자들은 공공영역의 글로벌 투자에서부터 민간영역의 국내투자까지 ESG와 관련된 저자들의 경험과 생각을 보다 생생하게 느낄 수 있을 것이다.

박제용
현 WWG자산운용 회장,
전 외환은행 수석부행장, 전 KTB프라이빗에쿼티 대표이사 부회장,
전 한국투자공사(KIC) 경영관리본부장

• 추천사 •

E : 얼마 전에 미국 캘리포니아주 샌프란시스코에 다녀왔다. 아직 코로나가 엄중한 상황이지만 몇 가지 절차를 밟고서라도 해외에 갔다 올 수 있다는 사실이 새삼 소중하고 반갑게 느껴졌다. 2년여 만에 방문한 샌프란시스코는 거리에 사람들은 현저히 준 반면 노숙자들이 상당히 많이 늘어 과거 코로나 발생 이전의 활기차고 생동감 있는 모습과는 많이 달랐다. 열흘 남짓 있는 동안 놀란 것은 어디에 가더라도 다음 문구가 늘 놓여 있다는 것이었다. "Be mindful of water shortage!" Bay Area에 위치하여 일년 내내 안개가 자주 출몰하고 하루에도 4계절이 나타나는 날씨로 유명한 샌프란시스코에 어인 물부족! 최근 몇 년 사이에 캘리포니아에서는 건조한 기후로 산불이 빈발했는데 이는 캘리포니아 남부에 국한된 일인 줄로만 알았다. 하지만 샌프란시스코 곳곳에 보이는 "물을 아껴 쓰자"라는 표지는 북부 캘리포니아까지 물부족이 심각한 지경에 이르렀음을 알리는 반증이었다. 기후변화가 우리가 오랫동안 익숙했던 환경을 심각하게 바꾸고 있는 현장이었다.

S : 샌프란시스코 시내에서 쉽게 눈에 띄었던 많은 수의 노숙자들, 그리고 유니언 스퀘어를 포함한 시내 중심지에서 보이는 문닫은 수많은 상점들, 반면 몇몇 인기 있는 식당들은 몇 주 전에 예약하지 않으면 이용할 수 없는 상황은 코로나 발생 이전부터 나타나고 있던 불평등(Inequality) 심화의 현장이었다. 기술 혁신의 글로벌 중심지답게 테크

기업과 그를 둘러싼 에코 시스템, 그리고 거기에서 일하는 사람들은 넘쳐 나는 돈으로 초호황을 누리고 있었지만 그렇지 않은 대부분의 분야에서 일하는 사람들은 한치 앞도 미래를 내다볼 수 없는 상황에서 정부 지원에 간신히 기대어 살고 있었다. 특히 코로나 발생 이후 난국을 타개하기 위해 취해진 각종 대책들이 오히려 불평등을 더욱 심화시키는 아이러니라니! 한국에서 왔다고 하면 현지인들은 거의 반드시 엄지척을 하며 "Squid Game(오징어 게임)"을 언급하여 높은 열기를 실감할 수 있었다. 우리나라 문화 콘텐츠의 높은 경쟁력은 이제 새삼스럽지도 않고 거의 세계 최고 수준이라는 자부심에 뿌듯하긴 했지만 이 드라마의 주제가 개인의 높은 부채와 극심한 빈부격차라고 하는 지극히 현실적인 한국 상황임을 생각하면 결코 유쾌함에 오래 머물 수 없다. 결국 이것은 불평등 심화라고 하는, 체제의 지속가능성을 저해하는 요소가 아닌가? 과연 현재 우리가 속해 있고 또 오랫동안 그 효율과 장점을 인정받아 당연하다고 여겨져 온 자본주의 시장경제체제는 지속가능하기나 한 것인가?

G : 코로나 발생 이후 더욱 분명해지고 있는 한국 기업들의 뛰어난 경쟁력은 최근의 수출 지표에서 분명히 입증되고 있다. 거기에 상대적으로 코로나 방역에 성공한 결과, 전 세계적으로 공급망이 멈추거나 교란된 상황에서도 우리 기업들은 높은 품질의 제품을 꾸준히 세계 시장에 공급함으로써 Made In Korea의 위상은 팬데믹을 계기로 더욱 격상되었다. 게다가 이제는 음악, 영화, 드라마 등 문화 소프트웨어까지 세

계 시장을 석권하여 바야흐로 전방위에 걸친 "K-brand"의 높은 위상이 우리나라 기업들의 좋은 실적으로 계속 연결될 전망이다. 하지만 막상 이를 반영하는 우리 자본시장을 보면 참담하기조차 하다. 선진국은 물론이고 주변 이머징 시장에 비해서도 밸류에이션 지표가 상당히 낮게 형성되어 있다. 그 이유로는 지배구조(Governance)의 후진성이 꼽힌다. 소액주주를 배려하지 않는 대주주와 경영진의 의사결정이 여전히 빈번히 발생하고, 최근 몇 년 사이에 좋아졌다고는 하나 전반적으로 인색한 배당 역시 저평가의 원인이다. 국내 투자자들의 해외 투자가 일반화되고 더욱 증가하는 이유가 이에 기인하고 있다. 더 이상 국내 자본시장을 다른 일반 산업보다 더 열악한 또는 후진적인 상태에 머물게 해서는 안 된다. 대부분의 산업이 세계 최고 수준으로 발돋움한 지금 자본시장만이 언제까지 이 수준에 머물러야 한단 말인가?

송주형, 전홍민, 최진석 세 사람이 《ESG 투자의 시대》라는 책을 저술했다는 소식을 들으니 우선 참 기쁘다. 이제는 많은 사람들이 인지하고 또 어느 정도 공감하는 주제가 되었지만 한편으로는 많은 이들이 의구심을 갖고 있는 주제가 ESG다. 코로나로 인해 급격히 관심이 늘어 오히려 그 부작용으로 원자재 가격이 급등하여 회의감이 커지고 있지만, 아무리 보아도 ESG를 기업 경영과 투자 활동에 적극 적용하는 것은 미룰 수 없다. 바로 한 가지, 우리 모두의 지속가능한 미래를 위해서이다. 이 책은 저자들이 각각 실무와 학계에서 꾸준히 연구하고 또 실제로 적용해본 것을 책으로 옮긴 것이라서 그 어떤 책보다도 살아 있는 책이라 할 수 있다. 특히 송주형, 최진석 두 저자는 본인이 KIC에서 CIO로 일할 때 책임투자 개념을 도입하면서 함께 일했던 친구들이라 더욱 뿌듯하고 자랑스럽다. 이 책이 불안과 불평등이 심화되고 있는 지금, 올바른 투자를 위해 투자자들에게 길을 인도해 주는 등대 역할을 할 것으로 믿어 의심치 않는다.

강신우
현 스틱인베스트먼트 경영전문위원,
전 한국투자공사 투자운용본부장,
전 한화자산운용 대표이사

얼마 전 한 대형 선사 CEO의 볼멘소리를 들었다. 한전의 석탄 운반선을 친환경 LNG선박으로 대체하여 투입하고자 금융기관의 의향을 타진해 보니 대부분 부정적인 입장을 보인다는 것이다. 왜 하필이면 석탄 운반선이냐고. 같은 거래를 금융기관은 석탄 운반사업에 금융을 제공한다고 보는 것이고, 선사는 기존 선박을 친환경 선박으로 바꾼다는 시각인 것이다. ESG를 두고 발생하는 갈등이다.

ESG(Environmental, Social and Governance)가 세간의 화두로 떠오르고 있다. 삼성, LG 등이 이사회 내에 ESG위원회를 설치하고, 현대자동차그룹이 2035년 탄소 중립을 선언하고, 카카오 등 몇몇 기업이 앞다투어 인권 경영을 발표하기도 하고, 최근에는 112개 국내 금융기관이 공동으로 2050 탄소중립 지지선언을 하는 등 기업과 금융기관이 발 빠르게 ESG 도입에 동참하고 있다. 지속가능한 발전을 위하여 기업과 투자자의 사회적 책임에 참여하겠다는 것이다.

더 나아가 금년 1월 금융위원회는 오는 2025년부터 자산 총액 2조 원 이상의 유가증권시장 상장사의 ESG 공시 의무화가 도입되며, 2030년부터는 모든 코스피 상장사로 확대된다고 발표하였다. 비재무적 친환경 사회적 책임 활동이 기업 가치를 평가하는 주요 지표로 자리매김하게 된 것이다.

물론 우리나라만 그러한 것은 아니다. 아니 오히려 늦었다. 세계적으로는 많은 금융기관이 ESG평가 정보를 이미 활용하고 있다. 영국(2000년)을 시작으로 스웨덴, 독일, 캐나다, 벨기에, 프랑스 등 여러 나라에서 연기금을 중심으로 ESG정보 공시 의무 제도를 도입했다고 한다.

또한 선언만 하고 있는 것도 아니다. 우리나라 금융기관들은 이미 발 빠르게 움직여 '탈석탄 금융'을 주창하면서 구체적 실천을 보이기도 하였다. 국내외 석탄 화력발전소 건설을 위한 신규 프로젝트 파이낸싱과 석탄 관련 채권 인수 등을 전면 중단한다는 것이다.

이제 ESG는 피할 수 없는 현실이 되어가고 있다.

과거, 친환경 기업, 기업의 사회적 책임, 기업의 지배구조 개선 등을 통한 기업의 지속 가능성 제고 등은 산발적으로 논의되기는 하였으나, 지금처럼 ESG로 재무장하여 논의가 활발해진 것은 우리나라에서는 얼마 되지 않는다. 또한 국내 관련 법규와 제도의 수립 또한 매우 초보적인 단계에 있다. 그러다 보니 ESG가 알듯 하면서도 무언가 생경하고 새로운 듯하여 혼란을 가져오기도 한다. 갈등을 불러오기도 한다. 국제적으로 합의된 규범이 무엇인지에 대한 체계적인 지식도 부족한 때이다.

이런 때에 바로 이 책이 발간되었다. 교과서나 이론서가 아니다. 지금 이 시점에 우리 모두가 품을 수 있는 실무적인 궁금증을 화두로 던지고 답을 유도하고 있다. 눈이 확 떠지는 느낌이다. 쉽지 않은 주제이지만 쉽게 빠져 들게 한다. 그러면서도 환경(Environment), 사회(Social), 기업지배구조(Governance) 전 영역을 빠짐없이 다루고 있다. 아마도 저자들의 실무적인 경험이 녹아들어 있어 그럴 것이다.

아직 ESG가 인구에 회자되지 않을 때부터 친환경 PEF만을 지향하며 걸어온 송주형 WWG 대표, 학계와 실무를 넘나들며 회계와 기업지배구조에 깊은 연구를 보여주는 전홍민 교수 그리고 KIC에서 ESG 투자를 전담하고 있는 최진석 팀장, 이 세 분 저자 모두 내로라할 ESG 전문가이자 아직도 현업에서 활발히 활동하는 실무가이자 교수이다.

투자기관에서 일하며 또는 학교에서 강의하며 생기는 의구심을 던져보고, 투자 업무 중에 또한 연구하는 동안 찾은 해답을 정리하였기에, 누구나 이해하기 쉽고 마음에 와 닿아 당장 기업에서도 참고하기에 매우 유용한 안내서가 될 것이다.

아마도 내가 이 책을 미리 읽었다면, 볼멘소리의 대형 선사 CEO에게, 그리고 석탄 운반선이므로 금융을 못한다는 금융 기관 담당자에게 아주 바람직한 조언을 할 수 있었으리라 생각해 본다.

정우영
현 법무법인 광장 (금융) 대표 변호사

최근 ESG경영에 대한 관심이 한국을 포함한 전 세계에 걸쳐 고조되고 있다. 기업과 기관투자가, 사모펀드 등이 언론을 통해서 계속 ESG경영에 대한 발표나 논의를 계속하고 있는데, ESG경영을 처음 접한 일반 투자가나 관련 연구자들을 위한 입문서는 많지 않다. 이 책은 사모펀드와 연기금 전문가, 경영학자의 다양한 시각으로 ESG경영을 현재와 미래세상의 변화를 견인할 기회와 위기에 비추어 어떻게 이해하고 활용해야 하는 문제에 대해 재미있는 통찰력을 제시하고 있다. 특히 현재와 멀지않은 미래에 우리사회가 해결해야 할 디지털 전환, 불평등, 코로나19, 기업 지배구조 변화, 순환경제에 ESG경영이 어떻게 영향을 미칠 것이라는 주제에 대해 예리한 통찰력을 제시하고 있다. 이 책을 통해 일반 투자자나 관련 연구자들이 ESG경영을 잘 이해하기를 바라며 ESG경영이 비현실적인 환상에 의해 과대포장되거나 기업의 위험회피도구로만 인식되지 않기를 기대한다.

송학준
캘리포니아 주립대 교수

한때의 유행에 그칠 것이란 평가도 있었지만, ESG(친환경·사회적 책임·지배구조)는 이제 금융투자 업계는 물론 국제 경제·산업 전반의 핵심 어젠다로 자리잡았다. 2050년 탄소 중립이라는 목표를 향해 전 세계적으로 산업의 대전환이 시작됐다. 일상 생활에서도 친환경 등 이른바 '선한 영향력'을 내세운 각종 제품에 소비자가 몰린다. 투자업계에서는 내로라하는 세계적 자산운용사, 각국 국부펀드는 물론 가장 보수적인 조직으로 꼽히는 중앙은행들도 속속 ESG에 기반한 자금 운용 방침을 발표하고 있다.

기존의 사회공헌활동으로 대변되던 CSR이 기업의 사회적 기여 이미지 형성에 초점을 맞추었다면, ESG는 기업이 환경·사회·기업지배구조 측면에서 사회적으로 요구하는 수준을 충족하고 나아가 핵심 비즈니스도 이에 맞추도록 하는 점이 다르다. 특히 투자자들은 이제 ESG 관점에서 기업의 지속가능성과 성장성을 판단한다. ESG를 충족하지 못하는 기업은 자금조달에서부터 어려움을 겪을 수밖에 없는 환경이다.

하지만 여전히 ESG는 매우 논쟁적인 영역이다. 내로라하는 기업들이 ESG를 새로운 경영 원칙으로 내세우고 있지만 실질은 바꾸지 않고 이미지만 덧씌운 이른바 'ESG 워싱' 위험은 없는가, 친환경으로의 산업구조 전환이 기술력을 축적한 선진국의 또 다른 '사다리 걷어차기'는 아닌가, ESG 투자의 열풍이 언제까지 이어질 것인가, ESG를 내세운 주주행동주의 펀드는 새로운 방식의 '기업사냥'은 아닌가, 등 여전히 고민해야 할 문제들이 산적해 있다.

　본고 ESG 투자의 최일선에서 일하고 있는 세 명 전문가가 이런 다양한 문제에 대해 나눈 깊이 있는 토론을 담았다. 우리나라 국부펀드 KIC에서 ESG 투자를 주도하고 있는 최진석 책임투자 팀장, 국내 최초의 ESG 투자 전문 PEF로 명성이 높은 WWG의 송주형 대표, 지배구조 측면에서 훌륭한 성과를 보여주고 있는 전홍민 교수, 세 저자의 대담을 따라가다 보면 ESG에 현황 및 기초적인 이해는 물론, 다양한 논쟁적 문제에 대한 입체적인 통찰력을 얻을 수 있다. 투자와 경영의 새로운 어젠다를 탐구하는 독자들에게는 더없이 좋은 길잡이가 될 것이다.

오진우
연합 인포맥스 경제전문기자(전 뉴욕 특파원)

동고동락하며 경험을 함께했던
소중한 전현직 동료들과 사랑하는 가족들에게
이 책을 바칩니다.

　바야흐로 ESG(Environmental, Social, Governance)의 시대다. ESG는 매출액, 영업이익과 같은 재무적 지표 이외에 환경·사회·지배구조와 같은 비재무적 지표를 감안해 기업의 지속가능성(Sustainability)을 평가하고 이를 개선하기 위한 경영 및 투자활동을 의미한다. SK를 필두로 한 국내 대기업들의 적극적인 ESG 경영기조뿐만 아니라, 정책자금을 운용하는 KDB산업은행에서도 녹색경영기조 아래 ESG 요소를 적극적으로 출자기준에 반영하는 추세다. 우리 국민의 노후 자금인 국민연금은 이미 2009년부터 UNPRI(유엔책임투자원칙)에 가입해서 방대한 분량의 ESG 관련 리포트를 작성해오고 있으며, 대한민국 국부펀드인 한국투자공사(KIC)도 투자전략의 일환으로 ESG를 고려한 지이미 4년이 넘었다. 최근에는 민간 운용사들도 이러한 추세에 발맞춰 한국기업지배구조연구원이 관리하는 한국형 스튜어드십 코드 가입 및 정책출자자금 유치를 위한 내부 ESG 투자 가이드라인 마련에 적극적으로 참여하고 있다.

　이미 20년 전부터 논의되어 온 ESG가 지금 이 시기에 다시 주목받고 있으며, 이러한 추세는 잠깐 왔다 사라지는 것인지 아니면 더 이상 피할 수 없는 시대적 과제인지에 대해 우리는 생각해 볼 필요가 있다.

　무엇보다도 먼저 환경(Environmental) 차원에서 생각해 보자. 우리가 환경과 관련된 문제를 이야기할 때 가장 먼저 나오는 말은, 온실가스로 인한 기후변화(Climate Change)에 인류가 적절하게 대응하지 못하면 전 지구적인 재앙이 일어날 수 있다는 주장이다. 기후변화란 지구온난화로 인해 글로벌 차원의 기후 시스템이 수십 년에 걸쳐 점진적으로 변화하는 현상을 가리키는 용어이다. 기후변화의 원인으로는 태양 활동의 변화나 화산폭발의 재가 태양복사를 산란시키기 때문이라는 등 여러 가지 학설이 제기되고 있으나, 인간에 의한, 즉 인류발생적 원인(Anthropogenic Factors)으로서 화석연료의 연소에 의해 발생되는 이산화탄소의 증가가 가장 큰 요인으로 주목받고 있다. 온실효과에 의한 기온상승은 오존 농도가 증가하는 등 대기오염을 심화시킬 뿐만 아니라 말라리아·세균성 이질 등 매개체를 통한 질병 증가를 야기시키고 있다. 신 맬서스주의(Neo-Malthusian Theory)는 인구과잉 및 과잉소비가 자원고갈 및 환경파괴를 이끌고, 이는 필연적으로 생태계 붕괴 및 인류재앙을 이끈다고 주장하였다. 즉 지구의 생명주기, 인류문명의 심각한 변화를 유발시킬 수 있는 중요한 어젠다로서 최근 코로나19가 울린 경종을 겸허히 받아들이고 인류생존의 과제로 받아들이는 것이 중요하다고 볼 수 있겠다.

물론 우리 인류 역시 이러한 예상되는 재앙에 대해 손 놓고 있던 것은 아니다. 바로 옆에서도 인류 차원의 대응사례를 찾아볼 수 있다. 인천 송도에 위치한 녹색기후기금(Green Climate

Fund)은 2010년에 UN기후변화협약(UNFCCC)에 의해 설립된 국제기구이며, 선진국이 개발도상국의 온실가스 감축과 기후변화 적응을 지원하는 데 앞장서고 있다. 오바마정부 시절 탄생하였고, 기후변화 대응에 소극적이었던 과거 트럼프정부 시절에 기금조성에 어려움을 겪었으나, 지금 그린뉴딜에 다시 앞장서는 바이든정부에서 새롭게 주목받을 조직이 될 것으로 보인다.

환경보호 어젠다에서 가장 앞서 있는 유럽의 경우, 26개국이 모여 이산화탄소 배출량만큼 이산화탄소 흡수량도 늘려 실질적인 이산화탄소 배출량을 '0'으로 만든다는 탄소중립(Carbon Neutral)을 2050년까지 그린뉴딜을 통해 달성하겠다고 선언하였다. 영국의 다국적 비영리기구인 더 클라이밋 그룹(The Climate Group)에서는 RE100(100% Renewable Energy) 캠페인을 통해, 2050년까지 글로벌 기업들이 태양열, 태양광, 바이오, 풍력, 수력, 연료전지, 폐기물, 지열 등에서 발생하는 재생에너지로 화석연료를 100% 대체하겠다는 자발적인 참여를 이끌어내고 있다. 우리나라도 한국형 뉴딜을 중심으로 이러한 글로벌 캠페인에 적극 동참하고 있으며, 사회 전 분야에 걸친 물질순환이 완성될 수 있는 순환경제(Circular Economy) 구조를 구축하려 하고 있다. 대한민국의 이러한 전 국가적인 노력은 단순히 환경개선과 인류생존이라는 대의뿐만 아니라, ESG를 중심으로 급속히 개편되고 있는 글로벌 공급망 사슬에 우리나라 기업들이 빠르게 적응하여 편입할 수 있는 기반을 만드는 작업임을 알고, 국민들도 온실가스 및 폐기물의 배출자이자 소비자로서 적극 참여할 필요가 있다.

페이스북, 트위터, 유튜브 등 소셜미디어가 사람 사이를 연결해주고 의사소통의 자유를 극대화하고 있는 사회에서, 사회적 이슈에 대한 관심은 그 어느 때보다도 뜨거워지고 있다. 특히, 대한민국뿐만 아니라 글로벌 사회를 관통하고 있는 가장 큰 사회적 화두를 꼽자면 불평등(Inequality)이라고 볼 수 있다. 20세기 중반을 지나면서 공산주의와의 체제경쟁에서 승리한 자본주의는 비록 시장경제체제를 바탕으로 인간의 욕망을 부추기면서 인류 전체가 빠른 속도로 물질적인 풍요로움을 누릴 수 있게 하는데 기여하였지만, 그 이면에는 무자비한 경쟁과 능력지상주의, 그리고 자본을 가진 자가 계속 더 많은 자본을 축적하는 것이 유리한 경제구조[1]로 인해 상위 1%가 절반에 가까운 부를 독점하는 현상이 벌어진 것이다. 사실 왕정이나 귀족정에서의 차별은 경제적인 차원을 넘어선 부분이라 더욱 심각했을 수 있으나, 현대 사회에서는 결과에 대한 개인의 책임을 더 우선시하는 사회적 분위기뿐만 아니라, 소셜미디어로 인해 상위 1% 부유층의 사생활 노출로 경제적 양극화의 결과가 더욱 적나라하게 드러났다. 그렇기 때문

---

[1] 토마 피케티, 21세기 자본

에 현대사회에서 개인들의 불만이 커지고 분배정의에 대한 문제가 집중적으로 조명되고 있는 것이다[2].

현대사회의 불평등은 사회의 안정과 통합을 위해 기후변화 이슈만큼 중요한 문제이다. 과거 사회적 갈등이 결국 유혈혁명이나 국가 간 전쟁의 씨앗이 된 사례를 우리는 충분히 많이 보아왔다. 안정과 통합은 대부분 정치 및 정책의 역할이었다. 최근 우리나라에서도 불평등을 줄여 나가기 위한 분배정책으로, 공공 일자리 창출 및 기본소득에 대한 논의가 활발하게 이어지고 있다. 그러나 자본주의 사회에서 궁극적으로 정부뿐만 아니라 기업이 함께 이러한 사회적 문제를 해결하는 데 앞장서지 않으면, 단순 구호혹은 단기적인 처방에 그치고 말 것이다. 즉, 공공 일자리나 기본소득이라는 것은 결국 대부분 기업이 내는 세금으로 만들어지는 것이기 때문에, 중장기적으로 기업이 지속가능한 경쟁력을 갖추어 나갈 수 있고 그러한 경쟁력을 뒷받침하는 양질의 일자리들이 기업에서 새로이 창출되는 선순환을 갖추어 나가야만 하는 것이다. 더불어 기업의 이윤을 주주나 경영진뿐만 아니라 이에 기여한 임직원들에게 적절한 분배정의에 따라 분배될 수 있는 사회적 합의를 정부가 이끌어 낼 수 있다면, 가장 이상적인 분배정책이 되지 않을까 생각한다.

---

2   마이클 샌델, 공정하다는 착각

불평등 이슈에 대한 기업중심 사고는 여성 및 인종차별에 대한 사회문제를 포함해 많은 사회문제 해결의 열쇠가 될 수 있다고 본다. ESG가 이미 1990년대부터 활발하게 논의되었던 CSR(Corporate Social Responsibility)을 계승 및 확대한 것처럼, 기업의 사회적 책임에 대한 중요성과 그 영향력은 두 번 설명할 필요가 없다. 특히 코로나19로 비대면이 일상화되며 사회적 관계형성에 정보기술기반 기업들의 영향력이 더욱 더 커져가는 이때, 그 기업들에 대한 사회적 책임은 더욱 막중해진다. 다행히 ESG가 패러다임 전환으로 인식되면서 기업이 적극적으로 사회적 책임을 지도록 하기 위한 분위기가 형성되고 있으므로, 정부는 정책과 제도를 통해 그리고 투자자는 ESG를 준수하는 기업에 대한 적극적인 투자를 통해 기업이 올바른 방향으로 인센티브를 갖고 움직이도록 해야 할 것이다.

유럽의 투자기관인 APG의 책임투자담당자에 따르면, 앞서 언급한 환경 및 사회는 우리가 해결해야 할 당면 과제이며, 거버넌스(Governance)는 그 과제를 해결하기 위한 수단이라고 한다. 거버넌스의 본질은 공정한 의사결정 체계의 구축으로서, 기업의 경우 주주, 이사회, 그리고 경영진으로 이어지는 대리인문제를 최소화하여 기업의 활동과정이 모든 이해관계자가 최대한 만족할 수 있는 공정한 과정으로 만드는 것이다. 공정한 의사결정 과정 속에서만 환경 및 사회 이슈가 적절하게 다루어 질 수 있다는

믿음이 반영된 표현으로 이해되며, 그 취지에 동의하지 않을 수 없다.

한국 사회의 전형적인 거버넌스 이슈는 순환출자구조를 통한 재벌들의 기업집단 지배로서, 삼성이 가장 대표적인 사례이다. 최근 대주주의 경영권을 승계하기 위해 제일모직과 삼성물산의 합병과정에서 소액주주들의 피해를 유발시키는 행위는 불투명하고 잘못된 거버넌스가 어떻게 사회적 불평등을 야기하는지 보여준다. 비단 대기업뿐만 아니라, 중소기업에서는 오너 중심의 주먹구구식 경영이 난무하고 있다. 아무리 회사지분을 전부 보유한 중소기업 사장이라고 하더라도 기업의 이해관계자는 주주만이 아닌 임직원, 고객, 협력업체 그리고 기업이 위치한 지역의 커뮤니티까지 모두 포함되므로, 자기 멋대로 회사를 운영하면서 직원에게 갑질하고 협력업체에 부당한 압력을 행사하며 폐수 무단방류 등 환경파괴로 주변 커뮤니티에 돌이킬 수 없는 피해를 주는 행위는 용납될 수 없는 것이다.

정부는 법과 제도를 통해 그러한 문제들을 해결하려고 노력하지만 채찍만으로 말은 움직이지 않는 법이다. 착한 거버넌스를 유지하는 기업에 대한 소비자들의 '돈쭐'이나 투자자들의 대상기업에 대한 적극적인 관여 및 투자(Engagement, Impact Investing)가 당근으로서의 역할을 해야 한다. 착한 기업으로 위장하는 기업(Green Washing)들을 잘 골라내고 그러한 기업들에 확실한 페널티를 주는 것도 올바른 거버넌스 구축에 필요할 것이다. 이를 위해서는 단순한 수동적 투자가 아닌 적극적인 경영참여 형태의 투자가 필요하며, IMF 시절 외국 PEF들이 했던 역할을 이제는 토종 PEF들이 그동안 쌓아온 역량을 바탕으로 적극적으로 나서는 것이 필요한 시점이다.

환경 · 사회 · 기업지배구조 관점에서 하나하나 짚어 보았듯이 ESG는 일시적인 유행이 아닌, 인류의 시대적 과제임이 분명해 보인다. 정부가 의무공시제도 설립, 기업보조금 및 세제혜택 등을 통해 ESG패러다임 변화에 대응해 나가는 것도 필요하지만, 기업경영자와 투자자가 앞장서서 ESG에 대한 모멘텀을 지속적으로 이끌어 나가야 할 책임이 있다. 본 서적에서는 대학교, 공공기관 그리고 PEF[3]의 핵심적인 포지션에서 경험을 쌓고 있는 밀레니얼 세대들의 격의 없는 대담을 통해 본인의 경험을 공유함으로써, ESG 경영 및 투자와 관련된 시대적 과제에 대한 생각을 조망해 보려고 한다.

---

3   Private Equity Fund

친환경 PEF를 지향하며 걸어온 길

– 송주형 대표

새로운 도전

2017년 가을, 10년 가까이 다닌 금융공기업을 떠나 최고의 자산운용사를 만들고자 하는 꿈을 안고 WWG(White Whale Group)자산운용에 창립멤버로 참여하여 첫 딜을 성사시키고자 불철주야 노력하는 시기였다. 당시 WWG는 어떤 특정한 산업이나 테마에 집중하고 있지는 않았고, 회사가 먹고살기 위해 하고 싶은 딜보다는 되는 딜을 어떻게든 찾아야 하는 것이 중요했다.

과거에 알고 지내던 글로벌 자산운용사들의 상품을 국내 기관 투자자들에게 펀드 오브 펀드(Fund of Funds) 형태로 팔아보고자 보부상처럼 이리저리 뛰어다니기도 했고, 얼마 안 되는 고

유재산을 활용해서 글로벌 파생상품이나 국내 주식에 투자하여 조금씩 수익을 내보려고 발버둥치기도 했다. 하지만 가장 중요한 것은 PEF의 꽃이라고 불리는 바이아웃(Buyout, 회사를 인수하여 직접 경영하는 거래) 딜을 성공시켜 WWG의 트랙레코드를 본격적으로 출발시키는 것이었다. 그때 우연한 기회에 환경분야 기업인 수처리 설비제조회사의 바이아웃 딜을 발굴하게 되었다. 부산에 기반한 중견그룹의 계열사로 있던 회사인데, 업종이 상이한 비 핵심 계열사이고 최대주주였던 오너가 은퇴하고 싶어 하는 차에 WWG가 인수기회를 갖게 된 것이다.

환경 분야는 크게 보면, 물, 토양, 대기, 그리고 사람에 대한 영향을 주는 분야로 구분해 볼 수 있다. 수처리 설비 업체는 물 관련 환경산업에 포함되는 회사이며, 아래 그래프에서 보듯이 전

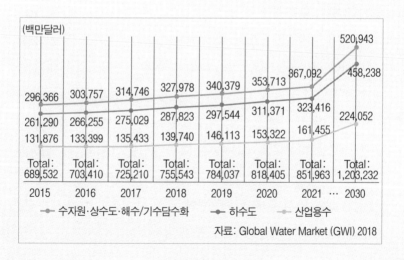

(백만달러)

	2015	2016	2017	2018	2019	2020	2021	… 2030
수자원·상수도·해수/기수담수화	296,366	303,757	314,746	327,978	340,379	353,713	367,092	520,943
하수도	261,290	266,255	275,029	287,823	297,544	311,371	323,416	458,238
산업용수	131,876	133,399	135,433	139,740	146,113	153,322	161,455	224,052
Total:	689,532	703,410	725,210	755,543	784,037	818,405	851,963	1,203,232

자료: Global Water Market (GWI) 2018

27

가치사슬	제조 1,670(23%)	건설 1,362(19%)	운영(서비스) 4,107(58%)	
분야별	수자원 173(2%)	상수도 2,887(41%)	하수도 2,744(38%)	산업용수 1,335(19%)

자료: 스마트 물산업 육성전략 2016 (정부 관계부처 합동)

세계적으로 물 산업의 규모는 800조 원에 달하고 있다.

위의 그림에서 보듯이, 물 산업은 제조 부문, 건설 부문, 그리고 서비스 부문으로 나뉘는데, 절반 이상의 매출이 운영관리 부문에서 발생하는 특징이 있다. 특히 80% 이상이 상하수도 분야로 정부 및 지자체 사업인 경우 많고, 순수 민간분야인 산업용수 쪽은 20%밖에 되지 않는다.

WWG가 투자를 검토했던 회사는 산업용수 분야의 수처리 전문건설업체로서, 국내의 시장 전체 규모는 1조 원이 채 되지 않았지만 수처리 설비를 필요로 하는 해당 산업이 반도체, 디스플레이, 정유, 화학, 바이오 등 빠르게 발전하고 커져가고 있는 분야라 수처리 설비를 포함한 공장 라인 증축이 지속적으로 확대되는 등 전방산업의 긍정적 전망이 투자 하이라이트였다.

수처리 분야에 대해 일반 사람들은 보통 성수기나 하폐수 처리장 정도를 떠올리게 되는데, 사실 산업용수 쪽은 좀 더 세분화되어 있다. 크게 보면 앞단에서 공정에 필요한 물을 만드는 단계, 사용 후 배출한 물을 처리하는 단계, 이를 재이용할 수 있도록 만드는 과정 등 이렇게 세 가지로 구분된다.

그중 공정에 필요한 물은 상수도, 강 혹은 바다에서 원수를 받아와서 약품주입 설비, 염소전해 설비, 역삼투압 장치, 담수화 설비 등 다수의 설비조합을 통해 해당 공정이 요구하는 품질로 공급하게 된다. 예컨대 반도체 공정에서 웨이퍼를 씻어내는 공정에서는 초순수 수처리 설비가 필요한데, 초순수는 단순한 여과장치를 통해 물에 포함된 부유물질이나 유기물질이 제거된 상태를 넘어서 수중의 양이온과 음이온 그리고 미세입자를 물리적 혹은 화학적 과정을 거쳐서 제거한 상태의 물을 말한다(아래 그림 참조).

WWG가 투자한 업체는 초순수 수처리 설비 분야에서 국내 정상급 실력을 갖추고 있어 메이저 반도체, 디스플레이 및 석유화학회사에 모두 실적을 보유하고 있었으며, 해당 대기업들과 해외동반진출 파트너로서의 트랙레코드도 보유하고 있었다. 그러나 해당 분야의 글로벌 최고수준의 기술은 일본업체가 갖고 있었다. 때문에 투자형 업체가 스스로 설계부터 제작까지 전부 수행할 수 있는 역량이 있고 또 실제로 그렇게 수행했던 경험이 있음에도 불구하고, 중소기업으로서의 한계로 인해 대기업 물량 수주

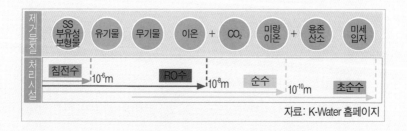

자료: K-Water 홈페이지

시 알짜인 설계작업은 일본업체에 넘겨주고 구매와 시공만 담당하는 경우도 적지 않았다.

한동안 지속된 일본과 우리나라의 무역분쟁을 기억할 것이다. 아베정부하에서 액체불화수소인 불산액, 포토레지스트 및 불화폴리아미드를 3대 수출규제품목으로 하여 우리나라 반도체 산업에 타격을 주려고 했었다. 비록 결과적으로 우리나라의 소부장(소재, 부품, 장비) 기업들이 놀라운 저력을 보여주며 무역분쟁을 승리로 이끌고 극일(克日)의 좋은 사례를 남겼으나, 다른 각도에서 보면 우리나라 산업의 중추적인 부분이 여전히 일본 등 선진국에 크게 의존하고 있다는 현실을 여실히 드러낸 것이 아닌가 싶다.

초순수 수처리 기술 분야 역시 마찬가지이다. 해당 기술의 국산화가 시급하고 이를 위해서는 역량 있는 중소기업이 자생력을 갖고 연구개발역량을 계속 강화해 나갈 수 있도록 정부, 공공기관 및 주요 수요처라고 할 수 있는 대기업들이 한 마음 한 뜻으로 협력해야 한다.

꿈꾸던 도약

2018년 말, WWG는 출범 후 1년이 넘게 지나면서 다양한 투자펀드 조성을 통해 손익분기점을 넘기 위해 안간힘을 쓰고 있었고, 어느 정도 가시적인 성과를 보여주고 있었다. 그러나 가장 아쉬웠던 부분은 역시 "블라인드 펀드"의 부재였다. 블라인드 펀드란 말 그대로 "블라인드", 즉 가림막을 벗기기 전에는 보이지 않는다는 뜻이고, 펀드업계에서는 투자가 실제로 집행되기 전에는 펀드 출자자가 어떤 곳에 투자될지를 알지 못한다는 뜻이다. 이와 반대되는 용어가 "프로젝트 펀드"인데, 이는 펀드 출자자가 자금을 납입하기 전에 해당펀드에서 투자할 대상에 대해 상세히 이해하고 의사결정할 수 있는 펀드를 말한다.

PEF 업계에서 블라인드 펀드를 만든다는 것은 굉장히 의미 있는 일이다. 우리나라의 자본시장법에 따르면 PEF는 주요 의사결정을 수행하며 경영에 대한 무한책임을 지는 업무집행사원(GP: General Partner)과 자금을 투자하고 해당 출자금 범위 내에서만 책임을 지는 유한책임사원(LP: Limited Partner)으로 구성된다. WWG는 GP로서 LP들의 투자금을 유치하기 위해, 보통 설립 초기에는 좋은 투자건, 즉 프로젝트를 잠재 LP들에게 소개하고 자금을 유치하지만, 어느 정도 GP에 대한 LP들의 신뢰가 쌓이기 시작하면 당장 가능한 프로젝트를 들고가지 않아도 투자전략과 방향을 공유하면서 향후에 투자할 수 있는 자금을 미리 모집할 수 있다. 이것이 바로 블라인드 펀드이며, 시장에서 신뢰가 쌓인 운용사만이 블라인드 펀드의 GP가 될 수 있는 것이다.

이미 자리를 확실하게 잡은 글로벌 PEF의 경우 스스로 쌓아온 명성만을 바탕으로 수십조 원의 블라인드 펀드를 만들며, MBK와 같은 국내 PEF 원년 멤버들도 십수 년의 성공적인 투자실적(트랙레코드)을 바탕으로 수조 원의 블라인드 펀드를 조성하고 있다. 그러나 WWG처럼 처음 시작하는 운용사는 뚜렷한 컬러가 필요하고, 정책적으로 신규 운용사를 배려하는 "루키리그"와 같은 프로그램이 절실한데, 마침 2019년 초에 중소중견기업의 성장지원을 위한 정책출자금이 조성되었고 그중 WWG에 꼭 필요한 루키리그가 마련된 것이다.

그렇다면 추가로 필요한 것은 뚜렷한 컬러였으며, 임직원들의 고민 끝에 나온 답은 EHS, 즉 Environment(환경), Health(보건), Safety(안전)로 요약되는 산업에 대한 선택과 집중이었다.

친환경, 사회안전 그리고 고령화라는 산업의 메가트렌드로부터 추려낸 산업영역이었는데, 특히 친환경 기조는 전 세계적으로 빠르게 확산되고 있었다. 비록 트럼프 행정부의 탈퇴로 빛이 바래긴 했으나, 2015년 파리협정으로 신 기후체제가 타결되며 온실가스 감축의무 및 지속가능한 경제의 필요성이 한층 부각되고 있었다. 오른쪽 그래프에서 볼 수 있듯이, 당시 세계 환경시장도 2011년 9600억 달러에 불과했던 규모가 2020년 무려 1조 3천억 달러가 넘는 규모로 성장할 것으로 예상되고 있었고, 이러한 추세에 발맞춰 국내 환경산업의 수출액 역시 지속적으로 성장하고 있었다.

결과적으로 환경, 안전, 보건이라는 생활밀착형 산업에 포커스한 운용전략이 심사위원들의 마음을 끌어, 설립한 지 2년 만에 블라인드 펀드를 결성하는 쾌거를 이루었다. 블라인드 펀드의 존재는 WWG의 위상을 한 단계 격상시켰고, 업계 전문가와의 긴밀

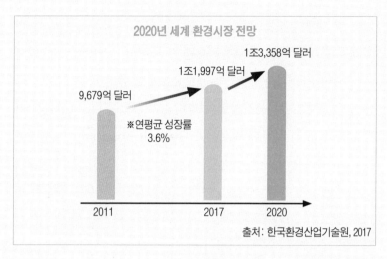

2020년 세계 환경시장 전망

9,679억 달러

1조1,997억 달러

1조3,358억 달러

※연평균 성장률
3.6%

2011　　　　2017　　　2020

출처: 한국환경산업기술원, 2017

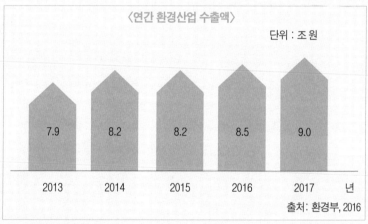

〈연간 환경산업 수출액〉

단위 : 조 원

2013	2014	2015	2016	2017	년
7.9	8.2	8.2	8.5	9.0	

출처: 환경부, 2016

한 소통을 통해 음식폐기물 처리업체, 공공하수도 민간위탁운영
업체, 폐수처리업체, 그리고 대기업 계열 종합 환경플랜트 업체
등 굉장히 다양한 환경 분야 기업들을 만나볼 수 있었다. 뿐만 아

니라 부족한 환경분야 전문성 강화를 위해 한국환경산업기술원이라는 환경부 산하 최고전문성을 갖춘 공공기관을 찾아가 자문을 구하며 EHS와 관련된 과거 교육교재도 얻어 공부하는 등 좋은 딜을 찾기 위해 물심양면의 노력을 기울였다. 그 과정에서 가장 주목하게 된 부분은 순환경제(Circular Economy)와 관련된 자원 및 폐기물 재활용이었다.

경기변동과 관계없이 전 세계적인 폐기물 발생량은 꾸준히 증가해 왔으며, 아래 그래프에서 보듯이 예상 폐기물 발생량은 향후 30년간 계속 증가할 전망이다.

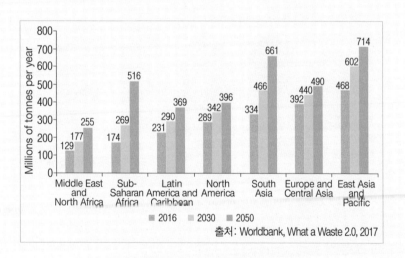

출처: Worldbank, What a Waste 2.0, 2017

국내 폐기물 발생량도 경제위기 등과 관련없이 매년 지속적으로 증가해 왔으며, 아래 표에서 보듯이 연평균 4% 이상 증가세를 보이고 있다.

하지만 NIMBY(Not In My BackYard) 현상 심화에 따른 처리시설 제한으로 폐기물 처리단가는 지속적으로 상승 중이다. 즉, 소각·매립 등 처리시설의 부족 및 재활용 인프라 미비로 인해 현재 전국적으로 상당량의 폐기물이 처리되지 못하고 방치되고 있어, 시장 내 폐기물 처리의 수급 불균형으로 기존 처리업체들의 가격결정력이 강화되어 처리단가가 상승한 것이다.

이러한 폐기물 중에서도 산업고도화 및 경제규모 증가에 따라

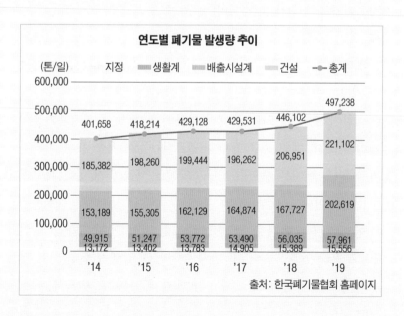

출처: 한국폐기물협회 홈페이지

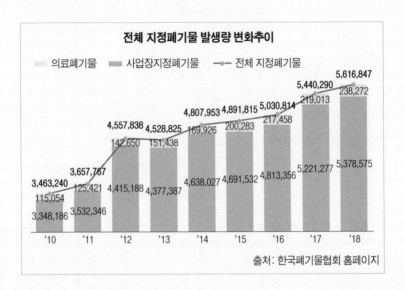

전체 지정폐기물 발생량 변화추이

의료폐기물   사업장지정폐기물   ━●━ 전체 지정폐기물

출처: 한국폐기물협회 홈페이지

지정폐기물의 발생량과 처리수요가 두드러지게 증가하고 있는
데, 위의 그래프에서 보듯이 국내 지정폐기물은 2010년 3463천
톤에서 2018년 5616천 톤으로 8년간 연평균 6% 이상 증가하
고 있다.

　더불어 오른쪽 그래프들에서 보듯이 국내 발생 지정폐기물의
처리는 소각, 매립 등을 통한 처리보다는 재활용을 통한 처리가
가장 높다. 이것은 순환경제 구축의 중요성을 다시 한번 확인해
주는 증거이다.

　이러한 시장여건을 감안해 펀드를 결성한 지 5개월 만인
2020년 중반에 드디어 첫 번째 투자건을 집행하게 되었다. 첫
번째 투자는 지정폐기물 종합 재활용업체로서 주로 반도체, 디스

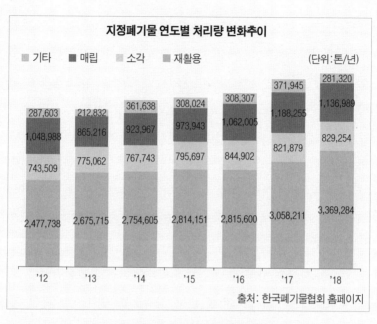

지정폐기물 연도별 처리량 변화추이

■ 기타 ■ 매립 ■ 소각 ■ 재활용   (단위:톤/년)

	'12	'13	'14	'15	'16	'17	'18
기타	287,603	212,832	361,638	308,024	308,307	371,945	281,320
매립	1,048,988	865,216	923,967	973,943	1,062,005	1,188,255	1,136,989
소각	743,509	775,062	767,743	795,697	844,902	821,879	829,254
재활용	2,477,738	2,675,715	2,754,605	2,814,151	2,815,600	3,058,211	3,369,284

출처: 한국폐기물협회 홈페이지

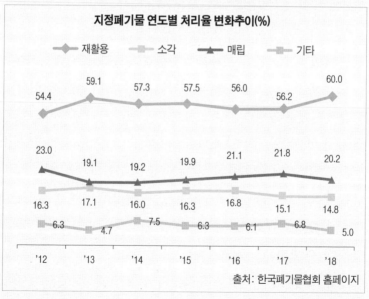

지정폐기물 연도별 처리율 변화추이(%)

◆ 재활용   ■ 소각   ▲ 매립   ■ 기타

	'12	'13	'14	'15	'16	'17	'18
재활용	54.4	59.1	57.3	57.5	56.0	56.2	60.0
매립	23.0	19.1	19.2	19.9	21.1	21.8	20.2
소각	16.3	17.1	16.0	16.3	16.8	15.1	14.8
기타	6.3	4.7	7.5	6.3	6.1	6.8	5.0

출처: 한국폐기물협회 홈페이지

플레이, 그리고 정유 화학업계에서 나오는 액상 폐기물을 중화처리 및 고형화시켜 다른 제품으로 만들어 판매하는 비즈니스를 수행하고 있었다. 첫 번째 바이아웃이었던 수처리 설비 업체와 전방산업이 동일하여 접근이 편하기도 했고, 라이선스 기반의 폐기물 처리 업체였기 때문에 친환경 메가트렌드에 적합하다고 판단하여 첫 투자로 낙점하였다. 다만 비효율적이고 무리한 자본지출로 재무구조가 엉망이었기 때문에 유상증자로 신주를 투입하여 경영권을 확보하였고, 투입된 자금을 활용한 대환(리파이낸싱)을 통해 재무구조 건전화에 성공하였다.

투자한 회사는 사실 친환경 제설제 비즈니스도 영위했었다. 회사는 고객사로부터 처리비를 받고 가져오는 폐인산, 폐황산, 폐알카리 등의 화학물질을 처리하는 과정에서 질산나트륨, 초산나트륨 등의 부산물이 나오는데, 이를 활용하여 염화물 기반의 친환경 제설제를 만들어 지자체에 납품해 왔었다. 그런데 2020년까지 적설량이 너무 낮아 전체 시장이 축소되면서 회사의 이익도 급감한 관계로 경쟁력 없는 고상제설제 비즈니스는 축소하고, 국내 유일 미연방항공청 FAA(Federal Aviation Administration) 인증을 획득하여 공항에 단독 납품 중인 친환경 액상제설제 사업만 계절성을 고려하여 운영하고 있다. 경쟁력 있는 제품이므로 매출 형태를 다각화하거나 해외진출 가능성을 타진하여 스케일업을 할 수 있도록 노력 중이다.

또한 회사는 폐황산을 탈황석고와 섞어서 재생석고를 만들어

시멘트 업계에 납품하고 있는데, 친환경 트렌드가 가속화되면서 이 시멘트 업계가 환경비즈니스의 키플레이어로 거듭나고 있다는 것도 주목할 만한 사실이다. 시멘트 원료공정, 소성공정 그리고 분쇄공정에서 각각 폐기물들을 대체원료, 대체연료 그리고 첨가제로 쓰고 있어 폐기물의 최종소비자로서 자리잡고 있는 것이다. 투자한 회사가 재생석고를 보내서 대체원료를 공급하는 것처럼 소성공정에서는 폐플라스틱으로 성형한 SRF(Solid Refuse Fuel)를 활용하고 있다. 이처럼 환경분야는 기존 산업과도 연계하여 계속 확장 및 진화하고 있기 때문에, WWG의 첫 블라인드 펀드는 멋진 항해를 계속 이어갈 수 있었다.

항해의 동반자

2019년에 WWG가 처음으로 인수했던 수처리 설비 업체를 매수하고 싶어 하는 한 중견기업이 있었다. TSK, EMK, EMC 등 국내에도 환경 메이저라 할 만한 업체들이 본격적으로 모습을 드러내는 시기이기도 했고, 여러 중견그룹 및 대기업들이 환경 분야에 대한 관심을 고조시키던 시기여서, 물 관련 환경 포트폴리오에 적합한 수처리 설비 업체 역시 나름 주목을 받을 수 있었던 것 같다. 비록 매수자의 사유로 최종적으로 해당 M&A건은 진행되지 못하였지만, WWG와 그 중견기업은 몇 주간의 실사과정에서 깊은 대화를 나누었고, 서로의 목표와 수요를 이해하면서 앞으로 다양한 투자협력을 하자는 것에 공감하였다. 여러 가능한 투자건들을 같이 검토하였지만, 무엇보다도 서로가 가진 포트폴리오에 대한 관심 역시 컸다. 그 중견기업은 우리가 블라인드 펀드를 통해 처음으로 투자한 지정폐기물 재활용 업체에 관심을 갖고 작지만 의미 있는 전환사채를 투자하였으며, WWG는 그 중견기업이 인수했던 친환경 생분해 플라스틱 제조업체에 투자를 검토하였다. 앞서 언급한 수처리 설비 업체가 큰 틀에서 물 산업과 관련된 환경기업이라면, 이 업체는 플라스틱에 의한 토양오염과 관련이 있는 환경기업이라고 볼 수 있다.

2017년 중국의 폐기물 수입금지 조치 후에는 전 세계적으로 폐기물 처리 대란이 발생하여, 각국의 부족한 처리시설에 폐기물 포화현상이 급증하였었다. 이 때문에 일회용 포장 폐기물 감소 및 재활용 증가를 위해 정부는 다양한 규제를 적용 중이었으며, 재활용 가능 폐기물의 단순 소각 및 매립에 대한 지속적인 억제정책을 펴고 있었다. 특히 코로나19 이후 비대면 경제 확산으로 일회용품 사용 확대로 인한 플라스틱 사용량이 급증했다. 오른쪽 표에서 보듯이 전 세계적으로 폐플라스틱은 급속도로 증가하고 있다. 만약 플라스틱을 종이처럼 썩게 만들 수 있다면, 토양오염을 획기적으로 개선할 수 있을 것이다.

생분해 플라스틱에 대해 좀 더 자세히 설명해 본다면, 플라스틱은 크게 네 가지 분류로 나뉠 수 있다. 분류를 위한 하나의 축은 생분해가 되는지 여부이며, 다른 하나의 축은 플라스틱을 만든 원재료가 석유화학 기반인지 여부이다. 생분해가 되

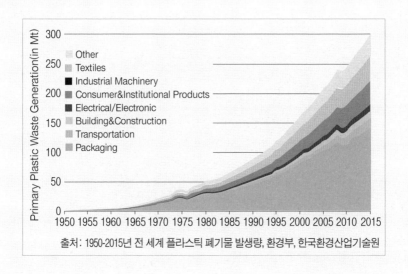

지 않으면서 석유화학 기반으로 만들어진 플라스틱이 바로 전통적으로 사용하는 PE(polyethylene), PP(polypropylene), PET(polyethylene terephthalate) 등의 플라스틱이며, 이 부분이 환경 오염의 주범이다. 생분해가 되지는 않으나 석유화학 기반이 아닌 다양한 조류 및 식물자원 등으로 만든 플라스틱은 바이오매스 플라스틱이고, 생분해가 되면서 석유화학 기반으로 만들어진 제품으로는 PBAT(Polybutylene adipate terephthalate)라는 것이 대표적이며, 생분해도 되면서 식물자원으로 만들어진 것은 다음 도표에서 볼 수 있듯이 PLA(Poly lactic acid)나 PHA(Poly hydroxy alkanoate) 등이 있다.

그 중견기업이 보유하고 있던 제조업체가 특허를 통해 제품을 생산하는 기반기술이 바로 PLA이다. PLA는 다른 바이오플라스

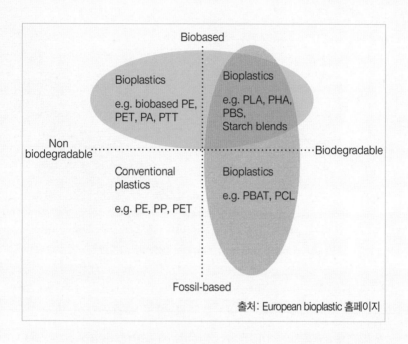

출처: European bioplastic 홈페이지

틱에 비해 가격이 저렴하고, 퇴비화 조건이 갖춰지는 경우 썩는다는 물성을 가지고 있어 각광받는 원료 중에 하나이다. 미국의 네이처웍스(NatureWorks)와 중국의 하이선(Hisun) 등이 주요 PLA 생산자인데, 친환경 플라스틱에 대한 전 세계적인 관심하에 지속적으로 생산물량을 늘려가고 있다고 한다. 중견기업이 보유한 그 PLA 제조기업은 PLA의 물성을 오랜 기간 연구 및 분석하여 내구성과 내열성을 획기적으로 개선시킬 수 있는 발포기술을 확보하였으며, 최초로 상용화에 성공하여 매출을 증가시켜 나가고 있다.

폐플라스틱 문제는 워낙 심각한 사회 이슈이기 때문에 생분해 플라스틱을 제조하거나 전통 석유화학 기반의 플라스틱을 재활용할 수 있도록 하는 시설은 앞으로 점점 중요해질 것이다. 이를 위해서는 폐플라스틱을 수거 및 선별하여, 다시 플라스틱 원료까지 재활용할 수 있는 전체 밸류체인에 대한 종합적인 고려가 필요하고, 이는 큰 비전을 갖고 장기적으로 접근해야 하는 과정이기에 PEF가 단독으로 진행시켜 가기는 어렵다. 그러므로 친환경 사회를 위한 길고 먼 항해를 같이할 수 있는 전략적 동반자가 꼭 필요하지 않은가 싶다.

역경의 극복

2020년은 매우 힘든 한 해로 기억된다. 코로나19의 확산으로 국내외 투자환경이 경직되었을 뿐만 아니라, 엎친 데 덮친 격으로 "라임 및 옵티머스 사태"가 국내 사모펀드 업계에 직격탄을 날리면서 신규펀드 설정마저 매우 어려워지는 상황을 맞게 되었다. 이러한 상황에서 WWG의 운용 인력들도 일부 이탈하면서 회사의 전반적인 위험 관리를 위해 불철주야 회사고민으로 밤낮을 지새웠다.

새로운 인력을 뽑는 과정은 늘 어려웠다. 능력 있는 사람을 뽑아야 함은 물론, 회사 내의 인적 조화를 위해 인성을 고려하지 않을 수 없었다. 무엇보다 중요한 것은 뽑은 직원이 나가지 않아야 하는 것이다. 어렵게 면접 보고 뽑은 직원들이 1년도 채 지나지 않아 나갈 때마다 해당 직원과 관련된 직·간접 비용과 더불어 내부직원들의 업무과중 그리고 감정소모까지 고려하면 차라리 안 뽑는 것이 나았을 거라는 생각마저 하게 된다. 금융이라는 것이 결국 사람이 하는 비즈니스라 인력채용은 피할 수 없는 과제이지만서도 피할 수만 있다면 최대한 피하고 싶은 것이 기업을 운영하는 입장이라고 본다. 학연, 지연 및 혈연에 기대게 되는 이유도 결국에는 여기에 있지 않을까 생각한다.

다행히 결과적으로 좋은 인재들이 합류해 주었고, ESG를 지향하는 회사의 철학에 십분 공감하면서 투자건들을 같이 검토하는 와중에, 물, 토양 다음으로 대기 관련 환경기업을 찾아내게 되었다. 발굴한 회사는 기체분리막 관련 원천기술을 가진 회사로서 중공사를 활용해 멤브레인 필터를 제조하여 원하는 기체를 분리 및 포집할 수 있는 기술을 보유하고 있었다. 대표이사가 20년 가까이 관련 기술만 연구한 박사였는데, 그동안 관련 기술을 완성했음에도 시장이 크게 열리지 않아 정부과제를 받아가면서 어렵게 회사를 운영해왔다. 그런데 최근 새로운 ESG 패러다임하에서 폭발적인 시장의 요구에 직면해 공장을 확장하고 연구개발에 박차를 가하려고 한 것이다.

이 회사의 기술은 원천기술이었기 때문에 응용가능성이 무궁무진하였다. 투자 당시 이미 해외기업에 수출하고 있던 질소 분리를 통한 폭발방지 시스템으로 매출을 크게 증가시키려고 하고 있었고, 반도체 공정에서 배출되는 IPA(Iso Propyl Alcohol)를 농축하여 재사용할 수 있도록 하는 기술로 이미 고정적인 이윤도 확보하고 있었다. 더불어 이산화탄소 포집기술, 메탄가스 농축기술, 그리고 수소자동차에 수소연료전지의 핵심부품인 막분리기 제조 기술 등 친환경생태계에 필요한 다양한 응용제품을 모두 제조할 수 있는 기술기업이었다.

이산화탄소 포집 및 저장기술(CCS: Carbon Capture, Utilization and Storage)은 기 발생한 이산화탄소를 포집하여 별도로 저장하는 기술로서, 중장기적으로 이산화탄소 감축량의 약 15% 정도를 담당할 것으로 기대되고 있다. 글로벌 CCS 시장은 아래 도표에서처럼 연평균 성장률 10.9%로 2022년에는 약 42억 달러에 달할 전망이다.

바이오가스플랜트 시설은 우리나라 정부가 2008년 "폐자원 및 바이오매스 에너지대책"을 관계부처 합동으로 수립하면서

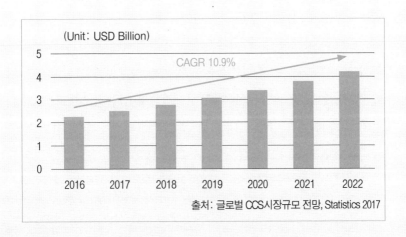

출처: 글로벌 CCS시장규모 전망, Statistics 2017

추진하였는데, 2005년에 유기성슬러지의 직매립이 금지되고, 2013년에는 유기성폐기물의 해양투기가 전면금지되면서, 유기성 폐자원을 바이오매스 에너지원으로 인식하게 되었다. 초기 설치된 바이오가스플랜트 시설의 경우 낮은 소화효율과 악취처리의 어려움, 그리고 운전 및 유지관리 기술이 부족하여 정상가동이 어려운 사례가 종종 발생하기도 하였지만, 음식폐기물 처리가 우선적으로 중요하였기에 낮은 효율에도 불구하고 2015년 기준 88개소가 설립되어 있다.

투자한 회사의 메탄가스 농축기술로 이러한 효율성이 충분히 개선될 수 있고, 다음 그래프에서 보듯이 전 세계적으로 바이오가스 플랜트시장이 확대되는 추세이기 때문에 바이오가스플랜트 시설 운영의 모범사례(Best Practice)를 빠르게 찾아 나갈 수 있을 것으로 전망한다.

결론적으로 해당 회사가 당시 매출과 이익이 적고 자매회사를 합병해야 하는 등의 지배구조 이슈가 있어 초반에는 펀드결성이 어려웠으나, 환경산업에 적극적으로 진출하려는 전략적 투자자와의 공동투자를 통해 성공적으로 거래를 마무리하였다. 현재는 이산화탄소 포집 파일럿 설비를 성공적으로 납품함으로써, 대기업의 추가 투자를 이끌어 내는 등 글로벌 경쟁력을 갖춘 강소 기술기업으로 거듭나고 있다.

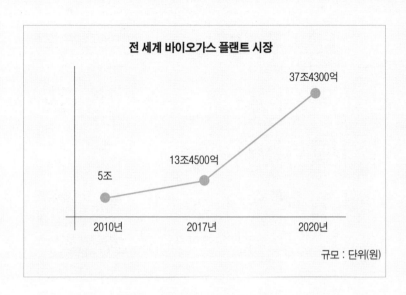

전 세계 바이오가스 플랜트 시장

37조4300억

13조4500억

5조

2010년　　　　　　2017년　　　　　　2020년

규모 : 단위(원)

미래의 발견

WWG는 운용사 라이선스를 받은 이후, 만 4년이 조금 넘는 기간 동안 나름 자부할 만한 성과를 이어오고 있다. ESG 및 친환경투자에 대한 집중이 하나의 큰 축으로서 WWG의 성장에 기여했다는 것은 부인할 수 없는 사실이며, 앞으로도 그러한 부분은 변하지 않을 것이다.

환경 분야에는 앞서 언급한 물, 토양, 대기 오염에 대한 솔루션이라는 차원을 넘어서 수소 · 태양광 · 풍력 등의 신재생에너지 부문이나, 음식폐기물을 통해 얻은 메탄가스로 발전까지 연결하는 에너지 순환경제 구축, 그리고 전기차 · LNG추진선과 같은 비 화석연료 기반의 모빌리티 등 그 영역이 무궁무진하다. 즉, 환

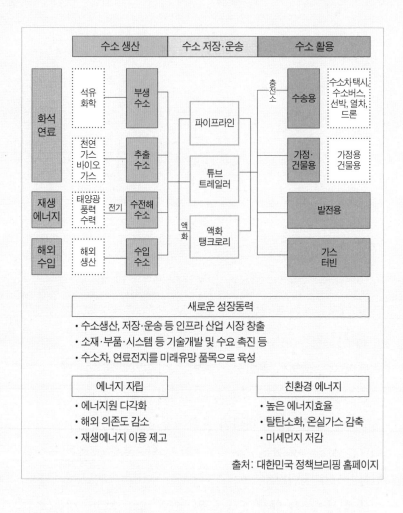

수소 생산			수소 저장·운송	수소 활용	

화석
연료

석유
화학 → 부생
수소

천연
가스
바이오
가스 → 추출
수소

재생
에너지

태양광
풍력
수력 →(전기)→ 수전해
수소

해외
수입

해외
생산 → 수입
수소

파이프라인

튜브
트레일러

액화
탱크로리

충전소

(액화)

수송용 → 수소차, 택시, 수소버스, 선박, 열차, 드론

가정·건물용 → 가정용 건물용

발전용

가스
터빈

새로운 성장동력

- 수소생산, 저장·운송 등 인프라 산업 시장 창출
- 소재·부품·시스템 등 기술개발 및 수요 촉진 등
- 수소차, 연료전지를 미래유망 품목으로 육성

에너지 자립

- 에너지원 다각화
- 해외 의존도 감소
- 재생에너지 이용 제고

친환경 에너지

- 높은 에너지효율
- 탈탄소화, 온실가스 감축
- 미세먼지 저감

출처: 대한민국 정책브리핑 홈페이지

경 분야에 집중한 운용사의 일이 그만큼 많아진다는 말이다.

특히 에너지 자원을 기반으로 한 수소경제에도 미래의 기회가 있다고 본다. 위의 그림에서 보듯이 화석연료 중심의 현재 에너지 체계를 수소기반의 에너지 중심으로 완전히 재편하는 과정에서,

이동수단뿐만 아니라 전기에너지를 수소 기반으로 바꾸게 되면 인프라가 통째로 바뀌면서 많은 새로운 일자리를 통해 경제 대전환이 일어날 것이다. 다만 그레이 수소(화석연료에서 만들어내는 수소)를 지양하고 그린 수소(재생에너지에서 수소 생산)만으로 전체 에너지 수요를 감당해야 하는 난관이 있어, 비록 우리나라 기업과 정부가 주도적으로 추진하고 있지만 수소생태계 조성에는 오랜 시간이 걸릴 것으로 보인다.

최근 검토한 투자기업의 경우 DME(Dimethyl Ether)를 활용하여 1차적으로는 프레온가스를 대체하는 친환경 냉매를 생산하지만, 2차적으로는 수소 대비 운반비용이 저렴한 DME와 메탄올을 운반해 필요한 곳에서 수소를 생산하여 간이형 수소충전소를 만들 수 있는 기술을 보유하고 있었다. 미국에서는 이미 아마존과 월마트에 도심 소형충전소가 설치되어 수소차량의 충전인프라를 구축해 나가고 있는데, 우리나라도 국산기술을 활용해 그러한 충전소들이 나라 곳곳에 구비되어 나간다면 수소 생태계 조성을 하루라도 빨리 앞당길 수 있지 않을까 한다.

이러한 미래의 기회들을 살리는 노력과 더불어 정부에서도 코로나19를 계기로 경기부양에 사력을 다하고 있고, 운용업계에도 정책형 뉴딜 펀드를 통해 5년간 20조라는 큰 자금을 쏟아붓고 있다(다음 그림 참조). WWG도 2021년 정책형 뉴딜펀드의 지역 뉴딜 분야에서 유일한 PEF로 선정되어 2021년 하반기에 두 번째 블라인드펀드를 조성할 계획이다. ESG 분야에서 미래의 기회

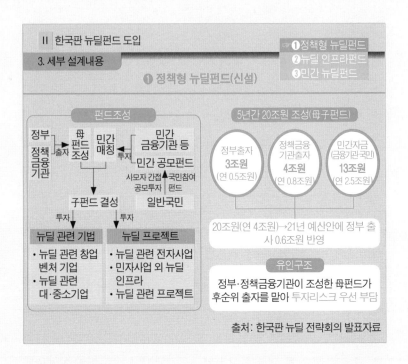

3. 세부 설계내용

❶ 정책형 뉴딜펀드(신설)

➡❶정책형 뉴딜펀드
❷뉴딜 인프라펀드
❸민간 뉴딜펀드

펀드조성

정부
정책
금융
기관
─출자→ 母펀드 조성 ─→ 민간 매칭 ←투자─ 민간 금융기관 등
민간 공모펀드
사모자 간접투자 │ 국민참여 펀드
공모투자

구펀드 결성 │ 일반국민

투자↓ │ 투자↓

뉴딜 관련 기법 │ 뉴딜 프로젝트
• 뉴딜 관련 창업 벤처 기업 │ • 뉴딜 관련 전자사업
• 뉴딜 관련 대·중소기업 │ • 민자사업 외 뉴딜 인프라
│ • 뉴딜 관련 프로젝트

5년간 20조원 조성(母子펀드)

정부출자 **3조원** (연 0.5조원)
정책금융 기관출자 **4조원** (연 0.8조원)
민간자금 (금융기관·국민) **13조원** (연 2.5조원)

20조원(연 4조원)→21년 예산안에 정부 출사 0.6조원 반영

유인구조

정부·정책금융기관이 조성한 母펀드가 후순위 출자를 맡아 투자리스크 우선 부담

출처: 한국판 뉴딜 전략회의 발표자료

는 이제 본격적으로 열리기 시작한 만큼, 준비된 자만이 투자 기회를 미리 발견하고 거기에서 금광을 발견할 것이다. 독자 여러분들도 이러한 기회에 동참할 수 있길 바란다.

글로벌 ESG투자

- 최진석 팀장

ESG 및 책임투자의 시작과 현황

기업활동을 ESG 요인을 종합적으로 평가하여 투자 의사 결정에 반영하는 책임투자(Responsible Investment)가 빠른 속도로 증가하고 있다. 이는 책임투자원칙(UN Principles for Responsible Investment: UN PRI)을 중심으로 책임투자 이니셔티브를 주도한 자본시장에서의 기관투자자들, 자문기관 등 다양한 시장참여자들의 노력의 결과이다. 과거 SRI(Social Responsible Investment)와 달리 기관투자자들이 ESG 요소를 투자정책에 반영하는 것이 선관 의무와 일관된다는 논리를 바탕으로 UN PRI가 출범하였고 이로 인하여 책임투자가 본 궤도에 오른 것이다.

특히 책임투자, 즉 ESG, Sustainable Investment 등에 관한 투자규모의 급속한 성장은 ESG의 확산에 가장 큰 기여를 했다. 비교적 정확한 집계가 가능한 공모펀드 및 ETF(상장지수펀드) 등을 바탕으로 살펴보았을 때(모닝스타) 2021년 3월 말 ESG 공모펀드 및 ETF의 투자 자산규모는 약 2조 달러로, 4분기 연속 역대 최고액을 갱신한 바 있다. 특히 ESG에 관한 펀드는 코로나19 사태에 따른 매도국면에서 자산가치가 12% 감소하였으나, 일반 펀드 대비 낮은 감소폭을 기록하며 위기상황 속에서 다소 견조한 수익률을 보이면서 자본시장에서 많은 관심을 받았다. 이를 반영하듯 같은 기간 전체 글로벌 펀드에서 3847억 달러 투자자금 순유출을 기록한 반면, ESG 공모펀드 및 ETF는 456억 달러 순유입을 기록한 바 있다. 전체 집계를 수행하는 GSIA(Global Sustainable Investment Alliance)의 발표결과, 기관투자자의 투자자금 측면에서는 투자의사결정에 ESG를 고려하는 자금규모가 2018년 약 31조 달러로 추정되며, 2020년 말 약 45조 달러까지 증가할 것으로 추정된다.

자산별 분포로는 2018년 기준 약 51%의 자금이 주식에 투자 중이나 녹색채권(Green Bond) 시장이 크게 성장하고 있고, 부동산과 인프라 같은 실물자산에서의 E, S 요소에 대한 관심과 중요성이 증가하며 자산군별로 점차 다변화되는 모습을 나타내고 있다. 투자전략 측면에서는 ESG 기준에 따라 특정 섹터, 기업에 대해 투자를 배제하는 네거티브 스크리닝(Negative Screening) 전략의 투자규모가 가장 크나 최근에는 투자분석과정에 ESG 요소를 고려하는 ESG Integration 전략의 투자규모가 증가하고 있는 것으로 파악된다. 다만 국제 규범에 의거하여 투자대상을 스크리닝하는 "Norm Based Screening"의 투자규모는 감소하는 모습도 나타난다. 특히 책임투자가 오래전부터 활발하게 진행된 유럽 지역에서는 전통적인 네거티브 스크리닝 전략의 비중이 높았고 북미 지역은 상대적으로 최신 전략이며 투자규모가 증가하고 있는 ESG Integration, 임팩트 투자(Impact Investing) 전략의 비중이 높다.

ESG 확산의 동력

전 세계 ESG 투자시장의 성장은 소비자, 투자자, 규제당국, 기업의 책임투자에 대한 인식과 행동의 변화에 따른 것이다. 소비자들은 밀레니얼 세대를 중심으로 소비뿐만 아니라 투자에서도 지속가능성요소를 고려하는 모습을 보이고 있다. 예를 들어 영국계 자산운용사 슈로더(Schroders)의 2019년 조사에 따르면 리테일 인베스터(Retail Investor) 25,000명 대상의 조사에 따르면 61%의 응답자는 지속가능성 테마 펀드뿐만 아니라 모든 펀드에서 지속가능성 요소가 고려되어야 한다고 응답하기도 했다.

또한 ESG와 재무적 성과 간 양의 상관관계를 나타낸다는 연구결과가 늘어나, 기관투자자들이 환경, 사회, 지배구조에 기인하는 비재무적 요소가 자산가치에 영향을 줄 수 있다고 인식하면서 이를 투자분석과정에 반영하려는 노력을 확대하고 있다. 무엇보다 규제당국은 기후변화가 심해짐에 따라 미래에 기후변화가 금융시장에 가져올 수 있는 시스템적인 위험 발생 가능성을 완화하려는 목적과 재무적 요소에 치중된 현재 리스크 관리 체계의 개선, 그리고 사회, 경제의 지속가능성에 대해 실질적으로 기여할 수 있는 금융시장의 역할을 확대하기 위해, 책임투자 관련 규제를 강화하고 있다. 이러한 동인으로 2000년대 이후 책임투자 관련 정책이 급격히 늘어나는 추세다.

기업 측면에서는 과거에 기업들이 비재무정보에 대해 공시할 수 있는 기준과 경로가 명확하지 않아 관련 정보 공시 활성화에 어려움을 겪었지만, 최근 국제적인 비재무정보 공시기준들이 수립되었고 투자자들 또한 증가하는 책임투자 수요로 비재무정보 공시에 대한 요구가 증가하여 기업들의 공시 움직임은 증가하게 되었다. 이런 공시제도의 확대는 자연스럽게 기업의 ESG 내재화를 가속화시키는 데 기여할 것으로 보인다. 특히 최근에는 ESG를 전략적 차원에서 적극적으로 도입하고 발전시키려는 기업들이 늘어나고 있다. 기후변화 등 각종 ESG로 인한 시장변화를 기업의 새로운 성장동력으로 상정하거나 사업영역 확장의 근거로 삼고 있다.

ESG 등급 및 평가(ESG Rating)에 관한 이슈

ESG 평가기관은 기업이 자체적으로 공시하거나, 언론, SNS

등을 통해 공개한 비재무정보를 바탕으로 평가기준에 따라 ESG 요소를 평가하고 등급, 점수를 산출한다. 이후 기관투자자들이 ESG 등급정보를 활용하여 책임투자를 수행하는 등 ESG Rating 은 책임투자의 중요 정보로 활용되고 있다.

ESG나 책임투자가 확산되다 보니 여기에 참여하는 평가기관들 역시 활발히 ESG 등급 사업에 뛰어들고 있으며 ESG 평가기관 간 인수합병 또한 활발하게 이루어지고 있다. MSCI[4]는 매출기준 1위의 평가기관으로 전 세계 30%의 자산운용사가 MSCI ESG 서비스를 이용하고 있으며 서스테이널리틱스는 매출 기준 2위의 평가기관으로 25년간 리서치를 영위해온 회사이며 최근펀드평가회사인 모닝스타(Morningstar)에게 인수되었다. S&P[5]는 기존 자체적인 내부 ESG 평가체계를 갖추었지만 전문 ESG 평가기관인 Robeco Sam을 인수하며 ESG 평가시장에 진출하였다.

이렇게 인수합병이 활발해지며 ESG 등급 시장이 성장하고 있지만 ESG 평가기관 간 평가대상 등급의 상관관계가 높지 않아 실효성이 없다는 비판도 존재한다. 이는 ESG 요소의 대부분이 비재무정보로서 이를 표준화하여 평가하는 것에 대한 근본적인 어려움이 있고 ESG 등급 간 평가체계 역시 상이하기 때문이다.

---

4   Morgan Stanley Capital International Index
5   Standard & Poors

하지만 시장과 정부의 지속가능성에 대한 관심으로 평가에 필요한 비재무정보 인프라가 발전되고 있는 것은 긍정적인 모습이다. 비재무정보 공시에 대한 프레임워크가 만들어지며 기업들이 이를 도입하고 있어 평가기관들은 비재무정보를 보다 표준화하여 평가할 수 있을 것이라 예상된다. 유럽에서는 어떤 경제활동이 기후변화 해결에 기여하는 녹색경제활동인지 여부를 판단하는 분류수단인 "EU Taxonomy"가 만들어지며 기존에 평가기관이 ESG 평가에 반영하기에 모호했던 기업의 지속가능성과 관련된 경제적 활동을 명확하게 판단할 수 있도록 하는 데 도움이 될 것으로 보인다.

등급 간 상관관계(Correlation)가 높지 않다는 비판이 존재하지만 ESG 등급과 수익률 관계에 대한 많은 연구들이 있으며, ESG 등급이 좋은 종목들이 하방 압력에 대한 회복력이 있다는 평가가 존재한다. 글로벌 퀀트 자산운용사인 AQR에 따르면 변동성 측면에서는 ESG 등급이 좋은 주식종목들이 나쁜 주식 종목들보다 전체 변동성 및 주식 고유 변동성 차이를 분석한 결과 약 10~15% 낮은 수치를 보였으며, 변동성 측면에서는 3% 정도 낮은 수치를 보였다. 또한 글로벌 자산운용사 인베스코(Invesco)에 따르면 수익률 측면에서는 ESG 등급이 우수한 20%, 낮은 20%를 각각 확대 및 축소한 ESG 수익률의 일반 수익률 대비 차이를 분석한 결과 시장 변동성이 컸던 코로나19 국면에서 초과 수익률을 나타내며 시장 위기 상황 속에서 견조한 모습을 보였다. 즉 ESG 등급이 높은 종목의 주식은 대체적으로 주가가 크게 하락하는 하방 위험을 낮춰주고 있다는 평가가 존재하며 시장변동성이 큰 코로나19 국면에서도 ESG 투자자금 순유입이 일어나는 등 위기상황 속에서 견조한 모습을 보였다.

급속도로 성장하는 ESG 채권

ESG 투자 시장이 성장하고 발전하는 과정에서, GSS 채권(Green, Social, and Sustainability)은 최근 빠른 속도로 성장한 책임투자 자산군이다. ESG 채권은 발행 이후에도 투자자가 자금의 사용처 등을 꾸준히 확인할 수 있어 투명성이 매력으로 부각되고 있다. ESG 채권은 친환경 사업 투자 목적으로 발행되는 녹색채권, 사회적 가치 창출을 목적으로 발행되는 사회적 채권, 친환경 또는 사회적 가치를 창출하는 사업에 투자목적으로 발행되는 지속가능채권이 있다. 그리고 ESG 채권에 대한 발행요건을 명확히 하고 사용처 투명성 증대 등 ESG 채권에 대한 표준화를 위한 녹색채권원칙(Green Bond Principles) 등 관련 가이드라인이 존재한다.

ESG 채권 발행액은 2017년부터 크게 증가하는 추세이며, 사회적 채권 및 지속가능성 채권 발행액 증가로 인해 ESG 채권 종류가 다변화되는 모습을 보이고 있다. 또한 최근 코로나19로 인한 사회 경제적 피해 극복을 위해 사회적 및 지속가능채권의 발행규모가 더 증가하는 모습을 보이고 있다. 발행 기관별로는 금융기관 및 기업의 녹색채권 발행 비중이 전체의 40%를 차지하고 있는 등 민간자금 유입이 활발하게 이루어지고 있으며 지역별로는 유럽의 비중이 41%로 가장 높은 수준을 보이고 있다.

ESG 채권의 가장 높은 비중을 차지하는 녹색채권은 발행시장에서 일반채권 대비 낮은 금리로 발행되는 모습을 보였다. 녹색채권은 채권 발행 후 발행자가 자금의 사용처 및 환경 사회적 영향 등에 공시해야 함에 따른 추가비용으로 발행금리가 더 높아야 하지만, 녹색채권에 대한 수요가 풍부함에 따라 일반 채권에 비해 프리미엄이 존재해 오히려 발행금리는 더 낮은 모습을 보이고 있다. 또한 유통시장 측면에서는 발행자 및 만기가 동일한 녹색채권과 일반채권을 비교한 결과, 녹색채권과 일반채권 가격은 유사한 움직임을 나타냈으며, 매월 수익률 차이도 유의미하지 않게 나타냈다. 즉 녹색채권은 일반채권 대비 낮은 금리로 발행할 수 있어 발행자에게 유리한 측면이 있으며, 수익률 측면에서는 일반채권과 유사하여 투자자는 불이익을 받지 않고 투자 시 평판 제고 등의 효과를 기대할 수 있는 장점이 있다.

기후변화 등 환경위기의 위험

ESG 중에서 E에 해당하는 환경에 관한 이슈는 현재 전 세계적으로 가장 많은 주목을 받는 영역이고 투자자들 역시 마찬가지다. 예를 들어 스위스 다보스에서 개최되는 세계경제포럼에서는 매년 글로벌 리스크 순위를 발표하고 있는데 2018년부터 2021

2010-2021 다보스 포럼 글로벌 리스크

Top 5 Global Risks in Terms of Likelihood

	2010	2011	2012	2013	2014	2015	2016	2017	2018	2019	2020	2021
1st	Asset price Collapse	Storms and cyclones	Income disparity	Income disparity	Income disparity	Interstate conflict	Involuntary migration	Extreme weather	Extreme weather	Extreme weather	Extreme weather	Extreme weather
2nd	China economic slowdown	Flooding	Fiscal Imbalances	Fiscal Imbalances	Extreme weather	Extreme weather	Extreme weather	Involuntary migration	Natural disasters	Climate action failure	Climate action failure	Climate action failure
3rd	Chronic disease	Corruption	Greenhouse gas emissions	Greenhouse gas emissions	Unemployment	Failure of national governance	Climate action failure	Natural disasters	Cyberattacks	Natural disasters	Natural disasters	Human environmental damage
4th	Fiscal crisis	Biodiversity loss	Cyberattacks	Water crises	Climate action failure	State collapse or crises	Interstate conflict	Terrorist attacks	Data fraud or theft	Data fraud or theft	Biodiversity loss	Infectious diseases
5th	Global governance gaps	Climate change	Water crises	Population ageing	Cyberattacks	Unemployment	Natural catastrophes	Data fraud or theft	Climate action failure	Cyberattacks	Human-made environmental disasters	Biodiversity loss

Top 5 Global Risks in Terms of Impact

	2010	2011	2012	2013	2014	2015	2016	2017	2018	2019	2020	2021
1st	Asset price Collapse	Fiscal crises	Financial failure	Financial failure	Fiscal crises	Water crises	Climate action failure	Weapons of mass destruction	Weapons of mass destruction	Weapons of mass destruction	Climate action failure	Infectious diseases
2nd	Deglobalization	Climate change	Water crises	Water crises	Climate action failure	Infectious diseases	Weapons of mass destruction	Extreme weather	Extreme weather	Climate action failure	Weapons of mass destruction	Climate action failure
3rd	Oil price spikes	Geopolitical conflict	Food crises	Fiscal Imbalances	Water crises	Weapons of mass destruction	Water crises	Water crises	Natural disasters	Extreme weather	Biodiversity loss	Weapons of mass destruction
4th	Chronic disease	Asset price Collapse	Fiscal Imbalances	Weapons of mass destruction	Unemployment	Interstate conflict	Involuntary migration	Natural disasters	Climate action failure	Water crises	Extreme weather	Biodiversity loss
5th	Fiscal crises	Asset price Collapse	Energy price volatility	Climate action failure	Infrastructure breakdown	Energy price shock	Climate action failure	Climate action failure	Water crises	Natural disasters	Water crises	Natural resource Crises

■ Economic ■ Environmental ■ Geopolitical ■ Societal ■ Technological

Source : World Economic Forum 2021

넌까지 환경위기 특히 기후변화 관련 위험들이 대부분을 차지한 것만 봐도 알 수 있다. 지난 10년 동안 기후변화, 지구온난화 등 환경적 요인은 전 세계 최우선 해결과제가 되었다.

기후변화는 수십 년 동안의 평균적인 날씨 변화로 정의할 수 있으며, 통상 지구온난화를 지칭한다. 지구온난화는 온실가스 누적으로 인한 지구 평균 온도 상승을 의미한다. 1992년 기후변화 협약(UNFCCC : United Nations Framework Convention on Climate Change) 채택 이후, 장기적 목표로서 산업화 이전 대비 지구 평균기온 상승을 어느 수준으로 억제해야 하는지에 대한 논의가 시작되었다. EU 국가들은 1990대 중반부터 2℃ 목표를 강하게 주장해 왔으며, 2007년 기후변화에 관한 정부 간 협

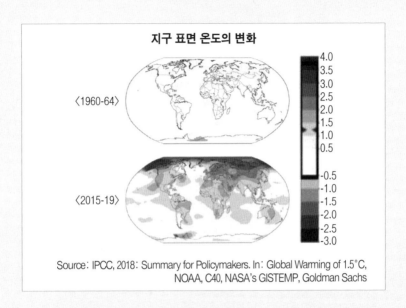

지구 표면 온도의 변화

〈1960-64〉

〈2015-19〉

4.0
3.5
3.0
2.5
2.0
1.5
1.0
0.5
-0.5
-1.0
-1.5
-2.0
-2.5
-3.0

Source: IPCC, 2018: Summary for Policymakers. In: Global Warming of 1.5°C, NOAA, C40, NASA's GISTEMP, Goldman Sachs

의체 IPCC(Intergovernmental Panel on Climate Change) 제4차 종합평가보고서에 2℃ 목표가 포함됐다. 2℃ 목표는 2009년 제15차 당사국총회(COP15) 결과물인 코펜하겐 합의 (Copenhagen Accord)에 포함되었으며, 이듬해 제16차 당사국총회(COP16) 시 칸쿤 합의(Cancun Agreement) 채택으로 공식화됐다.

이후 2015년 파리협정에서 2℃ 보다 훨씬 아래로 유지하고, 나아가 1.5℃로 억제하기 위해 노력해야 한다는 목표가 설정됐다.

IPCC는 2018년 10월 우리나라 인천 송도에서 개최된 제48 차 IPCC 총회에서 치열한 논의 끝에 〈지구온난화 1.5℃ 특별보고서〉를 승인하고 파리협정 채택 시 합의된 1.5℃ 목표의 과학적

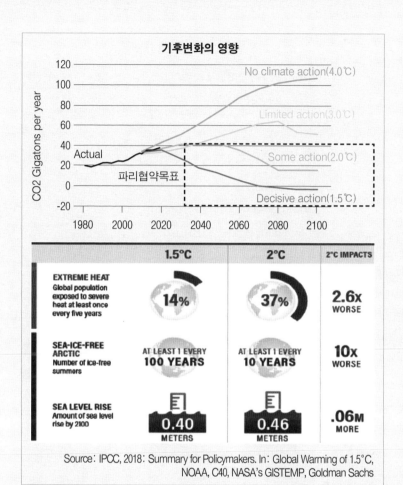

기후변화의 영향

No climate action(4.0℃)

Limited action(3.0℃)

Some action(2.0℃)

Decisive action(1.5℃)

Actual

파리협약목표

CO2 Gigatons per year

	1.5°C	2°C	2°C IMPACTS
EXTREME HEAT Global population exposed to severe heat at least once every five years	14%	37%	**2.6x** WORSE
SEA-ICE-FREE ARCTIC Number of ice-free summers	AT LEAST 1 EVERY **100 YEARS**	AT LEAST 1 EVERY **10 YEARS**	**10x** WORSE
SEA LEVEL RISE Amount of sea level rise by 2100	0.40 METERS	0.46 METERS	**.06M** MORE

Source: IPCC, 2018: Summary for Policymakers. In: Global Warming of 1.5°C, NOAA, C40, NASA's GISTEMP, Goldman Sachs

근거를 마련했다. 이는 2015년 파리협정 채택 시 합의된 1.5℃ 목표의 과학적 근거 마련을 위해 유엔 기후변화협약 당사국 총회가 IPCC에 공식적으로 요청하여 작성한 것이다.

IPCC는 2100년까지 지구 평균온도 상승폭을 1.5℃ 이내로 제

기후변화에 대한 국제적 대응

1992   UN 기후변화협약 채택

1997   **교토의정서 채택**
           2008년~2012년 온실가스 배출량
           1990년도 대비 평균 5.2% 감축 목표
           감축 의무 부담국가 40여개국

2007   **발리행동계획 채택**

2009   **코펜하겐 총회**

2011   **더반 총회(교토의정서 연장)**

2015   **파리협정 채택**
           산업화 이전 대비 전지구 표면 온도 2℃ 이하로 유지,
           1.5℃까지 제한 노력
           감축의무국가 197개국

한하기 위해서는 전 지구적으로 2030년까지 이산화탄소 배출량을 2010년 대비 최소 45% 이상 감축하여야 하고, 2050년경에는 탄소중립(Net-zero)을 달성하여야 한다는 경로를 제시했다.

한편 2℃ 목표 달성 경로의 경우, 2030년까지 이산화탄소 배출량을 2010년 대비 약 25% 감축하여야 하며, 2070년경에는 탄소중립을 달성해야 한다고 제시했다.

이에 따라 각국은 자발적인 감축 목표를 설정하여 이행하고 있다. 유럽의 경우 2050년까지 탄소중립을 목표로 하고 있으며 이를 위해 지난해 말 EU 집행위는 그린 딜 정책을 발표하였다. 그린 딜은 에너지, 산업, 건축, 수송 등 4개 분야에서 온실가스 감축을 목표로 향후 10년 동안 1조 유로 규모의 투자를 통해 기후

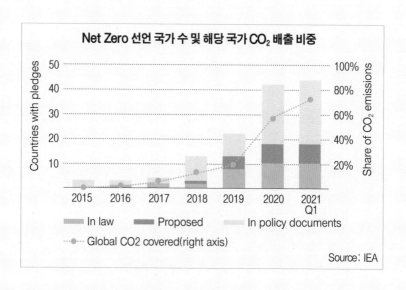

Net Zero 선언 국가 수 및 해당 국가 CO₂ 배출 비중

In law   Proposed   In policy documents
Global CO2 covered(right axis)

Source: IEA

변화에 대응하고 동시에 유럽 지역의 경제성장을 달성하기 위한 정책이다. 특히 유럽 탄소배출량 감축 목표와 20년 동안 감축 추세와 비교 시 2050년 탄소중립 달성을 위해선 매년 상당폭의 감축이 필요하므로 탄소배출권, 탄소세 등 탄소가격제가 확대될 것으로 예상된다.

기후변화에 따른 위험은 크게 2가지로 나뉜다. 그중 전환위험(Transition Risk)은 저탄소 경제(low-carbon economy)로 전환과정에서 정책적, 제도적, 기술적 변화로 인한 위험 요인을 의미한다. 예를 들어 파리협정에 따라 185개 국가는 자발적인 온실가스 감축 목표를 제출하였으며 배출권 거래제, 탄소세와 같은 가격 메커니즘을 활용하여 기업들의 온실가스 감축을 유도하고 있다. 배출권 거래제의 경우 정부가 기업들에게 배출 허용

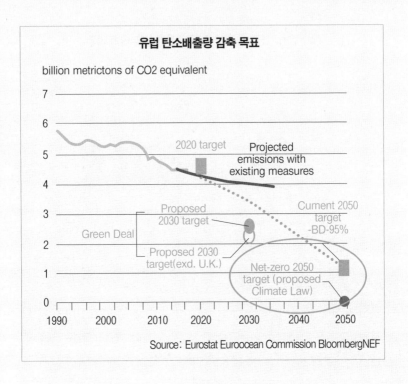

유럽 탄소배출량 감축 목표

billion metrictons of CO2 equivalent

2020 target

Projected emissions with existing measures

Proposed 2030 target

Green Deal

Proposed 2030 target(exd. U.K.)

Cument 2050 target -BD-95%

Net-zero 2050 target (proposed Climate Law)

Source : Eurostat Euroocean Commission BloombergNEF

량을 유무상으로 부여하고, 남거나 부족한 배출허용량을 기업 간 거래를 통해 전체 온실가스 배출 허용량을 정하는 방식이다. 반면 탄소세는 석탄, 석유 등 화석에너지에 함유된 탄소량에 기초하여 탄소배출량에 대해 직접적으로 세금을 부과하는 방식이다.

배출권 거래제와 탄소세가 시행될 경우 기업들의 비용부담은 증가할 것이며, 탄소세 시나리오에 따라 S&P500[6] 기업의 주당

---

6   S&P500 : 신용평가회사인 S&P가 개발한 미국의 주가지수

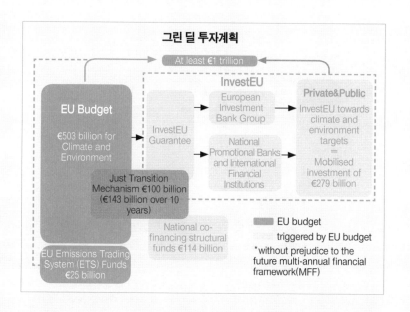

그린 딜 투자계획

At least €1 trillion

InvestEU

EU Budget

€503 billion for Climate and Environment

InvestEU Guarantee

European Investment Bank Group

National Promotional Banks and International Financial Institutions

Private&Public

InvestEU towards climate and environment targets
=
Mobilised investment of €279 billion

Just Transition Mechanism €100 billion (€143 billion over 10 years)

National co-financing structural funds €114 billion

EU Emissions Trading System (ETS) Funds €25 billion

■ EU budget

　triggered by EU budget

*without prejudice to the future multi-annual financial framework(MFF)

순이익은 최대 14%까지 감소할 것으로 예상되며, Eurostoxx 600[7] 기업은 최대 22% 감소가 예상된다. 파리협정에서 정한 목표 달성을 위해서는 최소 이산화탄소 1톤당 40~80달러가 부과되어야 하나, 대부분 국가에서 이 기준에 못 미치고 있어 향후 탄소가격 상승 시 기업이 부담해야 할 비용은 지금보다 증가할 것으로 예상된다

2가지 위험 중 전환위험(Transition Risk)이 정책적, 제도적 위험 요인이었다면, 물리적 위험(Physical Risk)은 기후변화로 인한 자연재해 등 직접적이고 실질적인 피해를 의미한다. 1960

7　Eurostoxx 600 : 스위스의 지수 제공업체인 stoxx가 개발한 유럽의 주가지수

국가별 탄소가격제 시행 현황

- 🔴 배출권 거래제(ETS) 시행(예정)
- ⚫ 탄소세(Carbon tax) 시행(예정)
- 🔵 배출권 거래제 or 탄소세 검토중
- 🔴 배출권 거래제 & 탄소세 시행(예정)
- 🔵 탄소세 시행 예정)+배출권 거래제 검토중
- 🔵 배출권 거래제 시행 (예정)+탄소세 검토중
- 🔵 배출권 거래제 & 탄소세 검토중

Source: World Bank, State and Trends of Carbon Pricing 2019, BofA

년대와 비교했을 때 지구온난화로 인해 홍수, 가뭄, 폭염 등 자연재해의 발행 빈도는 증가하고 있다. 지구온난화가 심화되면서 허리케인의 발생빈도와 강도가 증가할 것으로 예상됨에 따라 이 같은 피해는 증가할 것으로 전망된다. 자연재해, 해수면 상승, 폭염 일수 등 기후변화로 인한 물리적 위험은 기업과 자산의 경제적 피해로 이어질 수 있다.

특히 물리적 위험이 자산가치에 영향을 미치며 모든 지역에 일정하게 발생하기보다 기후변화에 취약한 특정 지역에서 더

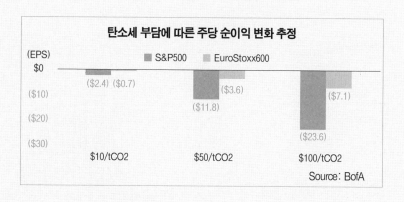

심화되는 경향이 있다. 그러므로 물리적 위험은 이동이 사실상 불가능하고 자산의 만기가 긴 지방채, 부동산, 인프라 등과 같은 자산에 더 큰 위험요소가 될 수 있다. 예를 들어 미국 남동부 해안지역은 매년 허리케인으로 인해 피해를 입고 있으며 기후 변화가 심화되면서 허리케인의 피해가 더 자주 발생할 수 있다. 국제결제은행(BIS)은 불확실성이 높고 극단적인 결과를 배제할 수 없는 사건을 뜻하는 블랙스완에 빗대어 기후변화에 따른 위험을 그린스완(Green swan)이라고 지칭해 관련 보고서를 발표한 바 있다. 이와 같은 위험은 이제 우리 모두가 주목해야 할 현실이다.[8]

글로벌 자산운용사 블랙록(BlackRock) 자료에 따르면 매년

---

8 Patrick BOLTON 등, 'The green swan - Central banking and financial stability in the age of climate change', BIS (2020.1)

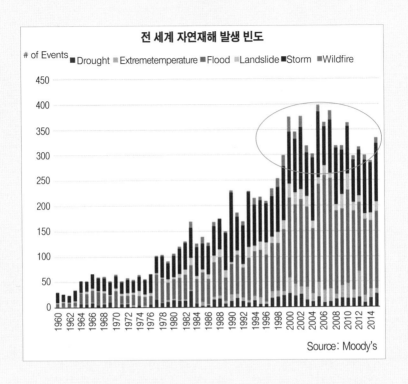

전 세계 자연재해 발생 빈도

# of Events ■Drought ■Extremetemperature ■Flood ■Landslide ■Storm ■Wildfire

Source: Moody's

국내총생산(GDP)의 일정 부분이 기후변화 피해로 인해 감소할
것으로 예상되며, 특히 미국의 휴스턴 마이애미 지역은 타 지역
대비 감소폭이 클 것으로 예상된다. 자연재해로 인한 피해 복구
비용 증가는 향후 지방 정부의 재정상태에 부정적인 영향을 미
칠 수 있으며 이렇듯 기후변화는 특정 지역의 지방채 신용등급에
영향을 미칠 수 있다. 또한 기후변화 위험에 노출된 부동산 자산
의 경우 자연재해로 인한 피해복구 비용 증가, 보험료 인상 등으
로 인해 자산가치가 하락하고 거래가 감소하는 위험에 노출될 수

해수면 상승에 따른 Manhattan 범람 위험 지역

Manhattan

Long Island

Brooklyn

Source: Forbes

있다. 미국 주택거래를 분석한 연구를 살펴보면 해수면 상승으로 피해가 예상되는 지역의 주택가격이 그렇지 않은 지역에 비해 할인된 가격으로 거래되고 있으며 시간이 경과하면서 가격 하락폭은 심화되고 있다. 따라서 주택가격의 경우 금융시장에서 기후변화 위험을 반영하려는 움직임이 있다고 할 수 있다.

코로나 사태 이후 더욱 중요해진 S

ESG 중 사회적 요인(Social)은 기업이 이해관계자들과 어떠한 관계를 맺고 있는지에 초점을 맞추는 것이다. 사회적 요인은 근로자 처우, 제품 안정성, 사회적 기회창출 등 기업 이해관계자들과 관련된 다양한 항목들로 구성되어 있다. 사회적 측면에서 우수한 기업은 고객의 신뢰와 임직원의 충성도를 형성할 뿐 아니라 사회 내에서 좋은 평판을 쌓는 등 기업에 긍정적인 효과가 있다. 다만 사회적 요인은 다양한 항목으로 이루어져 있고 환경, 지배구조와 다르게 계량화에 어려움이 있어 상대적으로 주목을 받

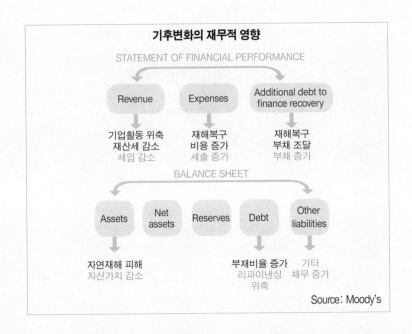

기후변화의 재무적 영향

STATEMENT OF FINANCIAL PERFORMANCE

Revenue	Expenses	Additional debt to finance recovery
기업활동 위축 재산세 감소 세입 감소	재해복구 비용 증가 세출 증가	재해복구 부채 조달 부채 증가

BALANCE SHEET

Assets	Net assets	Reserves	Debt	Other liabilities
자연재해 피해 자산가치 감소			부채비율 증가 리파이낸싱 위축	기타 채무 증가

Source: Moody's

지 못했다.

하지만 코로나19 위기는 기업들이 근로자를 어떻게 대하는지 확인할 수 있는 기회가 되었다. 기관투자자를 대상으로 실시한 JP모건의 설문조사를 살펴보면 코로나19 이후 ESG 요소 중 인적 자본(Human Capital)을 가장 중요한 요소로 선정한 바 있다. 기업의 생산성, 주가 수익률, 기업가치와 인적 자본의 관계를 분석한 연구들을 살펴보면 일하기 좋은 환경을 갖춘 기업들이 보다 나은 성과를 보이는 것을 확인할 수 있다. 따라서 기업의 장기 성장을 위해선 유능한 인력들을 유지(Retention)하는 것이 중요하며, 코로나19 이후 성장을 위해선 인적 자본을 관리하는 것이 더

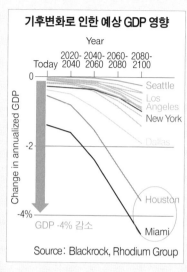

기후변화로 인한 예상 GDP 영향

Source: Blackrock, Rhodium Group

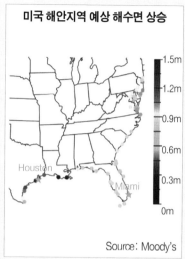

미국 해안지역 예상 해수면 상승

Source: Moody's

욱 중요하다고 할 수 있다.

코로나19로 인한 피해가 근로자, 공급업체, 고객, 지역사회 등 다양한 이해관계자까지 확산되고 있으며 이로 인해 이해관계자들과의 관계를 다루는 사회적 요인에 대한 관심은 증가하고 있다. 코로나19는 주주 중심의 경영에서 이해관계자 모두를 고려하는 경영으로 이동하는 계기가 될 것이다. 2020년 미국 비즈니스라운드 테이블과 2021년 초 다보스 포럼에서 확인할 수 있는 것처럼 이해관계자를 고려하는 경영활동에 대한 요구는 새로운 것은 아니나, 코로나19는 그 중요성에 대해 다시 한번 생각하게끔 하는 기회가 될 것이며 투자자들도 사회적 요인을 투자 의사결정에 보다 적극적으로 포함시켜야 할 것으로 보인다.

기업지배구조에 관한 논쟁들

일반적으로 기업지배구조를 논의할 때는 기업의 체계에 관한 것이며 동시에 법적 사회적 맥락과 글로벌 규범들을 포괄하는 주제들을 포괄한다. 기업지배구조를 좁은 개념으로 본다면 주주의 이익을 위한 기업경영의 통제체계를 다루고 있다고 볼 수 있는데, 한편으로는 기업경영과 관련된 의사결정에 영향을 미치는 모든 요소들을 고려하는 넓은 개념으로도 볼 수도 있다. 즉 좁게는 주주의 입장에서 대리인 비용 등을 낮추는 수단으로 바라보는 반면, 넓게는 모든 이해관계자 측면에서 기업의 가치를 보는 것이기 때문에 개념의 크기를 떠나서 관점의 차이가 크다고도 볼 수 있다.

사실 기업지배구조로 기업을 평가하고 그 성과를 예측하려는 노력은 오래전부터 있어 왔다. 과거 연구 중에 대표적인 것이 2003년도에 하버드에서 개발한 G-index이고, 2009년 개발한 E-index도 있다. 이를 통해 좋은 기업지배구조를 가진 미국기업들의 성과가 실제로 우수한가를 살펴볼 수 있는데, 흥미롭게도 90년대 기업들은 기업지배구조에 따라 성과에 큰 차이가 나타났고 이후에는 전반적인 기업지배구조가 개선되면서 그 차이가 축소되는 모습을 보여주었다. 다만 최근 ESG의 확산에 따라 기업지배구조에 관한 논의는 주제가 넓어지고 더욱 활발하게 이루어지는 것으로 보인다.

기업지배구조를 볼 때 또 다른 중요한 논쟁은 기업지배구조가 국제적 표준을 따라야 하느냐, 국가별 차이를 인정하느냐의 여부일 것이다. 국제적 표준을 따르는 것은 우수한 기업지배구조가 기업경쟁력의 원천이며 국가의 경제적 성장의 요건이라는 논리를 바탕으로 한다. 대표적인 것이 OECD가 2015년 발표한 기업지배구조 원칙(그래프 참조)이다. 기업지배구조를 공공이익과 부합하는 범위 내에서 이해관계자들의 이익을 보호하기 위한 것으로 해석하고 이를 통제하는 시스템을 의미하는 것으로 정의했고, 6가지 원칙을 명시한 바 있다. 이를 자세히 살펴보면 이 원칙을 따르는 기업은 좋은 기업지배구조를 갖게 되고 이것이 경제적 발전과 이어진다는 낙관적인 견해가 드러난다. 기업지배구조에 관한 국제협의체인 ICGN(International Corporate Governance Network)의 기업지배구조 원칙(Global Corporate Governance Principles) 역시 여러 국가의 기업지배구조 표준에 영향을 주기 위한 목적으로 만들어졌다. 또한 2016년 미국 중요 상장기업 CEO와 기관투자자들이 제시한 기업지배구조에 관한 원칙도 미국을 중심으로 한 기업지배구조에 관한 국제적 표준을 제시하려는 시도가 나타난다.

하지만 이런 기업지배구조의 국제적 표준을 선도한다는 평가를 받는 미국 역시 많은 기업지배구조에 관한 논쟁이 있었고 현재에도 진행 중이다. 즉 미국이 기업지배구조에 있어 내세우는 금융과 산업의 분리, 소유와 지배의 구분과 같은 이슈는 20세기 초반까지 다른 나라들과 별다른 차이가 없었다. 미국 경제학자 존 케네스 갈브레이스(John Kenneth Galbraith)는 그의 1967

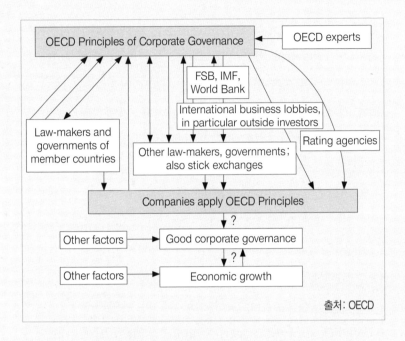

출처: OECD

년 저작 《새로운 산업국가[9]》에서 "기업은 오너의 수단이었고, 그들 인격의 표현이었고 그들의 이름은 카네기, 록펠러, 해리만, 메론, 구겐하임, 포드 등이었다"라고 서술하기도 했다. 이후 첫 번째 합병 파동(First Merger Wave)이 있었는데 지주회사의 합법성을 인정함에 따라 1895년에서 1904년 사이에 합병 건수가 3653건에 달할 정도였고 157개의 지주회사가 1800개 이상의 회사를 통합하기도 했다.

미국은 5회에 걸쳐서 기업지배구조에 관한 큰 변화를 겪는다.

---

9 J.K.Galbraith(1981), 새로운 산업국가, 서음출판사

1차는 1890년부터 1904년까지 2차 1916년부터 1929년까지, 3차 1965년부터 1969년까지, 4차 1981년부터 1989년까지, 5차는 1990년대로 분류되고 있다(향후 학자들은 ESG가 유행하는 현재의 상황을 제6차 또는 제7차의 변화로 기록할 수도 있을 것이다).

그중 1929년에 발생한 대공황과 이후 등장한 뉴딜정책 진행 과정에서 J.P. 모건, 록펠러 가문을 비판하는 여론이 높아지고 그 유명한 글라스-스티걸 법이 제정된다.

이 법의 목적은 금융기관들이 산업 및 기업에 대한 지배력을 행사하는 것을 차단하기 위한 것이었다. 이 법을 통해 국내에서도 중요 원칙으로 통용되는 금융과 산업의 분리, 즉 '금산분리의 원칙'이 탄생하게 되었다.

여기에 한발 더 나아가 1956년 은행지주회사법(Bank Holding Company Act)을 통해 비은행기업(일반회사)의 은행주식 소유를 제한한 것도 큰 변화였다. 이 법을 통해 비금융산업의 금융산업에 대한 지배 역시 제한을 받게 되었다.

최근 미국에서 자주 논의되고 있는 기업지배구조 관련 이슈는 차등의결권 등의 다양한 종류주식에 관한 것이다. 차등(복수)의결권 제도에 찬성하거나 도입을 추진하는 측에서는 전문적 기술력이나 지식 등으로 기업 성장에 기여도가 절대적인 창업자가 차등의결권 구조를 통해 경영권 공격 위협을 느끼지 않고 안정적으로 장기 계획을 추진하여 혁신적인 기업의 기업공개(Initial Public Offering: IPO)를 독려할 수 있다는 점을 주된 근거로 내세우고 있다. 기업의 창업자는 경영권 방어의 필요성이 낮다 보니 무리한 신주 인수나 중요 자산의 매각 등을 시도할 유인이 크지 않다는 장점이 있다. 또한, 차등의결권이 허용되는 미국에 가서 IPO를 하려는 테크기업들을 국내로 유치하기 위해 차등의 결권 도입은 어쩔 수 없는 선택이라는 현실론도 있다.

반면 동일한 1주임에도 불구하고 행사할 수 있는 의결권의 수가 다른 차등의결권 제도를 반대하는 측에서는, 기업에 대한 소유권과 의결권의 비례성 원칙이 훼손되는 점을 가장 큰 문제로 지적하고 있다. 경영진이 기업실적이 저조해도 교체될 위험에서 벗어나기에 외부투자자들은 경영진이 계속 남아있으려는 참호구축 위험(entrenchment risk)에 노출된다고 할 수 있다. 특히 상장기업의 차등의결권 주식 발행은 주주의 의사결정을 왜곡시키는 수단으로 전락할 수 있다는 비판도 있다.

이와 같은 논쟁은 미국만의 것은 아니다. 중국은 2001년 아시아태평양 지역 국가 중 최초로 기업지배구조 코드를 도입하고 외국인투자자들에게 우호적인 정책을 갖추고 있다. 그럼에도 중국 기업지배구조의 핵심은 역시 국영기업에 관한 것이라고 말할 수 있다. 전체 상장기업의 60%로 알려져 있는데 사실 이 역시도 투명하지 않기 때문에 정확한 숫자가 아니다. 중국정부는 여러 차례 국영기업에 대한 개혁을 추진해 왔지만 동시에 이사회 권한 확대 같은 시장화에 속도를 내더라도 당 위원회의 한계를 분명히 해왔다. "새는 움켜쥐면 죽지만 그렇다고 문을 열면 날아가버

린다"는 '조롱경제론(鳥籠經濟論, 새장 경제론)'은 국영기업에 대한 입장을 잘 나타내는 표현이라고 볼 수 있다.

중국의 기업지배구조에서 가장 흥미로운 구조는 계약통제방식 (Variable Interest Entity, VIE)이다. 중국정부는 자국의 산업보호를 위하여 일부 업종에 대해 외국인 투자를 제한·금지하고 있으며, 해당 업종 기업은 해외상장을 위하여 이러한 계약통제방식(가변이익실체 또는 변동지분실체로도 번역된다)을 이용하여 상장을 하여 왔다. 이 중 대표적인 기업이 BAT(바이두Baidu, 알리바바Alibaba, 텐센트Tencent)와 같은 중국 인터넷 기업이다. 이들 중국 내 유수기업들은 계약통제방식으로 미국과 홍콩 등 시장을 통해 자금을 조달하여 현재 글로벌 회사로 성장하여 왔다. 계약통제방식은 중국 국내회사가 간접적으로 해외에 상장하기 위하여 당해 회사의 최대주주가 해외의 조세회피지역에 특수목적회사(SPC: Special Purpose Company)를 설립하고, 특수목적회사가 다시 중국에 역 투자하여 외상투자기업을 설립한 다음 중국 내에서 사업을 실질적으로 운영하는 내자회사와 이익 및 지배권 이전과 관련되는 일련의 계약을 체결한다. 최종적으로는 해외의 특수목적회사가 중국 내의 내자회사를 간접적으로 지배한 후, 특수목적 회사를 외국증권시장에 상장할 수 있도록 만든 상장구조이다.

이런 구조는 중국 당국에 의해 승인되지 않았으므로 투자자들은 당국에 의해 타격을 입을 위험에 노출될 수도 있다는 지적이 있어 왔다. 특히 최근 중국의 보안법 개정에 따른 중국기업들의 미국상장에 대한 규제로 인해 더욱 많은 논란이 되고 있다.

한편 일본은 400년에 이르는 자이바츠(재벌)의 역사를 가지고 있다. 전후 연합군최고사령부는 자이바츠들에게 전쟁의 책임을 묻는 동시에 과도한 경제력 집중을 문제 삼아 4차례에 걸쳐 자이바츠를 해체시켰고 이후 고도 성장기를 거치면서 현대적 형태의 기업들이 되었다. 이와 같은 기업지배구조의 대표적인 특징이 외국인 투자자들에 대한 대응을 위해 구축된 상호출자이다. 상호출자가 일본 지배구조의 가장 큰 문제점으로 지적받다 보니, 개선에 대한 요구도 거세졌고 주요 해외 투자기관들은 상호출자의 재무적 타당성과 보유 정당성에 대해 반드시 설명을 요구한 적도 있다. 캘퍼스(CalPERS), 애버딘(Aberdeen), APG, 브리티시 컬럼비아(British Columbia) 등 글로벌 투자자들은 상호출자의 이유와 향후 축소계획 등을 공개해야 한다는 입장을 공식적으로 표명하기도 했다.

과거 일본의 아베 정부는 아베노믹스의 일환으로 일본정부의 성장전략에 기업지배구조 개편과 관련된 내용을 언급하고 일련의 정책들을 추진해 왔다. 즉 글로벌 경쟁이 본격화됨에 따라 일본 기업의 경쟁력 향상을 위해 중장기적 수익성·생산성 제고의 필요성을 인식하고 첫째로 스튜어드십 코드 제정(2014년 2월), 둘째로 사외이사제도 등을 포함한 회사법 개정(2015년 5월 실시), 셋째로 기업지배구조 코드 제정(2015년 6월 실시, 이하 기업지배구조 개편안) 등의 정책을 추진해 왔다. 독립사외이사제도의 설치, 정보공개 외에도 그동안 일본 기업들 사이에서 오랫동안 관행으로 이어져 왔던 '정책보유주식'과 관련된 규정이 제시되기도 했다. 닛산 카를로스 곤 회장 부정, 올림푸스에 대한 밸류액트(ValueAct)의 행동주의 실천, 그리고 일본계 행동주의 펀드의 원조인 무라카미 펀드의 귀환 등으로 일본에서 지배구조 이슈가 재부각되고 있다. 주주행동주의(Activist)들의 캠페인 추이도 증가하고 있다.

Active Ownership으로의 변화

과거 기관투자자들의 기업지배구조에 관한 접근방식에 대해 분류한 OECD 자료[10]를 보면 현재 기관투자자들의 주주권리에 대한 접근방식이 매우 빠르게 변모하고 있다는 것을 알 수 있다. 예를 들어 과거 해외투자를 하는 국부펀드들이나 연기금들은 수동적 주주참여(Reactive Engagement)로 분류되고 ETF(Exchanged Traded Fund)의 경우 주주참여를 하지 않음으로 분류되기도 했으나 오늘날 액티브 오너십(Active Ownership)으로 불리는 연기금들의 적극적인 주주권리 활동을

---

10 Çelik, S. and M. Isaksson (2013), "Institutional Investors as Owners: Who Are They and What Do They Do?", OECD Corporate Governance Working Papers, No. 11, OECD Publishing, Paris, https://doi.org/10.1787/5k3v1dvmfk42-en.

고려하고 블랙록 등 ETF 운용사들의 활동을 보면 단기간에 주주 권리에 관한 기관투자자들의 활동이 크게 증가해왔다는 것을 알 수 있다.

한편 2014년 논의 시 ESG에 대한 고려는 포함되지 않았으나 오늘날 주주권리 활동에 있어 ESG에 대한 고려가 매우 중요시된 것도 큰 변화이다. 기업활동에서의 ESG에 대한 중요성으로 주주 총회 등에서 주요안건으로 상정되는 환경으로 변화한 데 기인한 것으로 보인다. 과거 주주권리 활동을 통해 이익을 내는 것이 주 주행동주의(Activist), 사모펀드(Private Equity) 등의 활동이었고, 공공부문의 기관투자자들은 정치사회적 요구에 부응하는 것이 목 적이었으나 오늘날은 주주권리 활동이 자산군과 관계없이 수익을 고려해야 하는 전략 중 하나로 여겨지는 경향도 있다.

액티브 오너십은 기관투자자들이 기존보다 더욱 적극적으로 기업에 대한 오너십을 행사하는 활동을 수행하는 것을 말한다. 액티브 오너십은 사전적 분석, 내부 프로세스, 영향분석 등의 절 차로 이루어진다. 또한 각 절차별로 규제분석, 시장분석, 기업분 석, 전략수립, 실제 액션 등을 고려해야 한다. 이런 절차를 통한 결과가 기업과 기관투자자들의 정책과 성과에 영향을 미친다.

액티브 오너십에 대한 성과는 매우 좋다. 1999~2009년 기업 지배구조, 기후변화에 관련된 주주참여의 대상이 된 미국 기업 들이 참여활동 이후 시장 평균을 크게 웃도는 재무성과를 달성 했으며 참여활동 초반 연평균 1.8%이던 초과수익률(Abnormal

Return)은 참여활동 성공 이후 4.4%까지 상승했고 참여활동이 실패했을 때 부정적인 시장반응은 없었다는 것을 보여주는 연구결과가 있다. 캘퍼스(CalPERS)가 참여활동 및 성과 개선 활동을 펼친 기업들이 러셀(Russell) 1000 지수 대비 13.72%, 러셀 1000 섹터지수 대비 12.11%의 초과누적수익률을 달성했음을 보여준다(1987~2007, 중점관리기업 명단 focus list에 속한 기업과 참여활동을 비공개로 진행한 기업 모두 포함된 결과).

액티브 오너십을 수행하는 기관투자자들은 다양한 주제를 다룬다. 최근 2020년 EY(Ernst & Young)에서 조사한 바에 따르면 의결권의 중심주제는 인재관리가 1위인 것을 알 수 있고, 2020년 주주참여(Engagement)의 우선순위 3개는 환경, 이사회 다양성, 인재관리임을 알 수 있다. 머로 소달리(Morrow Sodali)라는 기관은 12년 이상 기업지배구조 관련 경력을 가진 46개 기관 담당자들을 대상으로 6년째 다양한 설문조사를 해오고 있다. 그중 주주참여 시 이사회에 기대하는 주제에 대해 '기업과 건설적인 양방향 관계를 구축하는 것'이 중요한 것으로 조사된 반면, 흥미롭게도 '미디어나 논쟁적인 이벤트에 대응하는 것'에 대해서는 상대적으로 덜 중요하게 여기는 것으로 조사되었다.

글로벌 기관투자자들의 사례

국부펀드 중 NBIM(노르웨이 국부펀드) 및 NZ Super(뉴질랜드 국부펀드)의 경우 선도적으로 책임투자를 수행해왔는데, 이는 정

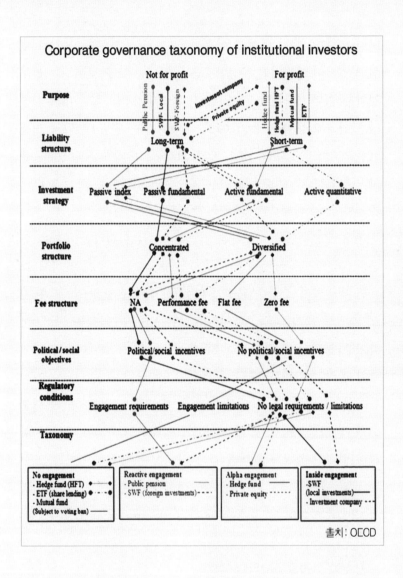

Corporate governance taxonomy of institutional investors

출처: OECD

부 및 정치권의 적극적이고 중장기적인 지원이 뒷받침된 결과이다. NBIM의 경우 재무부 및 노르웨이 중앙은행(Norges Bank)

의 지원하에 정책에서부터 주주권리, 투자배제 등 책임투자에 대한 통합적인 접근을 수행하고 있으며 2010년부터 기후 리스크 관리의 일환으로 기업에 미치는 물리적 위험과 전환 위험의 정량화 연구를 수행했으며, 2019년 다양한 섹터의 1,500개 기업에 대한 분석을 수행하고 있는 것으로 알려져 있다. NZ Super는 테마 리서치를 통해 투자의 우선순위를 정하고 있으며, 주요 테마 중 하나가 책임투자이다. 예를 들어 자원의 지속가능성 테마를 통해 에너지, 농업, 목재 분야에 초점을 맞추고 잠재적 투자기회를 지속적으로 발굴하는 식이다.

해외 주요 연기금들은 의결권 행사, 주주참여 등의 주주활동을 활발히 수행하여 왔으며 스튜어드십 코드가 확산되면서 아시아 지역에도 공적 연기금들의 주주활동이 증가하는 모습이다. 그중 캘퍼스(CalPERS) 효과로 유명한 캘리포니아 연기금 캘퍼스는 적극적인 주주참여 프로그램을 통해 기업성과와 주식수익률을 개선한 것으로 널리 알려져 있으며, 일본의 GPIF[11]는 직접투자 비중이 낮지만 자금을 위탁한 자산운용사[12]에 대한 스튜어드십 코드 도입을 유인하고 적극적인 주주활동을 강조해 일본 자본시장의 주주권리 향상에 기여했다는 평가를 받고 있다. 또한 5가지 ESG 지수를 선정해 패시브 전략의 투자방식으로 3.5조 엔 규모

---

11 Government Pension Investment Fund
12 External Fund Manager

의 ESG 자금을 국내외 운용하고 있다.

APG(네덜란드 연기금)는 거의 모든 책임투자 전략을 활용하는 연기금으로 유명하다. 특히 주주참여의 경우 독립된 조직을 통해 전 세계에서 적극적으로 수행하고 있고, 활발하게 개정되는 네거티브 스크리닝 제도 역시 운영하고 있다. 무엇보다 임팩트(Impact)에 대해 강조하는 방향으로 책임투자 업무를 추진하고 있다. CPPIB(캐나다 연기금)는 전사가 통합적으로 지속가능투자(Sustainable Investing)에 대한 접근을 추진하고 있다는 점에서 주목할 만하다. 특히 주식이나 사모투자 시 ESG 요인을 적극적으로 고려하는 것으로 알려져 있다. 또한 녹색채권 발행에 참여한 경험이 있다.

글로벌 자산운용사들은 책임투자에 대해 많은 업무들을 추진하고 있다. 그중 블랙락(BlackRock)의 최근 행보가 두드러진다. 2020년 초 CEO인 래리 핑크(Larry Fink)가 발표한 주주연례서한(Letter to CEOs)과 고객안내서한(Letter to Clients)이 화제가 되었다. 세계 최대 자산운용사로서 보다 적극적인 변화를 요구받던 블랙락의 많은 변화가 예상되며 대규모 ETF(Exchanged Traded Fund) 운용사로 전 세계 기업들의 중요 주주인 것을 감안할 때 그 파급효과도 크다고 볼 수 있다. 블랙락은 지속가능성을 위한 새로운 버전의 ESG 모델 포트폴리오 구축 및 ESG 관련 ETF를 출시할 것으로 밝히는 등 적극적으로 ESG 투자를 늘려 나갈 것으로 보인다. 한국투자공사(Korea

Investment Corporation, KIC)는 2005년에 설립된 대한민국의 유일한 국부펀드로서 외환보유고를 운용하고 있다. 2006년 본격적인 투자개시 이후 총 누적 투자수익은 710억 달러(약 77조 2천억 원)를 넘어섰으며, 특히 2020년 기록한 한화 23조 7천억 원 규모의 투자성과는(연간 총자산 수익률 13.7%, 벤치마크 대비 상대수익률 144bp) 지난해 정부예산 513조 원의 약 4.6%에 해당한다. 이는 세계적인 기업인 삼성전자의 2019년 법인세 납부액 13조 2천억 원과 비교해도 약 1.8배에 달하는 수치다. 최근 5년간 주식과 채권 등 전통자산뿐만 아니라 부동산 인프라 사모주식 등 다양한 대체자산군에 투자하면서 기록한 수익률이 연환산으로 8.96%에 달하는 등 대한민국 국부의 지속적인 성장에 기여하고 있다. 현재 300여 명 정도의 직원이 있고 뉴욕, 런던, 싱가폴, 샌프란시스코에 사무소가 있다.

본인은 2016년부터 ESG에 대한 글로벌 트렌드를 확인하고 공사 내부적으로 태스크포스를 꾸려 책임투자 업무를 시작했다. 2017년 공사의 ESG 장기 로드맵을 설정해 공표하였고, 2018년 수탁자 책임에 관한 원칙, 즉 스튜어드십 원칙을 발표하였다. 2019년부터는 본격적으로 ESG 기준을 도입하기로 하면서 ESG 통합체계를 구축하고 ESG 전략펀드를 설정했다. 또한 글로벌 주주권리 전문기관을 활용한 주주권리 업무도 시작했다.

2020년부터는 모든 대체투자에 대해 본격적인 ESG검토를 적용하기 시작했고 그 결과를 투자위원회에 보고하고 있다. 특히 녹색 및 소셜 프로젝트의 투자를 수행하고 그 효과를 측정해 공시하기도 했으며, 국내 최초로 지속가능투자보고서를 발간하기도 했는데, 영국 〈파이낸셜 타임스(Financial Times)〉에 따르면 지속가능투자 보고서는 전 세계 상위 100개 국부펀드 및 연기금 중 35개 기관만이 발행하고 있고, 그중 아시아는 5개 기관, 대한민국에서는 한국투자공사가 유일하였다.

한국투자공사는 기후변화 대응을 위한 글로벌 국부펀드 협의체인 OPSWF(One Planet Sovereign Wealth Funds)와 기업지배구조에 관한 국제협의체인 ICGN(International Corporate Governance Network)에 가입하였고, 국내 공공투자기관 최초로 TCFD(Task Force on Climate-related Financial Disclosures) 지지선언을 한 바 있다. 이는 한국투자공사가 대한민국 국부펀드로서 국제사회의 ESG 논의에 적극 동참하는 차원에서 추진된 것이다.

2021년 한국투자공사는 미래전략실 산하에 책임투자팀을 처음으로 신설하면서 본격적인 ESG 통합전략을 추진하고 있으며, 기존의 ESG 전략펀드 역시 확대 개편하였다. 향후에도 기후변화 대응 모델을 구축해 전체 포트폴리오에 반영하는 등 다양한 활동을 수행할 예정이다.

한국의 기업지배구조

- 전홍민 교수

필자는 학부 졸업 후 증권사에서 애널리스트 업무를 수행하면
서 기업가치평가에 대한 이론적인 공부를 더 하고자 하는 학문
적 욕구가 컸다. 다양한 기업가치평가방법론을 학문적으로 공부
하고자 재무학과 회계학을 고민하던 중, 학부 때 교수님으로부터
회계학 박사과정에 진학을 하면 회계정보를 활용한 잔여이익할
인모형(Residual Income Discount Model)을 기반으로 한 다
양한 기업가치평가모형을 공부할 수 있다는 말을 듣고 회계학 박
사과정에 진학하였다. 박사과정 중에도 한동안 재무분석가(애널
리스트)의 이익예측치를 기반으로 한 잔여이익모형에 흥미를 느
껴 애널리스트 이익예측치의 활용, 기관투자자의 지분율 행태 등

을 열심히 공부하였다. 기업가치평가방법론을 공부하는 과정에서, 한국의 상장기업들이 전반적으로 주식시장에서 가치대비 저평가되어 있는 코리아디스카운트를 직접 실증 분석해 보면서, 코리아디스카운트를 해소 혹은 완화할 수 있는 기제 중에 하나가 기업지배구조 개선이라는 점을 알게 되었다.

아래의 표는 기업지배구조의 결정요인에 대해서 내부결정요인, 외부결정요인, 규제, 법률 및 제도를 제시하고 있다. 한국의 경우 내부결정요인이 기업지배구조 개선에 지대한 영향을 미쳐왔으며, 특히 최고경영자와 이사회의 역할이 날로 중요해지고 있다. 이는 대부분의 기업이 소유경영자 혹은 재벌기업인 한국의 현실에서, 최고경영자가 해당 기업의 경영의사결정에 미칠 수 있는 영향이 매우 크다는 것을 의미한다.

〈기업지배구조 결정요인과 규제, 법률 및 제도〉

내부결정요인	외부결정요인	규제, 법률 및 제도
최고경영자 기업지배구조(지분율-괴리문제) 내부회계관리 이사회 감사위원회	외부감사인 재무분석가 외국인투자자 상품시장 경쟁	공정공시제도 감사인 지정제도 K-IFRS 의무도입 파트너 강제교체제도 신외감법

출처: 안홍복, 이연희 (2021)[13]

---

13 안홍복, 이연희, 기업지배구조와 회계: 연구동향과 미래제언, 한국회계학회 2021 하계학술대회.

회계학 박사과정 중에도 특히 재벌기업에 관심을 가진 이유는 한국에서 재벌기업이 수행하는 역할 혹은 한국경제에서 차지하는 비중이 크고, 이에 대해서 해외의 저널 및 학자들이 꾸준히 관심을 가지고 있기 때문일 것이다. 재벌과 관련된 다양한 연구를 수행해 나가면서, 한국의 재벌기업이 가지고 있는 좋은 점과 개선해야 할 점을 보다 객관적으로 살펴보기 시작하였다.

재벌기업의 가장 큰 문제라고 한다면 재벌총수가 대부분의 재벌그룹과 관련된 주요의사결정을 특별한 견제없이 할 수 있고, 그러한 과정에서 소수주주가 피해를 볼 수 있다는 점일 것이다. 학계에서는 대리인비용[14]이라는 어려운 용어로 표현을 하고 있지만, 일단은 재벌기업들의 이러한 제왕적인 의사결정권한을 견제할 수 있는 기제 연구가 필요하다는 생각을 하게 되었다. 이와 관련하여 Black 외(2015)[15]는 한국주식시장에서 상장되어 있는 재벌그룹의 주가가 현저히 저평가되어 있는 한 원인이 재벌기업들의 심각한 대리인비용 및 터널링(Tunneling)을 기반으로 한 소수주주에게서 부의 이전을 하는 것임을 강조한 바 있다. 필자도 경영학자로서, 여전히 재벌기업에 대해서 연구를 수행하고 있

---

14 경영자가 주주의 업무를 대리하면서 발생할 수 있는 비용 혹은 최대주주가 소수주주의 업무를 대리하면서 발생하는 비용을 의미하며, 일반적으로 부정적인 의미로 활용된다.

15 Black, B., Kim, W., & Jang, H. (2015). "How corporate governance affect firm value? Evidence on a self-dealing channel from a natural experiment in Korea." Journal of Banking and Finance, 51, 131-150.

고, 지배구조 개선방안을 고민해 본다면 어느 정도의 개선이 이루어질 수 있다고 확신한다. 특히 한국기업지배구조원에서는 상장기업에 대해서 기업지배구조점수를 공시하여, 상장기업이 기업지배구조를 개선해 나갈 수 있도록 평가점수를 공시하고 있고, 2011년부터는 기존의 기업지배구조점수에 환경점수와 사회점수를 추가하여 ESG점수를 공시하고 있다. 아직은 전체 상장기업이 아닌 약 600~700개 내외의 상장기업에 대해서만 ESG 점수를 공시하고 있지만, 이러한 점수의 공시가 상장기업에게 적어도 ESG에 대한 관심과 변화를 야기시켰다고 본다.

본 장에서는 한국 중심의 기업지배구조에 대해서 조금 더 자세히 언급을 하고자 하며, 특히 재벌기업의 대리인비용 문제, 기관투자자(국내 및 외국인 기관투자자)의 스튜어드십 코드 문제, 감사위원회의 역할에 대한 문제, 최고경영자의 보수에 대한 문제, 회계분식에 대한 문제, 한국기업지배구조의 방향 등 총 6가지 주제로 평소 필자가 생각했던 바를 기반으로 이야기해 보려고 한다. 경영학자로서 평소 한국의 기업지배구조를 개선시킬 수 있는 다양한 기제에 대해서 연구를 수행하고 있지만, 여전히 한국에서 기업지배구조 문제는 ESG의 대두와 더불어 개선될 여지가 크다고 판단한다. 특히 재벌그룹은 공정거래위원회의 규제 및 자구노력으로 인해서 2021년 현재, 1997년 대비 기업지배구조측면에서 많은 개선이 되어 왔지만, 여전히 코리아디스카운트가 존재하는 만큼 향후에 개선될 부분에 대한 많은 과제를 남겨두고 있는 상황이다.

재벌기업의 대리인비용 문제

아시아 지역을 대상으로 기업지배구조를 평가하는 ACGA (Asian Corporate Governance Association)에서 발표한 기업지배구조 순위에서 한국은 아시아 10개국 중 2014년에 8위, 2018년에 9위에 그쳤다. 특히 2018년의 경우, 평가내용 중 기업지배구조 규정 및 관행과 관련된 항목에서 100점 만점 중 48점으로 태국(64점), 인도(59점), 말레이시아(54점)보다 낮은 점수를 받았다. 아울러 1997~1998년 외환위기 이후 국제통화기금(IMF)은 한국 기업들의 구조조정 노력에 대해 높이 평가하면서도 재벌기업의 자구노력에 대해서는 회의적으로 평가하며, 한국의 재벌기업이 과도한 부채 의존·기형적 지배구조·내부자거래·상호지급보증·상호 출자로 인해 경영부실을 초래하고 있음을 언급한 바 있다. 게다가 재벌기업의 중앙집권적 소유구조도 별다른 개선기미를 보이지 않고 있어 이런 상황이 지속되면 한국경제의 도약은 기대하기 힘들다고 비판하였다.

경영학 분야에서 한국의 재벌기업만큼 많은 관심을 받은 연구주제도 없을 것이다. 재벌기업은 그 정의를 기반으로 한다면, 대규모 기업집단이라고 볼 수 있다. 해외에서도 대규모 기업집단은 다양한 형태가 있지만, 해외와 다른 점은 한국은 소유경영자로부터 기업 전체를 총괄하는 대기업 총수를 지정하게 되어 있으며, 해당 대기업 총수가 전체 기업전반을 경영한다는 점이다. 이러한 점은 한국경제에서 재벌기업을 중심으로 한 경제발전 정책에 있어서는 장점이 되기도 하였는데, 빠른 경제성장을 이룩하기 위해서는 재벌기업을 기반으로 한 집중적인 경제정책이 효과적이었기 때문이다. 하지만 1997년 외환위기에서 대우그룹이 관계회사를 통한 무리한 확장을 위해 차입금을 지나치게 활용하면서 부채비율이 급증하였고, 이 사례를 계기로 재벌그룹의 문제점이 노출되기도 하였다. 가장 큰 문제라고 한다면, 재벌기업의 제왕적인 그룹 총수의 의사결정을 견제하고 감시할 수 있는 이해관계자가 거의 전무하다는 점일 것이다.

사실 재벌기업의 그룹 총수의 의사결정을 견제하려면 힘이나 영향력 혹은 이 둘 다 함께 있어야 할 것이라고 보는데, 지금까지는 재벌기업의 의사결정을 효율적으로 견제할 수 있는 힘과 영향력이 있는 민간 주체는 거의 없었다. 공정거래위원회에서는 매년 출자총액제한제도를 통해서 재벌기업을 선정하고 해당 재벌기업에 대해서 지나친 부채비율을 활용하지 못하도록 이를 규율하고 있는 상황이다. 공정거래위원회는 기업들이 공정경쟁을 통해서 업무를 진행할 수 있도록 규율하는 업무를 하는데, 재벌기업의 일부 사업이 공정경쟁을 저해하는 역할을 한 것도 있었다. 재벌기업의 제왕적인 의사결정이 때로는 투자의 확대 및 고용창출 등 긍정적으로 작용하는 면도 있어(실제로 2008~2009년 금융위기 시 재벌총수가 대규모의 투자를 단행한 점 등), 이러한 점은 소유경영자의 큰 장점이라고 생각한다. 하지만 Bae 외(2002)는 재벌기업의 최대주주가 소액주주의 부(Wealth)를 이전하는 터널링 효과를 주목하고, 이러한 부의 이전이 활발히 활용되고 있음을 증명한 바 있다. Larporta 외(2000)는 아시아 기업을 대상으로 대규모 기업집단의 최대주주는 본인에게 유리한 외부사외이사를 임명함으로써, 본인의 견제 활동을 마음대로 차단할 수 있음을 실증한 바 있다.

특히 다양한 선행연구에서는 재벌기업이 M&A 활동(Bae 외, 2002)[16], 협력사에 의한 매입채무 자본조달(Chong and Im 2020)[17], 일감 몰아주기 등을 통해서 소수주주의 부를 최대주주에게 이전하고 있음을 보고한 바 있다. 특히 뉴스에서 많이 접할 수 있는 일감 몰아주기는 재벌기업이 부의 이전을 위해서 법인을 설립하여, 재벌기업계열사에서 대부분의 일감을 해당 법인에 몰아주어 매출을 신장시키고, 이 계열사를 주식시장에 상장시키는 것이다. 최근 들어 일감 몰아주기가 문제가 된 것은 이를 통해서 재벌 2세 혹은 3세에게 증여를 보다 쉽게 할 수 있다는 점 때문일 것이다. 이러한 결과로 볼 때 재벌기업의 그룹 총수를 효과

16 Bae, K.-H., Kang, J.-K., & Kim, J.-M. (2002). "Tunneling or value added? Evidence from mergers by Korean business groups." Journal of Finance, 57, 2695 - 2740.

17 Chong, B., and H. Im. (2020). "The effect of business group affiliation on trade credit financing: An empirical analysis of public firms in Korea, University of Seoul, working paper.

적으로 견제할 수 있는 기업지배구조 기제는 여전히 한국의 현실에서 거의 없다고 판단된다. 만일 이러한 기제를 만들어 낼 수 있다면, 이는 한국의 기업지배구조하에서 굉장히 의미 있는 시도가 될 것이라고 판단된다.

한국에서의 기업지배구조문제 중 재벌기업과 관련된 기업지배구조문제는 미국과는 매우 다른 양상인데, 미국은 경영자와 주주 간의 대리인비용 특히 경영자가 '자기만의 제국(Empire Building)'을 건설하여 주주의 돈을 통해서 본인이 제트기를 매수한다든지 화려한 건물을 집무실로 활용한다든지 주주의 돈을 본인의 돈인 양 소비하는 경영자와 주주 간의 대리인비용이 주요이슈이다. 하지만 한국은 최대주주가 보통 실질적인 소유경영자이고, 해당 최대주주가 다양한 경영활동을 통해서 소수주주의 부를 이전한다는 점이 해외의 대리인비용과는 그 성격이 다른 부분이다. 박수연과 전홍민(2021)[18]은 재벌기업을 대상으로 소유경영자가 기업의 위험을 증가시키는지를 실증한 결과, 재벌기업의 소유경영자가 기업의 위험을 증가시키는 것으로 나타났다. 이는 특히 재벌기업에서 적절한 견제와 균형이 없을 경우, 주식시장 참여자들이 이를 부정적으로 인식하는 것으로 해석 가능할 것이다.

---

18 박수연, 전홍민, 소유경영자가 내재된 자기자본비용에 미치는 영향: 재벌기업을 중심으로, 경영학연구, 2021

한국에서 재벌기업의 최대주주와 소수주주 간의 대리인비용을 감소시키기 위해서 도입한 제도적인 부분을 살펴보면 다음과 같다.

먼저 2002년도에는 감사위원회제도를 본격적으로 도입하여, 사외이사가 감사위원이 되어 경영전반에 대한 사항들을 감사하고, 경영자를 견제할 수 있는 제도를 도입한 바 있다. 하지만 재벌경영자와 학연·지연·혈연(Social Tie)으로 이어진 사외이사를 선정할 가능성을 배제할 수 없기 때문에, 감사위원회 제도가 실효성 있게 운영될 수 있는 다양한 부분들을 종합적으로 생각해 봐야 할 것으로 판단된다.

두 번째로, 2016년도에 기관투자자를 통한 스튜어드십 코드 도입을 하였다. 이에 대한 부분은 다음 절에서 보다 자세히 언급을 하겠지만, 재벌기업의 대리인비용을 견제할 수 있는 이해당사자 중 가장 힘과 영향력이 있다고 생각되는 기관투자자에게 해당 기업의 경영활동을 장기적인 관점에서 견제 활동하는 스튜어드십 코드를 도입한 것이다.

세 번째로, 공정거래위원회의 재벌기업에 대한 규제정책이다. 1997년 외환위기 이후, 재벌기업들의 제왕적인 대리인비용을 감소시키는 것이 한국경제에 종합적으로 유익할 것이라는 판단하에 공정거래위원회에서 관련된 정책을 입안하여 일감 몰아주기·부의 이전·증여상속세 부과 등을 포괄적으로 조사하고 이를 국세청과도 협의하고 있다.

네 번째로, ESG 열풍을 들 수 있는데 민간, 즉 시장에서 ESG경영을 수행하는 재벌기업들에 대해서 긍정적으로 평가하기 시작하면서, 재벌기업들이 스스로 기업지배구조를 긍정적으로 변화시키기 위해서 노력하고 있다. 이를 위해 재벌기업을 포함한 상장기업들은 ESG경영위원회의 설립[19] 및 ESG경영팀을 신설하고 있으며, 상설기구를 만들어서 ESG경영을 할 수 있도록 유도하고 있다.

재벌기업의 대리인 문제는 향후 한국경제에 중요한 뇌관이 될 전망이고, 경영학자로서도 향후 재벌기업이 어떻게 변화할지에 대해서 관심이 매우 많다. 최근 들어 활발히 논의되고 있는 ESG의 대두와 함께, 최고경영자가 이사회 의장을 겸직하는 부분(CEO Duality Problem)은 꼭 변화가 되었으면 좋겠다. 최고경영자가 이사회의장을 겸직하는 문제와 관련하여, Tang(2017)[20]은 미국상장기업을 대상으로 분석한 결과 경영자가 이사회의 의장을 겸직하는 것은 이사회의 기능을 감소시켜, 기업의 성과를 저하시킬 가능성이 매우 큰 것을 발견한 바 있다. 사회과학 분야에서는 무엇이든 과도한 것은 좋지 않은 결과

---

19 ㈜LG가 외부 ESG 전문가들로 자문단을 구성하기로 했다. 이는 ESG 경영을 강화할 수 있는 외부 아이디어를 적극적으로 수용하겠다는 의미다. ㈜LG ESG위원회는 2021년 7월 1일 첫 회의를 열고 '전문가 자문단'과 'MZ세대 자문단'을 만드는 방안을 의결했다.

20 Tang, Jianyun, 2017, CEO duality and firm performance: The moderating roles of other executives and blockholding outside directors, European Management Journal, 35(3), 362-372.

를 야기하는 면이 있어, 항상 견제와 균형의 원리를 적용하는 것은 기업지배구조에서 가장 강조되어야 할 부분일 것이다. 최근 들어 한국에서도 재벌기업 중 SK가 2019년부터 최고경영자가 이사회의장을 겸직을 하지 않으려는 시도를 하고 있고, 이는 향후 한국의 재벌기업의 대리인비용을 어느 정도 감소시킬 수 있는 매우 바람직한 방향이라고 판단된다.[21] 즉 이사회의장이 어느 정도의 힘을 가지고 최고경영자를 견제할 수 있기 때문에, 사회과학에서 강조하고 있는 견제와 균형이라는 원리에서 꼭 필요한 방향이라고 판단된다.

국내 및 외국인 기관투자자의 스튜어드십 코드 문제

한국에서 기관투자자는 단순히 기업의 투자자로서, 자본 혹은 배당소득만을 얻으려는 투자자 개념에서 벗어나서, 기업의 경영 전반을 관리 감독하는 스튜어드십의 역할을 하려고 시도하고 있다. 하지만 기존의 기관투자자는 연기금 같은 독립적인 투자자를 제외하고는 상장사 혹은 재벌기업과 직간접적인 관계를 맺고

---

21 SK㈜는 오는 2019년 12월 5일 열리는 이사회에서 최 회장이 이사회 의장직에서 물러나는 안건을 상정, 처리할 방침이다. 최 회장은 2016년부터 SK㈜ 대표이사 회장과 이사회 의장을 겸직해왔으나 오는 3월 임기 만료를 앞두고 이같이 결정한 것으로 알려졌다. 이사회와 경영진을 분리하는 것은 견제와 균형이라는 이사회의 기능에 부합된다. 최고경영자가 이사회 의장을 겸직하면 잘못 경영하더라도 이사회로부터 견제를 덜 받을 수 있기 때문이다. 출처: 뉴스웍스(http://www.newsworks.co.kr)

있기 때문에, 독립적인 기구로서의 기업지배구조역할을 하지 못한 것도 사실이다. 예를 들어, 삼성자산운용이 삼성 관련된 기업에 5% 이상의 지분 투자를 한다고 하더라도, 해당 기업에 탐방을 가서 기업지배구조에 대한 문제점을 언급할 수 있을지 생각해 본다면 이는 독립성 차원에서도 쉽지 않은 문제이다. 물론 삼성자산운용은 한국에서 민간운용사 중 가장 많은 위탁자산을 보유하고 있고, 전문성 혹은 활동성 측면에서는 최고의 운용사이다. 하지만 기업지배구조와 관련된 문제는 독립성이 매우 중요한 부분이기 때문에, 해외의 선진국 국가들도 기업지배구조를 개선하는 데에 있어 독립성을 확보하고자 다양한 견제장치를 마련하고 있다.

2000년대 들어서 연기금, 특히 국민연금·사학연금·한국투자공사 같은 독립적인 기구들이 출범하였고, 이들은 재벌 혹은 상장사와 직간접적인 관계를 맺고 있지 않기 때문에, 어느 정도 독립적인 위치에서 기업을 견제할 수 있다고 판단된다. 다만 국민연금·사학연금 등은 총 운용자산의 일부를 국내 주식 위주로 투자를 하고 있는 반면, 한국투자공사는 그 설립의 취지를 고려해 볼 때 해외주식 및 해외대체투자를 위주로 하고 있기 때문에, 한국주식시장에 대한 영향력은 연기금이라고 하더라도 각 기관의 성격에 대응하여 다를 수밖에 없다고 본다. 기관투자자의 역할과 관련하여 Jiambalvo 외(2002)[22]에 따르면, 기관투자자는 소액주주와 달리, 상대적으로 높은 지분을 보유하고 있으며, 소액투자자에 비해 정보입수능력 및 분석능력이 뛰어난 전문가집단이기 때문에 이들은 자신들이 보유한 주식으로부터의 이익 극대화를 위해 투자 기업을 견제하고 감시할 유인이 있음을 언급한 바 있다. 전홍민 등(2011)[23]은 한국에서의 기관투자자 지분율이 높을수록 기업이 기회주의적인 이익조정을 감소시킴을 언급하였으며, 이는 기관투자자가 적극적으로 경영자에 대한 견제활동을 하는 것임을 언급한 바 있다. 이러한 실증결과를 기반으로 판단해 볼 때, 한국에서의 기관투자자 중 특히 연기금의 경우 적극적인 견제활동을 통해서 경영자의 대리인비용을 효과적으로 감소시킬 수 있다고 판단된다. 특히 기관투자자라고 하더라도, Bushee(1998)에 따르면 크게 장기투자자 · 단기투자자 · 트레이딩 투자자로 구분한다면,[24] 장기투자자는 특히 기업의 장기 영업성과가 해당 기관투자자의 지분에 대한 투자 성과와 이해관계가 일치(Incentive Alignment)할 수 있기 때문에 보다 확실하

---

22 Jiambalvo, J., S. Rajgopal and M. Venkatachalam (2002), "Institutional Ownership and the Extent to which Stock Prices Reflect Future Earnings," Contemporary Accounting Research, 19, 117-136.

23 전홍민, 김현희, 차승민 (2011). 기관투자자가 실물활동을 통한 이익조정에 미치는 영향. 경영학연구, 40(2), 383- 406.

24 Bushee, B. (1998). The Influence of Institutional Investors on Myopic R&D Investment Behavior. The Accounting Review, 73(3), 305-333.

게 견제를 할 것으로 기대된다.

외국인투자자는 한국에서 양면성을 가진 투자를 진행해 왔던 면이 있다. 외국인투자자는 투자를 진행함에 따라 투자기업의 고배당을 통해서 투자수익을 극대화시키고 헐값에 매입해서 높은 가격에 매각을 하는 전략에 집중을 한 면이 있다. 즉 장기적 관점에서 투자기업의 가치증진을 추구하기보다, 배당률을 높이고 3~5년 내에 매각을 하여 투자수익률을 극대화하는 전략을 추구하는 것이다. 또한 외국인 투자자가 투자를 수행한 기업은 원활한 매각을 위하여 무리한 구조조정과 사업의 매각으로 인해 회사구성원이 큰 어려움에 처하는 것을 종종 볼 수 있다.

하지만 자본주의 사회에서 투자를 수행하고 투자수익률을 극대화하는 것 자체를 문제삼을 수는 없는 상황이다. 또한 외국인 투자자가 해외의 선진 경영기법을 통해서 재벌기업의 기업지배구조를 개선해 나가는 데에 어느 정도의 역할을 한 것도 사실이다. Aggarwal 외(2011)[25]는 국가별 비교연구를 수행하여, 외국인투자자가 특히 개발도상국에서 기업의 기업지배구조를 긍정적으로 개선해 나가는 데에 유의한 역할을 하고 있음을 보고하

25 Aggarwal, R., I. Erel, M. Ferreira, and P. Matos. 2011. "Does Governance Travel Around the World? Evidence from Institutional Investors." Journal of Financial Economics 100: 154-181.

였다. 더불어 이창섭, 전홍민(2018)[26]의 연구에 따르면 한국에서 외국인투자자 지분율이 높은 기업의 자기자본비용이 감소하는 것으로 나타나, 한국에서 외국인투자자가 경영자의 대리인비용을 감소시키는 주요한 역할을 담당하고 있음을 주장한다.

2016년 12월 16일 '기관투자자의 수탁자 책임에 관한 원칙'이라는 명칭으로 민간 자율규정인 스튜어드십 코드가 제정되었다. 2020년 1월 말 기준 스튜어드십 코드의 참여기관은 무려 119곳이고, 국민연금, 사학연금, 공무원연금 등 국내 3대 연기금이 스튜어드십 코드 도입을 어느 정도 완료한 상태이다. 특히 국민연금의 경우, 한국주식시장점유율이 2012년 5.4%에서 2030년에는 10% 이상으로 상승할 것이라고 예상되고 있다.

국민연금은 2018년 7월 스튜어드십 코드 도입을 발표하고, 대규모 장기투자자로서 의결권 행사의 투명성을 제고하는 한편, 기업의 주요 의사결정 전반으로 주주권 행사를 확대하려고 하고 있다. 국민연금은 2020년 기준, 세계 3대 연기금으로서 누적 적립금이 700조를 넘어서서, 그 영향력에 걸맞게 주주총회에서 적극적으로 주주권을 행사하고 있다. 즉, 국민연금은 2018년 7월 기존의 의결권 행사지침을 폐지하고 스튜어드십 코드를 도입함으로써 자동 거수기라는 비판에서 벗어나 적극적으로 투자기업

---

26 Rhee, C. S., and H. Chun. 2018. "The Effect of Foreign Investors on the Cost of Equity Capital in Korean Stock Market." Korea Observer - Institute of Korean Studies 49 (4): 687 - 708.

의 기업지배구조를 증진하기 위해서 노력하고 있다.[27]

2019년의 경우, 국민연금의 반대 의결권 행사 사유와 관련하여 이사 및 감사선임 관련(40%), 임원의 보수한도 승인 건(40%), 정관 변경 건(10%)이 대부분이고, 이는 국민연금의 적극적 주주권을 행사하는 기준인 중점관리사항에 공시된 부분이다. 향후, 국민연금 등의 기관투자자가 한국 상장기업들의 기업지배구조를 개선해 나갈 수 있도록 더욱 전문성 있고 실효성 있는 노력을 하기를 기대하며, 연기금이 아닌 민간 기관투자자들도 보다 장기적인 관점에서 투자를 수행해 나가려는 노력을 정진해야 할 것이다.

감사위원회의 역할에 대한 문제

2001년에 촉발된 엔론 및 월드컴의 회계부정 사태는 상대적으로 회계선진국으로 인정받는 미국에 대한 회계적 인식을 완전히 바꾸는 일대 사건이 되었다. 이는 엔론 및 월드컴이 수익과대인식 및 자산과대인식을 기반으로 상향적으로 이익조정을 한 사건으로서, 미국에서도 회계에 대한 새로운 패러다임 변화를 촉발시키는 계기가 된 바 있다. 이 사건 이후 미국에서는 'Sarbanes and Oxley Act(2002)' SOX라고 하는 법안을 통과시켰는데, 이 법안은 회계감사법인의 감사서비스와 비감사서비스의 분리 및 감사위

---

27 최근의 해외연구에서도 스튜어드십 코드 도입 이후 기관투자자가 해당 투자기업의 이익의 질에 미치는 영향과 관련하여 일관된 결론을 얻고 있지 못한 상황이다 (Lu et al. 2018; Routledge 2020).

원회제도를 의무화시켜 경영진을 적극적으로 견제할 수 있는 기제를 만들어 나가는 데에 그 주요한 목적이 있다.

SOX 법안의 통과를 지켜보면서, 한국에서도 감사위원회 도입을 고민하게 되었고, 2001년에 자산총액 2조 원 이상의 기업을 대상으로 감사위원회를 도입하기 시작하였다. 다만 전영순 등 (2013)[28]은 감사위원회의 재무전문가의 존재는 기업의 이익조정 행위를 무조건 감소시키지 않으며, 상대적으로 기업지배구조가 양호한 기업에서 감사위원회 내의 재무전문가의 효과가 발휘될 수 있음을 강조한 바 있다. 송보미 등(2017)[29]에서도 회계전문가가 있는 감사위원회의 경우, 금융전문가가 감사위원회에 함께 있을 경우에만 기업이 좋은 회계감사인을 선임해서 더욱 확실한 감사를 받는 것으로 나타났다.

즉 단순히 감사위원회를 설립하는 것이 중요하기보다 이를 어떻게 운영하느냐가 더욱 중요함을 추론할 수 있다. 감사위원회의 역할은 활동성, 전문성, 독립성으로 구분될 수 있는데, 특히 한국에서는 독립성이 가장 큰 문제가 될 수 있다고 본다. 앞서 언급한 것처럼, 상장기업의 경영자 입장에서도 진실되게 본인을 견제하는 감사위원보다도 본인의 의견을 잘 보조해주는 감사위원을 선

---

28 전영순, 정준희, 하승현, 2013, 감사위원회 재무전문가의 효과와 기업지배구조, 회계학연구, 38(4), 31-60.

29 송보미, 안혜진, 최종학, 2017, 감사위원회 재무전문성의 세부구성이 산업전문가 감사인 선임 및 감사보수에 미치는 영향, 회계학연구, 42(5), 209-243.

임하려는 경향이 강하게 나타난다고 볼 수 있다. 활동성·전문성의 경우 경력이나 학력 등을 기반으로 어느 정도의 검증을 할 수 있지만, 독립성의 문제는 향후 반드시 해결되어야 할 부분이라고 판단된다. 특히 2021년 초부터 한국에서 ESG 열풍이 불고 있고, 많은 상장기업에서도 감사위원회의 위원들이 ESG 경영위원회를 겸직하는 것을 목격하고 있다. 경영학자의 관점에서는 부디 한국 기업에서 ESG 경영위원회가 긍정적으로 작동하기를 바라지만 앞서 언급하였던 독립성의 문제가 담보되지 않는다면 ESG 경영위원회도 기존의 감사위원들이 이름만 바꾸어서 위원회를 하는 것으로 끝나지 않을까 우려되는 상황이다. 특히 ESG 경영위원회의 역할이 아직 모호한 상황이기 때문에, 향후 ESG 경영위원회의 역할과 이를 기업의 ESG 경영에 있어서 어떻게 활용할지는 주요 이슈가 될 전망이다. 이를 해결하기 위해서는 ESG를 먼저 도입한 유럽의 사례를 면밀히 분석할 필요가 있다.

특히 감사위원회는 외부감사인의 선정을 주로 수행하고, 감사인과 적극적인 커뮤니케이션도 수행하고 있으며, 2014년부터 사업보고서에 외부감사인과 감사위원회와의 커뮤니케이션 횟수를 의무공시하게 되어 있다. 이는 그만큼 좋은 외부감사인을 선임하고, 해당 외부감사인과 적극적으로 커뮤니케이션을 수행하는 것이 경영자의 기회주의적인 행위를 견제할 수 있는 중요한 메커니즘이라고 판단되기 때문이다.

더불어 최근 들어 감사환경이 빠르게 변화함에 따라 내부회계관리제도의 중요성이 점차 증대되고 있다. 감사위원이 보통 비상근인 경우가 많고, 상시 감사법인을 견제할 수 없는 상황하에서 기업이 적절한 내부회계관리제도를 구축하고 이를 공시하는 것은 기업지배구조 측면에서도 향후 중요한 어젠다가 될 전망이다. 다행인 것은 한국에서는 규제당국의 강력한 정책으로 인하여, 내부회계관리제도의 구축이 기대보다 빠르게 이루어지고 있다는 점이다. 이와 관련하여 최현정, 문두철(2013)[30]은 내부회계관리제도의 검토결과와 감사인교체를 연구한 결과, 비적정의견을 받은 기업의 경우, 비대형회계법인으로 감사법인이 교체되는 일이 보다 빈번하게 발생함을 보고하였다. 이는 대형회계법인들이 내부회계관리제도가 구축되지 않은 기업의 경우, 감사를 맡지 않는 사례가 증가하고 있다는 것을 의미한다. 한국기업들도 내부회계관리제도를 적절히 구축하려고 노력하고 있으며, 이를 위해 미국 및 해외의 사례를 참조하여, 한국의 특성에 맞는 내부회계관리제도를 구축해 나가도록 노력할 필요가 있다.

최고경영자의 보수에 대한 문제

한국에서는 누가 얼마를, 어떻게 벌었는지에 대해서 관심이 매우 많다. 특히 언론에서는 삼성 혹은 SK 등 재벌기업 최고경영자

---

30   최현정, 문두철, 2013, 내부회계관리제도 검토의견이 감사인 교체에 미치는 영향, 회계학연구, 38(4), 133-169.

의 연봉에 대해서 자극적인 제목을 통해서 대서특필하고 있으며, 이로 인해 대부분의 월급쟁이 직장인들은 상대적 박탈감과 한편으로는 '나도 나중에 저렇게 될 수 있을까' 하는 부러운 감정을 함께 가지고 있다. 한국에서 최고경영자는 그 상징성이 매우 크다고 판단되는데, 회사에 취직해서 해당 회사의 최고경영자가 된다는 것 자체가 엄청난 성취라고 보기 때문이다. 경영학 이론에서도 최고경영자가 많은 연봉을 받는 것은 최고경영자가 많은 권한과 책임을 가지고 있기 때문이며, 그만큼 최고경영자가 경영의 사결정을 통해서 해당 기업의 기업가치를 증진시킬 것이라는 확신이 있기 때문이다. 미국의 경우, 스타CEO를 영입하면 회사의 주가가 빠르게 높아지는 것을 볼 수 있다. 한국은 그에 비하면 스타CEO가 제한적이고, 최고-전문경영자로서의 임기도 2~3년 정도로 상대적으로 짧은 편이다. 다만 2008년에 촉발된 국제금융위기를 겪으면서, 위기를 이겨낼 수 있는 최고경영자에 대한 선호가 증가하고 있고, 이를 위해 최고경영자의 임기도 점차 늘어나고 있는 상황이다.

그럼에도 불구하고 한국의 경우 최고경영자 임기가 상대적으로 짧다 보니 다양한 문제점이 야기될 수 있는데, 가장 큰 문제는 보다 장기적인 관점에서 투자를 수행해야 함에도 불구하고 단기 성과를 내기 위해서 장기 프로젝트를 희생할 가능성이 있다는 점이다. 예를 들어 회사에 꼭 필요한 연구개발비 혹은 인력유지비를 이연해서 처리한다면 단기적인 이익은 증가할 수 있지만, 장기적으로 영업 성과가 하락할 가능성이 매우 크다. Big-Bath 이론에서도 언급하고 있지만, 최고경영자는 취임 첫해에 필수적이지 않은 비용을 다 지급하여 오히려 회사의 영업성과를 안 좋게 만들고, 다음해 그리고 이후에 관련된 성과가 개선되는 착시효과를 만들 가능성이 있음을 보고한 바 있다. 반면 소유경영자의 경우보다 장기적인 관점에서 투자계획을 세우고, 투자를 수행할 수 있다는 장점이 있다. 특히 경제위기 상황 혹은 코로나19와 같이 불확실성이 높은 시기에는 이해일치가설(Incentive Alignment Hypotheses)을 기반으로 하여 보다 장기적인 관점에서 투자를 수행할 필요도 있다.

최고경영자의 보수와 관련하여 Bebchuk and Peyer(2003)[31]는 미국 상장기업을 대상으로 최고경영자의 보수격차가 다른 상급임원에 대한 최고경영자의 상대적인 권한의 크기(Managerial Power Perspective)를 반영한다고 제안하였고, 이 경우 최고경영자의 보수 격차가 클수록 보다 많은 권한을 가진 경영자가 기회주의적인 의사결정을 할 가능성이 높아져 임기 동안 심각한 대리인 문제가 발생할 수 있다고 지적하였다. 한국 기업을 대상으로 분석한 전홍민(2019)[32]도 최고경영자의 보수

---

31 Bebchuk and Peyer. 2011. The CEO Pay Slice. Journal of Financial Economics. 102: 199-221.

32 Chun, Hong-min, CEO pay disparity, chaebol affiliations, and implied cost of equity capital, Finance Research Letters, Volume 31, 2019.

가 다른 임원 대비 커질수록 최고경영자의 힘이 커져서 자기자본비용이 증가하고 있음을 보고한 바 있다. 특히 이러한 경향은 재벌기업에서 더욱 강하게 나타나, 최고경영자의 보수가 여타 임원 대비 증가함에 따라, 주식시장 참여자들은 이를 기업의 위험요인으로 인식하고 있으며, 이러한 경향은 대리인비용이 있는 재벌기업에서 더욱 강하게 보고되고 있다. 이는 Cooper 외 (2009)[33]가 최고경영자가 과다한 보수를 받을 경우 미래 경영성과와 수익률이 낮아진다는 실증분석 결과를 제시하면서 이를 대리인 문제로 인한 결과라고 해석하였던 것과 유사하다. 반면 Kale 외(2009)[34]는 상급임원 대비 최고경영자의 높은 보수 격차는 다른 상급임원들로 하여금 최고경영자로 승진하고자 하는 충분한 인센티브를 부여(Tournament Perspective)하고 토너먼트식의 동기부여는 임원들로 하여금 소속된 기업에서 유용한 기술, 정보, 지식을 습득하도록 만들어 임원들의 경영능력을 높여 궁극적으로 기업가치를 높인다고 제시하였다.

다행스러운 점은 아직 한국의 최고경영자의 평균 보수가 미국의 최고경영자의 평균 보수보다 절대적으로도 낮고, 임원 대비

---

33 Cooper, M., H. Gulen, and P. Rau. 2009. Performance for Pay? The Relationship between CEO Incentive Compensation and Future Stock Price Performance. Working Paper, University of Utah.

34 Kale, J., E. Reis, and A. Venkateswaran. 2009. Rank-Order Tournaments and Incentive Alignment; The Effect on Firm Performance. Journal of Finance. 64: 1479-1512.

혹은 종업원 대비를 해 본다고 하더라도 최고경영자의 보수가 아직 높지는 않은 상황이라는 점이다. 2020년 경제정책연구소 보고서에 따르면, 미국의 경우 최고경영자와 직원의 임금격차가 320배에 달하지만, 한국은 200대 기업을 대상으로 조사한 결과 약 8.7배로서, 최고경영자와 직원의 임금불균형이 아직 미국보다는 심각하지 않은 것으로 나타났다. 하지만 향후 한국도 글로벌 기업이 증가함에 따라, 최고경영자의 보수가 급격하게 증가될 가능성을 배제할 수 없다. 2013년부터 5억 원 이상의 연봉을 받는 임원에 대해서 개별 임원에 대한 연봉을 사업보고서에 공시하고 있어, 향후 경영자 혹은 임원에 대한 보수는 더욱 활발히 주식시장참여자에게 공시가 될 전망이다. 최고경영자에게 많은 보수와 그에 따른 막강한 책임 및 권한을 주는 것이 기업가치를 증진시킬 것인지, 아니면 적당한 견제와 균형의 원리를 기반으로 적절한 보수를 주어서 기업가치를 증진시킬 것인지는 조금 더 연구를 해 볼 필요가 있을 것이다.

회계분식에 대한 문제

한국에서도 대우조선해양과 같은 대규모의 회계분식사건 이후, 의도적인 회계분식을 막기 위해서 다양한 방법론을 학계와 규제당국에서 연구한 바 있다. 회계분식은 경영자가 주어진 재량권을 활용하여, 다양한 이해관계자의 의사 결정에 영향을 주기 위한 목적으로, 기업 재무상황 및 영업실적 또는 다양한 계약과 관련된 항목 등의 재무보고 내용을 의도적으로 왜곡하는 행위를 일컫는다(Healy and Wahlen, 1999).[35] 회계분식의 결정요인으로는 투자자들의 이익 기대치 충족을 통한 주식가격의 지지, 경영자 보상 극대화, 노동조합과의 유리한 임금 협상 및 정부규제 충족 등 다양한 유인들이 존재하는 것으로 알려져 있다(Fields et al. 2001[36]; West and Bhattacharya, 2016[37]).

이러한 회계분식은 회계정보 이용자들의 합리적인 의사결정을 저해함으로써 한정된 자원의 비효율적인 배분을 초래하여 전 세계적으로 매우 큰 사회적 비용을 발생시키고 있다. 선행연구의 추정 결과에 따르면 회계 관련 부정으로 인한 기업들의 손실액은 연간 매출액의 5%에 달하는 것으로 추산된다(Mousa Albashrawi, 2016).[38] 이는 매우 큰 금액으로, 기업들의 회계분식으로 인하여 사회 전체적인 효용이 상당부분 감소할 수 있

35 Healy, Paul M, and James M Wahlen. 1999. "A Review of the Earnings Management Literature and Its Implications for Standard Setting." Accounting Horizons 13(4): 365-383.

36 Fields, Thomas D., Thomas Z. Lys, and Linda Vincent. 2001. "Empirical Research on Accounting Choice." Journal of Accounting and Economics 31(1-3). 255-307.

37 West, Jarrod, and Maumita Bhattacharya. 2016. "Intelligent Financial Fraud Detection: A Comprehensive Review." Computers and Security 57:47-66.

38 Mousa Albashrawi. 2016. "Detecting Financial Fraud Using Data Mining Techniques: A Decade Review from 2004 to 2015." Journal of Data Science 14(3): 553-570.

기 때문에, 회계분석모형 초기에는 재무상태표, 손익계산서와 같은 기본 재무제표에서 숫자를 계산하고 이를 활용하여 회계분석을 예측하기 위한 방법론이 개발되었다. 최근에는 재무제표숫자에 추가하여, 비정형화된 데이터(주석공시사항, 언론자료, 인터넷 자료 등)를 텍스트 마이닝(Text Mining) 기법[39]을 활용하여 기업의 회계분석 여부를 예측하는 모형이 개발되기 시작하였다. 이와 같은 텍스트 마이닝은 분석 대상의 형태가 일정하지 않고 다루기 힘든 비정형 데이터임에 따라 인간의 언어를 컴퓨터가 인식하여 처리하는 자연어 처리(Natural Language Processing; NLP) 방법에 의존하고 있다. 즉, 자연어 처리 기반의 텍스트 마이닝은 언어학 · 통계학 · 기계학습 등을 기반으로 하는 언어처리 기술을 활용하여 반정형 · 비정형 텍스트 데이터를 정형화하고 그 특징을 추출하기 위한 기법과 추출된 특징으로부터 의미 있는 정보를 발견해 내는 기법을 의미한다. 회계연구 분야에서 텍스트 마이닝 기법을 활용한 선도적 연구로서 Li(2008)[40]는 사업보고서의 가

---

39 텍스트 마이닝이란 대규모의 문서(Text)에서 의미 있는 정보를 추출해 내는 기법을 의미하며, 문서 분류(Document Classification), 문서 군집분석(Document Clustering), 정보 추출(Information Extraction) 등의 단계로 구분된다. 문서 분류는 도서관에서 주제별로 책을 분류하듯이 문서의 내용에 따라 표본을 분류하는 것을 의미하고, 문서 군집분석은 성격이 비슷한 문서끼리 같은 군집으로 묶어주는 방법이다.

40 Li, Feng. 2008. "Annual Report Readability, Current Earnings, and Earnings Persistence." Journal of Accounting and Economics 45(2 · 3): 221 - 247.

독성(Readability) 지수 중 하나인 Fog Index와 기업 이익 특성과의 상관관계를 분석하였다. 위의 연구에 따르면 1994년부터 2004년까지 미국 기업을 대상으로 한 연구에서 이익 수준 및 이익지속성이 낮은 기업일수록 사업보고서의 가독성이 낮다는 실증분석 결과를 보고하였다.

특히 텍스트 마이닝 기법을 활용한 회계분식 예측 정확성을 실증적으로 분석한 연구는 다음과 같다. Glancy and Yadav(2011)[41]는 미국 기업의 10-K 자료에 있는 경영진단의견서(MD&A) 및 관련 정보를 텍스트 마이닝 기법을 활용하여 분석한 결과, 경영진단의견서에 대한 텍스트 마이닝 기법의 적용이 회계분식을 예측할 수 있는 1차적 방법론이 될 수 있다고 제안하였다. Dong 외(2014)[42]는 미국 주식시장에 상장된 중국 기업 중 회계분식을 한 것으로 알려진 17개 기업의 경영진단의견서를 분석하였다. 분석 결과 통계적인 언어 모형을 통합하여 구현한 모형이 회계분식 여부를 가장 잘 예측하는 것으로 나타났

41 Glancy, Fletcher H., and Surya B. Yadav. 2011. "A Computational Model for Financial Reporting Fraud Detection." Decision Support Systems 50(3): 595‐601.

42 Dong, Wei, Stephen Shaoyi Liao, Bing Fang, Xian Cheng, Zhu Chen, and Wenjie Fan. 2014. "The Detection of Fraudulent Financial Statements: An Integrated Language Model Approach." Pacific Asia Conference on Information Systems, PACIS 2014: 383.

다. 한편 Purda and Skillicorn(2015)[43]은 재무금융사전에 기반하여 사업보고서의 경영진단의견서에 기재된 단어 중 부정적(Negative), 불확실(Uncertain), 소송(Litigious) 그룹에 속하는 단어 수를 고려한 언어 기반 회계분식 예측모형이 회계분식 예측에 있어 82%의 정확성을 나타냈다고 보고하였다. 이러한 결과를 바탕으로 Purda and Skillicorn(2015)은 재무비율 등 정량화된 데이터를 활용하는 전통적인 회계분식 예측모형을 보완하기 위하여 금융당국 등이 언어 기반의 회계분식 예측모형을 활용해야 할 것이라고 제안하였다. 이렇듯 빅데이터 기법의 발전과 비정형데이터의 처리속도의 증가로 인해서, 정형화된 데이터인 재무제표 숫자뿐만 아니라 다양한 비정형데이터를 활용하여 회계 분식을 예측하기 위한 모형이 개발되고 있고, 이는 기존 모형의 설명력을 증가시킬 뿐만이 아니라 기존의 회계분식모형으로 추정이 어려웠던 다양한 기업에 대해서 정확성을 증진시킬 수 있다는 측면에서 의의가 크다고 판단된다.

회계분식으로 인해 발생하는 사회적 비용을 고려할 때 재무제표의 신뢰성을 제고하기 위해서는 주된 자본시장 참여자인 감사인, 재무·신용분석가 및 금융당국 등이 개별 기업에 대한 회계분식 예측모형을 사전적으로 구축하고 운영할 필요가 있다.

---

43 Purda, Lynnette, and David Skillicorn. 2015. "Accounting Variables, Deception, and a Bag of Words: Assessing the Tools of Fraud Detection." Contemporary Accounting Research 32(3): 1193 - 1223.

회계분식 예측 모형 구축의 의의는 다음과 같다.

첫째, 2017년 현재 외부 감사인의 회계감사를 받아야 하는 기업 수가 29,263개에 달하는 반면, 감사인 · 재무 및 신용분석가 · 금융당국이 개별 기업의 회계분식 여부를 분석할 수 있는 인력은 제한되어 있다. 따라서 회계분식 가능성이 높은 기업을 사전적으로 선별하고 선별된 기업에 보다 집중적으로 해당 인력을 투입할 필요가 있으며, 보다 정확한 회계분식 예측모형은 회계분식 가능성이 높은 기업을 선별하여 이들 기업에 대한 집중 분석을 가능하게 함으로써 해당 자본시장 참여자들의 업무 효율성을 제고할 수 있다.[44]

둘째, 규제당국 입장에서도, 사전적인 회계분식 가능성이 높은 기업들이 주된 관찰대상으로 선정될수록 기업들은 의도하거나 의도하지 않은 분식회계 가능성이 높아지지 않도록 재무제표 정보를 작성할 유인을 가지게 된다. 즉, 자본시장 참여자들의 보다 정교한 분식회계 예측모형 운영 자체가 기업들로 하여금 스스로 회계분식 행위를 억제토록 하는 잠재적인 모니터링 기제로서 역할을 할 수 있을 것이다(LaCroix, 2014).[45] 미국의 SEC(Security and Exchange Commission, 한국의 금융감독

---

44 회계분식에 대한 문제 부분은 유용근, 이세중, 전홍민의 2018년 금융감독원 "회계분식예측모형 중장기개선방안" 보고서를 일부참조 수정하여 작성하였음.

45 LaCroix, Kevin. 2014. "Preparing for the SEC's Accounting Quality Model Enforcement Tool Implementation." The DO Diary Web Page.

원)에서도 기존의 재무제표 숫자뿐만 아니라, 다양한 비정형화된 정보를 활용하여 회계분식모형을 개발하고 있으며, 실제로 이를 적용하고 있는 상황이다. 한국에서도 정형화 데이터 및 비정형화된 데이터를 적극적으로 활용하여 회계분식모형을 개발하는 것이 필수적이라고 판단된다. 대우조선해양 사태를 겪으면서, 회계분식과 관련된 사회적 비용이 매우 크고, 특히 사회적 요구가 크기 때문에, 향후 한국 상장기업을 대상으로 한 정형 및 비정형데이터를 아우르는 정교한 회계분식 예측모형이 개발되기를 기대해 본다.

한국기업지배구조의 방향

기업지배구조에 대해서 회계학, 재무학, 법학 등 다양한 사회과학 분야에서 학제간 연구를 집중적으로 수행하고 있지만, 여전히 기업지배구조 개선이 어려운 이유는 각 기업마다 추구해야 하는 방향에 대한 기업마다의 특수성으로 인해서 뚜렷한 정답이 없어서일 것이다. 기업지배구조는 좋다와 나쁘다가 아니라 개선할 여지가 있는 기업 혹은 개선할 여지가 제한적인 기업으로 구분될 수 있다고 본다. 특히 개선할 여지가 있는 기업의 경우 기업지배구조를 개선하기 위해서는 각 기업의 상황에 맞는 방법론을 활용해야지, 단순히 미국 혹은 유럽의 기업지배구조 혹은 방법론을 무조건 도입한다고 해서 해결된다고 보지 않는다. 기업지배구조의 기업이라는 부분이 끊임 없이 변화하는 개체이기 때문에 국내외의 상황에 맞추어 꾸준히 지배구조방향을 변화시켜 나가야 한다. 즉 해외의 방법론을 도입한다고 하더라도, 한국의 특수성에 맞게 조정하는 과정이 필수적이다.

그래도 한국은 기업지배구조를 개선할 수 있는 다양한 환경에 노출되어 있다. 일단 스튜어드십 코드를 도입하여 연기금을 중심으로 기업지배구조를 전반적으로 조정하려고 하고 있고, ESG 열풍으로 인하여 각 기업들도 경쟁하듯 환경, 사회, 기업지배구조를 개선하기 위해서 노력하고 있다. 더불어 규제당국에서도 감사위원회도입, 내부회계관리제도 도입 등 다양한 기업지배구조 개선책을 내놓고 있다. 이때 가장 중요한 점은, 각 기업의 상황에 맞는 가장 적합한 개선방향을 정해서 이를 변화하는 내외부환경에 맞게 적용시켜 나가야 한다는 점이다. 기업지배구조를 이분법적으로 구분할 수 없기 때문에, 이는 지속적으로 연구가 되고 있고, 아무리 연구가 된다고 해도 이는 통계적으로 평균적인 효과를 연구하는 것이지, 해당 기업의 특수상황을 모두 반영하지는 못할 것이다.

따라서 상장기업들도 지금까지의 기업지배구조 개선의 연장선상에서 ESG경영을 수행하고 있으며, 이러한 방향성은 상기적으로 기업지배구조를 개선해 나갈 것이라고 본다. 다만 각 기업이 도입하는 ESG부서 혹은 ESG위원회가 형식적인 부서명칭변경 혹은 위원회로 끝나는 것이 아니라, 기업의 지배구조를 전반적으로 점검하고, 개선해 나갈 수 있는 형태로 나아가야 한다고 본다. 그렇게 운영되려면 ESG위원회의 위원들이 활동할 수 있고, 전문성을 확보할 수 있는 기회를 마련해야 한다. 이에 대해서 금융위원회는 기업이 도입하고 있는 ESG위원회가 보다 실효성 있게 운영될 수 있도록 다양한 의견을 수렴해서 가야 한다고 주장한다. 상장기업의 감사위원회 혹은 ESG위원회에 소속되어 있는 이사회 구성원 혹은 사외이사라면 해당 기업에 대해서 가장 전문적으로 파악할 수 있을 것으로 보인다. 물론 사외이사 등은 기업의 내부자는 아니기 때문에 전문성보다는 독립성의 관점에서 기여를 할 수 있을 것으로 판단되지만, 가장 중요한 화두는 각 기업에 맞춰 기업에 가장 알맞은 기업지배구조의 개선방향을 설정하는 것이다. 이는 단순히 선도기업을 벤치마킹하는 것에서 끝나는 것이 아니라 전 구성원이 필요성을 공감하고 전사적인 차원에서 기업지배구조의 개선방향을 고민해 볼 때에 가능한 방향일 것이다.

그러면 어떻게 기업지배구조를 향상시킬 것인가? 이에 대한 해답을 찾는 것이 향후의 숙제가 될 수 있을 것으로 보인다. 특히 감사위원회나 ESG위원회의 위원을 임명할 때에는 실질적으로 최고경영자를 견제할 수 있는 독립성 있고, 전문성 있는 위원을 선임해야 할 것이다. 대부분의 경우 전문성은 있지만 최고경영자와 사회적 관계가 있는, 즉 독립성이 확보되기 힘든 감사위원 혹은 ESG위원회 위원이 선임되고 있는 상황이다. 최고경영자에 대한 인식전환도 필수적으로 필요할 것으로 판단되는데, 왜 내가

이 기업의 기업지배구조를 개선시켜야 하는지에 대한 고민과 함께, 장기적으로 기업지배구조개선이 기업가치를 증진시킬 수 있다는 확신을 기업 및 임직원과 공유해야 할 것으로 판단된다. 이런 측면에선 소유자이자 경영자이기도 한 재벌총수가 보다 주도적으로 기업지배구조개선을 할 유인이 있다고 보는데, 기업지배구조개선을 통해서 주가가 상승한다면 그에 대한 열매는 재벌총수가 받을 수 있기 때문이다. 한국에서 운영되고 있는 수많은 최고경영자과정 및 조찬모임에서 기업지배구조를 강의하고 공부하고 있지만, 여전히 기업지배구조개선이 화두인 것은 기업지배구조가 그만큼 장기적으로 변화시켜 나가야 하고, 내·외부환경 변화에 대응하여 수정해 나가야 하기 때문일 것이다.

논쟁으로 이해하는
ESG

ESG에 대한 개념 바로 알기

　　ESG(환경, 사회, 기업지배구조)에 대한 개념을 이해하기 위해서는 먼저 기존에 활발히 논의되어 왔던 기업의 사회적 책임활동(Corporate Social Responsibility, CSR)에 대해서 고려해 볼 필요가 있다. 기업의 사회적 책임활동은 기업이 이윤추구만을 할 것이 아니라 그에 따른 기업의 책무도 이행해야 한다는 부분으로서, 기업의 사회적 책임활동이 기업의 의무인지 아니면 마케팅을 위한 단순한 추가적인 활동인지에 대해서 많은 논란이 있어왔다. 기업의 사회적 책임활동에 대해서도 기업이 자선적인 기부금 비용만을 지출하던 초기에서 벗어나 사회의 다양한 문제를 해결하는 주요 주체로 활동하는 부분에 이르기까지 점차 발전을 해온 것도 사실이다.

하지만 기업의 사회적 책임활동에 있어서 주목할 점은 해당 비용 투자가 실제로 기업의 장기 영업성과에 영향을 미쳤는지에 대한 부분이다. 초기에 기업이 이윤추구를 위해서 사회적 책임활동을 하지 않아도 된다는 의견도 있었지만, 고객들이 사회적 책임활동을 하는 기업에 더욱 호감을 느끼고 해당 기업의 매출액에도 주요한 영향을 미치기 때문에 최근에는 기업의 사회적 책임활동이 기업의 필수적인 활동으로 인식되고 있다.

기업의 사회적 책임 활동이 기업 입장에서의 사회적 책임을 기반으로 한 개념이라면 ESG는 투자 측면에서 기업의 재무적 요소뿐만 아니라 비재무적 요소(환경, 사회, 기업지배구조)까지를 고려해서 책임, 투자를 수행해야 한다는 개념에서 창안이 되었다. 재무적 요소만을 고려하여 투자를 수행할 경우, 사회적 책임을 다하지 못할 뿐만 아니라 장기적인 수익률 제고 측면에서도 최선이 아닐 수 있기 때문에, 이를 적절히 고려해야 할 필요가 있다.

더불어 대규모의 자금이 투자되는 책임투자의 경우 재무적 요소만으로는 미처 파악하지 못하는 기업 위험에 ESG 정보를 반영함으로써 보완할 수 있고 새로운 위험을 파악하는 데에 그 목적이 있다.

ESG는 투자를 수행할 경우 ESG 정보가 투자수익률에 미칠 수 있는 영향력을 최우선적으로 고려해야 할 필요가 있다. 더불어 CSR의 정보공개 수준과 내용에 있어서도 투자자가 원하는 수준의 정보공개와 해당 내용에 대한 공시가 충분히 이루어지지 못하였다는 문제 제기가 지속적으로 있어 왔다. 특히 최근 들어 활발히 논의되고 있는 기업별 이산화탄소배출공시 등을 포함하는 환경공시 혹은 이해관계자 관리에 필요한 통합적인 정보 등의 비재무적 정보를 기존의 CSR 정보에서는 쉽게 이해할 수 없었다.

따라서 ESG는 기존의 CSR에서 공시되었을 수도 있지만, 해당 중요성에 대응하여 부각되지 않았던 요소 중 투자자가 중시하고 있는 부분을 보다 강조한 모형이라고 볼 수 있다. 이러한 맥락에서 투자자들은 ESG 정보를 통해 기업의 비재무적 요소를 고려한 심화된 기업분석을 할 수 있고, 주식의 변동성에 대한 고려와 더불어 지속가능성 측면에서 해당 기업에 대한 심화된 투자분석을 수행할 수 있다.

앞의 논의가 ESG투자 측면에서 이루어졌다면 기업 입장에서 보는 ESG경영이라고 하는 부분은 기존의 CSR의 연장선상에서 다룰 수도 있지만, 최근 들어 그 중요성이 증가하고 있는 탄소중립 이슈 혹은 환경에 대한 공시 등을 고려하고, 투자자의 지속가능성 측정에 있어서 유리할 수 있는 공시 및 관련 활동을 지속하는 것으로 이해할 수 있다. 이는 기업의 사회적 책임활동이 단순히 주주의 이익을 극대화하는 데에 있는 것이 아니라 다양한 이해관계자, 즉 수주 · 노동조합 · 채권자 · 공급자 등을 만족시킬 수 있는 이해관계자 자본주의로 나아가야 함을 의미한다고 볼 수 있다.

한국에서도 2020년부터 ESG열풍이 일었는데, 이는 코로나 19로 인하여 어느 때보다 환경에 대한 위험인식이 높아진 상황 하에서 기업 입장에서도 ESG경영을 수행해야 함을 의미한다. 한국에서 ESG활동을 우수하게 지속하고 있는 회사로는 SK그룹을 들 수 있다. SK그룹은 전사적으로 ESG에 대한 정확한 이해를 바탕으로 기업의 변동성을 감소시키고 지속가능성을 추구하기 위한 다양한 활동을 수행하고 있는데, 대표적인 사례가 SK EMC 인수합병 사례라고 볼 수 있다. 더불어 SK그룹은 한국기업에서는 최초로 RE100(Renewable Energy 100)에 가입해서 세계적인 기업과 비슷한 수준으로 환경공시 및 탄소중립 전략을 추구하기 위해서 노력하고 있다.

01

환경위기는 인류가 직면한
실질적인 재앙인가,
아니면 신흥국에 대한
선진국의 또 다른
"사다리 걷어차기"인가?

전홍민: 2019년 12월 유럽연합 진행위원회는 "유럽 그린 딜"을 발표하였으며, 유럽연합이 2050년까지 전 세계 최초로 탄소중립[46] 대륙이 될 것임을 선포하였다. 2020년 3월에는 이에 대한 법적 기반인 "유럽기후법"이 상정되었고, 유럽의회와 이사회의 최종승인을 받게 된다면 유럽기후법이 성공적으로 시작하게 된다. 더불어 유럽기후법의 후속으로 다양한 환경 관련 정책들이 나올 예정인데, 예를 들어 유럽 온실가스 배출권거래제 규정·토지 이용 및 산림 규정·재생에너지·탄소국경세[47] 등 "Fit for 55"로 불리는 정책들이다.

미국에서도 2020년 취임한 조 바이든 미국 대통령은 파리기후변화협약에서 탈퇴했던 트럼프 행정부와 달리, 주요 공약에 대하여 오바마 행정부보다도 더욱 강화된 환경 관련 규제 및 보호

---

46 탄소중립이라고 하는 기후중립은 온난화를 유발하는 탄소 배출량을 신재생 에너지 발전 등 탄소 감축 및 흡수활동을 통해 상쇄, 실질적인 순배출 총량을 제로로 만드는 것을 말한다.

47 탄소 감축 대책의 하나로, 탄소 함유량에 비례하여 세금을 부과하는 제도다. 석탄, 석유 등 이산화탄소를 배출하는 화석연료에 세금 부과로 가격을 인상하여, 탄소 배출량 절감을 유도하는 것이 목적이다.

정책을 수행할 것으로 예상되고 있다.

유럽연합의 텍소노미(Taxonomy), 즉 녹색분류체계는 향후 친환경과 지속가능성을 판별하는 중요한 기준이 될 전망인데, 2020년 3월에 텍소노미와 관련된 최종보고서가 나왔으며 이는, 기후변화 리스크 완화, 기후변화 리스크 적응, 수자원 및 해양생태계 보호, 자원순환 경제로 전환, 오염물질 방지 및 관리, 생물다양성 및 생태계 복원 등 6개 부문으로 구분될 수 있다. 따라서 향후 각국의 글로벌 기업들은 비재무정보공시와 더불어 위의 분류체계에 대응하여 환경 활동 및 성과를 보고해야 할 것으로 판단된다.

이러한 환경 관련 추세를 고려해 볼 때, 향후 환경문제에 대응하여 선진국은 보다 전문화되고, 숙련된 대응을 할 것으로 판단되지만, 개발도상국 혹은 극빈국은 오히려 환경위기에 대응하여 제대로 된 자원투입을 하지 못한다면 정상적인 발전을 하지 못하는 상황에 놓일 가능성도 있다. 따라서 개발도상국 혹은 극빈국은 화석연료라도 활용하여 물건을 생산하고 이를 기반으로 수출 혹은 내수를 진작해야 할 것으로 판단되지만, 향후 시행될 것으로 예상되는 탄소국경세 혹은 다양한 환경 관련규제는 이러한 국가들에게 또다른 장애물로 작용할 가능성이 매우 크다. 대부분의 선진국가들은 환경규제와 관련하여 80% 이상의 온실가스 감축목표를 설정하고 있는 상황이다.

대부분 선진국 혹은 경제성장률이 매우 높은 국가에서 이산화탄소 배출에 대한 부분을 감소시키려고 하고 있으며, 개발도상국 혹은 극빈국에서는 탄소배출을 하려는 시도조차 적극적으로 수행하지 못하고 있다.

특히 이러한 경향은 환경위기라는 미명하에 국가 간 경제불평등을 오히려 심각하게 심화시킬 가능성이 매우 커, 이는 향후 큰 세계적 문제가 될 수 있다고 판단된다. 즉 이미 어느 정도 발전된 국가에서는 발전을 기반으로 하여 환경에 신경을 쓸 여력이 있지만, 그렇지 않은 국가는 성장을 하여야 하는 부분이고 성장을 하기 위해서는 환경을 덜 신경 쓸 수밖에 없다.

더 큰 문제는 이러한 문제에 대해서 제대로 된 대처가 개발도상국이나 극빈국의 경우 불가능하다고 판단되는 점이다. 개발도상국이나 극빈국에서 화석연료로 물건을 생산하고 내수를 진작하였을 때에 이를 국제적으로 제재를 한다면, 이는 향후 주요 쟁점이 될 전망이다.

송주형: 기후변화 및 환경 오염이 실질적으로 인류가 직면한 재앙인 것은 부인할 수 없는 사실이다. 그리고 이러한 문제를 극복하기 위한 과정에서 선진국들이 신흥국들에게 감당하기 어려운 수준의 의무를 부과하여 개발단계를 올라가지 못하게 하는 "사다리 걷어차기"라는 주장은 과장된 측면이 많고 문제의 본질을 흐리게 한다고 본다.

급속도로 진전된 인류의 기술진보와 그에 따른 지구환경자원의 무분별한 사용은 진작부터 기후변화 및 환경 오염을 예고해왔다. 과거 농경사회는 기본적으로 순환경제 구조를 갖고 있어, 농산물을 수확하기 위해 사용되는 모든 에너지(태양, 흙, 비, 배설물 등)는 무한정 반복 제공되거나 다시 자연으로 돌아가 다른 생태계 구성물들과 조화롭게 이용될 수 있었다. 물론 토지 역시 과도하게 남용하는 경우 몇 년간 활용을 제한해야 할 수도 있긴 하지만, 수억 년간 지구 밑바닥에 누적되어 온 화석연료를 뽑아 올려 사용하는 것과 비교하면 충분히 친환경적이라고 볼 수 있다.

화석으로부터 파생되는 물질들이 산업혁명을 통해 인류의 경제규모를 급속도로 확대한 것은 부인할 수 없는 사실이다. 자동차, 비행기 등의 운송수단은 물론, 가정 및 산업용 전기생산, 그리고 합성섬유를 통한 플라스틱, 비닐, 옷 등 그 활용성은 끝이 없을 정도이다. 그러나 석유 기반 운송수단에서부터 나오는 매연은 미세먼지를 발생시켜 우리의 건강을 위협하고, 석탄발전소에서 과도하게 배출되는 이산화탄소는 지구의 온실효과를 극대화하여 예측 불가능한 기후변화를 이끌고 있으며, 분해되지 않는 플라스틱과 비닐은 일회용으로 사용되고 버려지면서 쓰레기 매립공간을 부족하게 하고 바다 생물을 위협하고 있다.

이를 해결하기 위해서는 운송수단이 수소, 전기 등 매연을 배출하지 않는 친환경 연료로 바뀌고, 석탄발전소가 태양광, 풍력 등 신재생에너지로 전환되며, PLA · PBAT 등 분해가 가능한 플라스틱 원료 개발을 통해 쓰레기 매립공간·확보 및 자연생태계 회복을 추진해야 한다. 이러한 친환경 기술은 미국과 유럽 등의 선진국들도 장기적인 비전을 갖고 개발해 왔지만, 중국과 같은 신흥국들도 해당 기술의 높은 필요성으로 인해 상당히 높은 기술력을 축적해 왔다.

사실 환경문제가 발생하면 가장 큰 1차적인 피해는 해당 문제가 발생하는 장소이기 때문에, 신흥국들도 단순히 경제발전만을 위해서 환경 오염이 유발하는 외부 불경제효과를 계속 받아들일 수는 없을 것이라고 본다. 즉 온실효과 등 전 지구적으로 피해가 가는 상황에 대한 예방차원이기 때문에, 선진국들이 신흥국들에게 일방적인 희생을 요구하는 상황이기보다는 선진국과 신흥국이 함께 노력하여 극복해야 할 상황이라고 보인다.

그렇다면 환경문제에 대한 대응과 관련해서 선진국과 신흥국이 경제발전과 관련된 "사다리 걷어차기"의 정치 프레임으로 접근하기보다는, 인류가 공동으로 직면한 생존문제의 해결을 위해 어떻게 하면 순환생태계를 전 지구적으로 조성할 수 있을지 함께 논의해야 한다.

그리고 과거 세계화 시대에 신흥국으로 공장을 이전하면서 구축한 글로벌 공급망 사슬의 친환경적 개편에 필요한 투자금 마련과 기술이전을 통해 인류전체가 다시 한번 순환경제 뉴딜로 도약할 수 있도록 해야 할 것이다.

최진석: 기후는 대표적인 환경 공공재(Public Goods)이다. 공공재란 재산권이 정확하게 규정되어 있지 않는 상황에서 '배제되지 않고' '경쟁적이지 않은'(non-excludable and non-rival) 것을 뜻한다. 여기서 '배제되지 않음'이란 돈을 지불하지 않고 않고 재화나 서비스 등 그 혜택을 누리더라도 막기 어려운 상황을 뜻하며, '경쟁적이지 않음'이란 특정인이 재화나 서비스와 같은 혜택을 이용하더라도 다른 이들의 가용성을 감소시키지 않는 것으로 규정한다. 즉 넉넉한 재화나 서비스를 말한다.

이런 공공재에는 필연적으로 무임승차의 문제가 발생하는데 그 원리를 가장 잘 설명하는 것이 게임이론이다. 게임이론에 따르면, 공공재를 이용하려는 참여자의 개인적인 입장에서 최선의 방법은 자신이 지불하는 것을 최소화하거나 회피하는 것이다. 즉, 특별한 변수가 없는 한 무임승차가 가장 합리적 선택이 된다는 것이다. 죄수의 딜레마로 유명한 이 게임이론의 메커니즘에 따르면 기후와 같은 공공재에 접근하는 개별 국가나 개인에게 가장 유리한 선택은 발생하는 비용을 최소화하는 것이 된다. 그러나 그 결과 공유지의 비극과 같이 공공재의 과도한 사용에 따른 고갈이나 파괴의 결과로 이어지게 된다.

기후변화의 경제적 효과를 연구한 공로로 2018년 노벨경제학상을 수상한 윌리엄 노드하우스(William Nordhaus)는 기후변화의 해결은 개별국가의 무임승차 이슈를 해결하는 것에 있다고 주장한 바 있다. 그의 대표적인 저작 《기후 카지노》[48]에 따르면 지구 생태계의 운명을 걸고 도박을 하듯이 잘못된 정책을 펼치는 정치인들에게 그런 행동은 카지노에서나 하는 것이라고 경고하면서 개별 국가들의 무임승차 정책을 방지해야 한다고 주장했다.

특히 그는 강제적인 클럽식 방법으로 이 문제를 해결해야 한다고 제안한 바 있는데, 우선 가능한 많은 국가들이 준수해야 하는 협약을 체결하고 협약을 체결하지 않는 국가에 대해 탄소세를 부과하는 제도를 포함한다. 이 경우 각 국가는 협약에 가입할 경우 스스로 탄소배출량을 줄이는 등 기후변화에 적극적으로 대응해야 하거나, 또는 협약에 가입한 국가들에 수출할 경우 탄소세를 지불해야 한다. 그의 제안이 기후문제를 공유지의 비극으로 끝나지 않게 하는 방안 중 하나로 점차 발전해 UN 기후변화협약(UNFCCC), IPCC 등의 조직화에 큰 영향을 끼쳤다고 볼 수 있다.

하지만 이런 해결책을 적용하기 위한 현실적인 문제들 역시 가볍지 않다. 국가별로 기후변화 이슈에 대한 책임과 경제적 상황이 다르다는 것이 가장 큰 걸림돌이다. 기후변화에 대한 경제사회적인 이슈를 본격적으로 다룬 세계은행 부총재 출신의 니컬러스 서튼이 2016년 발간한 일명 '스턴 보고서(Stern Review)'에 따르면 '기후변화는 인류가 경험한 것 중 가장 크고 광범위한

---

48 윌리엄 노드하우스 저, 황성원 역 (2017), '기후 카지노', 한길사

시장 실패이며 경제적으로 큰 도전과제가 될 것으로, 앞으로 다가올 수십 년 동안 우리가 하는 행동에 따라 엄청난 파국을 불러올 수 있다'고 주장하는 한편 이 문제를 해결하기 위해 선진국과 개도국의 공평한 노력배분이 필요하다고 주장한 바 있다.

특히 그동안 화석연료를 통해 경제번영을 누린 선진국들의 책임이 크다고 주장하면서 1인당 배출량에 근거하면 2050년까지 1990년까지 배출량의 80%를 줄여야 할 의무가 있다는 의견을 피력했다. 그의 주장이 반영되면서 1997년 제3차 기후변화협약 당사국 총회(COP3)에서 교토의정서를 채택하고 선진국 중심의 의무감축체계를 만들었다.

하지만 2015년 제21차 기후변화협약 당사국총회(COP 21)에서 채택된 '파리협약'은 선진국과 개발도상국의 대립으로 성과를 내지 못한 과거 기후협약과 다른 새로운 기후변화 대응 체제를 만들어 냈다. 여전히 각국의 이해관계가 첨예하게 갈렸지만 국가별 기여 방안(Nationally Determined Contribution) 중심이라는 상향식 방식을 채택한 것도 의미가 있었다. 기후 재앙을 막는 새 틀을 만드는 시점을 더는 늦출 수 없다는 절박함이 만들어낸 성과라는 평가이다. 트럼프 행정부에서 미국이 탈퇴하는 등 체계가 흔들린 바도 있으나 바이든 행정부가 최근 다시 가입하는 등 협약의 효력은 여전히 유효하다.

그럼에도 기후변화에 대한 각국의 입장 차이를 풀어내어 전 세계적인 문제를 신속하게 해결하는 방법을 쉽게 모색하기는 어렵다. 특히 여전히 경제적 인프라가 부족해 불리한 입장에서 선진국과 경쟁해 경제성장의 과업을 이루어야 하는 수많은 개발도상국 입장에서는 기후변화에 대한 문제제기가 매우 부담스러울 수밖에 없다.

2021년 11월로 예정되어 있는 제26차 기후변화협약 당사국 총회에서도 이에 대한 선진국의 보다 많은 책임과 지원을 주장하는 개발도상국 지도자들의 주장이 반복될 것이고, 기후변화의 절박함과 전 세계적인 행동이 필요함을 역설하는 선진국 참여자들의 촉구 역시 지속될 것이다.

이런 환경 속에서 사업을 영위하는 기업들과 이를 평가해 투자의사결정을 해야 하는 투자자들은 그 결과가 어떤 영향을 미칠지에 대해 많은 관심을 기울여야 할 것으로 보인다. 냉정하게 보자면 선진국에 의한 개발도상국의 사다리 걷어차기에 대한 비판은 국가나 기업단위의 경쟁을 규범적인 프레임으로 보는 것으로 생각한다. 국가나 기업 심지어 개인들조차도 경쟁관계 속에서 있다고 보았을 때, 특히 국제질서의 냉정함을 감안하면 기후변화에 대한 책임과 대응은 기존 경쟁관계에 등장한 새로운 이젠다일 뿐일지도 모른다.

규범적인 호소로 해결하는 데는 한계가 있을 것이며 결국 새로운 어젠다를 두고 경쟁을 벌이는 기존 정치 및 경제체계의 반복이 될 것으로 본다. 이를 통해 누가 생존하고 어떤 기업이 더욱 발전할 것이며 어떤 국가가 주도권을 잡게 될 것인지 지켜봐야 할 것이다.

02

순환경제는
실현가능한 인류의 비전인가,
아니면 드러나지 않는
다른 자원의 손실을 동반하는
눈속임에 불과한가?

　전홍민: 순환경제는 실현가능한 인류의 비전이라고 판단이 되지만, 어느 정도 준비가 된 국가의 경우에만 해당이 된다고 생각된다. 특히 한국도 선제적으로 순환경제로 나아갈 수 있도록 범국가차원에서 보다 확실한 노력을 해야 할 것으로 판단된다. 최근 들어 활발히 논의되고 있는 환경이슈를 보면서 경영학자로서 많은 생각을 하게 되었다.

　Ghoul 외(2018)[49]의 연구는 30개 국가의 제조업체를 대상으로 국제비교연구를 통해서 기업의 환경적 책임(Corporate Environmental Responsibility)을 책임감 있게 추구하는 기업의 경우 내재된 자기자본비용이 유의하게 감소하는 것으로 나타났다. 해당 연구는 기업의 환경적 책임을 다하는 기업에 대해서 투자자들이 리스크 프리미엄을 감소시키는 것으로 보고되었다.

49　El Ghoul, S., Guedhami, O., Kim, H., and Park, K. 2018. Corporate Environmental Responsibility and the Cost of Capital: International Evidence. Journal of Business Ethics 149, 335 - 361.

더불어 Matsumura 외(2014)[50]도 미국 기업을 대상으로 탄소배출이 해당 기업의 가치에 미치는 영향을 분석한 결과, 탄소배출이 증가할 경우 해당 기업의 가치가 평균적으로 21만 달러만큼 감소하는 것으로 나타났다. 추가적으로 이러한 기업가치 감소효과는 탄소배출공시를 제대로 하지 않는 기업에 더욱 유의하게 나타났다.

Choi and Luo(2021)[51]에서도 국제비교연구를 통해서 가스배출은 기업의 가치를 감소시키며 이러한 감소효과는 환경규제가 강한 국가에서 더욱 유의하게 발견되고 있음을 보고하였다. 이는 향후 환경규제 혹은 관련 이슈에 대해서 기업이 적극적으로 활동을 해야 함을 의미하고, 향후 유럽 그리고 미국이 환경 관련 규제를 적극적으로 수행함에 따라 보다 적극적으로 기업이 환경성과를 낼 수 있도록 관련 활동을 수행해야 할 필요성을 환기시킨다고 볼 수 있다.

한국도 2020년 10월에 문재인 대통령이 2050년까지 탄소중립을 달성할 것임을 한국판 그린뉴딜정책을 통해서 직접 발표하였으며, 경제구조의 저탄소화, 신 유망저탄소 산업생태계 조성

50　Matsumura, Ella Mae, et al. "Firm-Value Effects of Carbon Emissions and Carbon Disclosures." The Accounting Review 89, 2, 2014, 695 - 724.

51　Bobae Choi, Le Luo, Does the market value greenhouse gas emissions? Evidence from multi-country firm data, The British Accounting Review, 53, 1, 2021, 100909.

등 10대 과제를 발표하였다.[52]

특히 해외에서 활발히 논의되고 있는 기업의 에너지원으로 재생에너지(Renewable Energy)를 적극 활용하는 "RE100 (Renewable Energy 100)"을 도입하고 있고, 2030년까지 신재생에너지 발전량 20% 확대 등을 통해서 향후 신재생에너지를 보다 적극적으로 도입할 것임을 언급한 바 있다.

RE100[53]과 관련하여 국내 기업 중에는 SK 그룹 계열사 8곳이 2020년 11월에 한국 RE100위원회에 가입신청서를 제출한 바 있다. 한국 기업의 경우, 대표적으로 3개의 기업(OCI, 한화솔루션 태양광 산업, 신성이엔지)이 태양광 사업을 수행하고 있다. 태양광 분야 한국 기업의 경우 아직 수익성 측면에서 만족할 만한 성과를 내지 못하고 있는 상황이다. 코로나19로 인한 국제무역 제한으로 태양광 모듈, 인버터 등 중국 제품 수입이 감소되었지만, 태양광 모듈 탄소인증제, 태양광 인버터의 KS인증 등이 시행되면서 내수시장이 더욱 활성화될 것으로 기대된다.

특히 규제당국인 금융위원회도 "녹색금융 추진계획"을 발표하였고, 이는 녹색 사업을 수행하는 기업에게 자금조달과 관련된

---

52 저탄소, 신재생에너지 등 녹색산업을 경제의 새로운 성장동력으로 지원함으로써 기존의 화석연료 기반의 산업으로부터 전환하고 고용과 투자를 확대하는 정책을 의미한다.

53 2050년까지 기업의 재생에너지 사용을 100%까지 끌어올리는 것을 목표로 한다. 정부는 2021년 한국에 맞추어 재조정한 한국형 RE100 제도를 도입할 예정이다.

인센티브를 부여할 법적 근거를 마련하고, 향후 기업들이 인식할 수 있는 기후위험을 중점적으로 관리하겠다고 보고한 바 있다.

금융권에서도 탈석탄과 관련한 다양한 논의가 이어지고 있는데, 2018년 사학연금·공무원연금 등의 연기금을 포함하여 교직원공제회·지방행정공제회 등도 탈석탄금융을 선언하였다. 민간 금융사로는 KB금융이 탈석탄선언을 하였고, 금융그룹의 모든 계열사는 석탄화력 발전 감축을 위해 국내외 석탄발전소 건설과 관련된 신규 프로젝트 파이낸싱 및 채권 인수 참여를 전면 중단하기로 하였다.

향후 기업에게 영향을 미칠 부분으로 "탄소세"에 주목을 하고 싶은데, 경영학자로서, 단순하게 생각한다면 도입 초기에는 탄소세 자체는 기업에게 추가적인 부담을 줄 수 있을 것으로 생각된다. 기업 입장에서도 탄소세에 대한 부담이 기업에게 크게 다가온다면 해당 기업이 더욱 적극적으로 탄소배출량을 감소시킬 수 있도록 노력하는 긍정적인 효과도 있고, 아니면 탄소세를 부과받더라도 해당 산업에서 더욱 시장점유율을 증가시켜서 생존을 하는 전략을 추구할 수 있다. 하지만 전반적으로 탄소세의 도입 효과는 기업이 탄소배출의 총량을 감소시키는 방향으로 작용을 할 것으로 기대된다.

탄소세를 부과하는 것도 좋지만, 탄소세를 공정하게 부과할 수 있도록 탄소배출량을 정확히 계량화하고 측정할 수 있는 통일되는 기준을 마련하는 것이 중요할 것으로 본다. 더불어 한국 기업의 경우에도 미국 기업처럼 탄소배출량에 대한 부분을 보다 적절히 공시할 수 있도록 향후 공시할 것으로 기대되는 비재무정보공시에 관련된 정보를 적극적으로 포함하는 것이 중요할 수 있다고 판단된다. 특히 비재무정보공시와 관련하여, 유럽의 모델 혹은 미국의 모델 중 어느 모델을 고려할지 아니면 우리만의 독자적인 비재무정보공시의 모델을 만들어 낼지에 대해서 심도 있는 고민이 필요하고, 필요하다면 추가적인 실증분석을 수행해 나갈 필요가 있다.

결론적으로 기업에게는 환경 관련 규제를 단순한 제약요인으로 생각하지 말고, 피할 수 없는 과제라고 생각하는 인식의 전환이 필요할 것 같다. 기업의 재무이익만을 중시하는 자본주의라면 환경 관련 규제와 탄소세 논의 등은 결국 개별 기업의 재무이익을 감소시키는 것이기 때문에 부정적으로 인식될 수밖에 없다. 하지만 리베카 핸더슨이 주장하는 것처럼 "이해관계자 자본주의"[54]를 적용한다면 환경경영은 기업이 피할 수 없는 요건이 될 수밖에 없고, 기업들이 전반적으로 탄소배출을 감소시키고, 관련된 공시(Disclosure)를 충실히 해나가는 것이 필수적일 것이다. 환경에 대한 부분과 환경정보에 대한 공시에 대하여 유럽에서

---

54   자본주의 대전환, 리베카 핸더슨, 2020.

선제적으로 관련된 논의가 이루어지고 있지만, 한국에서도 한국 기업의 현실에 맞는 안을 만들어 나가고 추후 유럽안이 나오면 이를 보완하는 형식으로 한다면 한국의 상장기업이 보다 충실히 관련된 공시를 준비할 수 있을 것으로 기대된다.

특히 환경 관련 공시와 관련하여 향후 회계법인이 해당 정보를 검토하고 이에 대한 의견을 낼 수 있다면, 회계법인 입장에서도 추가적인 업무를 창출할 수 있을 것으로 판단된다. 이렇게 정부 및 규제당국도 정책의 방향을 순환경제를 촉진하는 방향으로 진행을 한다면 한국이 순환경제로 보다 빠르게 전환하는 데에 윤활유가 될 것이라고 판단된다.

송주형: 순환경제는 인류의 지속가능한 번영을 위해 반드시 달성해야 하는 우리들의 숙명이며, 그 과정에서 유용한 다른 자원의 손실을 동반하지 않도록 혹은 최소화하는 것이 인류가 앞으로 추구해야 할 기술의 목표이다.

어릴 때 TV에서 본 다큐멘터리에서 추정한 바에 따르면 지구라는 행성에서 지속 가능한 인류의 수는 1억 8천만 명 수준이라고 했던 기억이 난다. 어떤 근거로 해당 수치가 나왔는지는 모르겠으나, 70억 명이 살기에는 지구가 제공할 수 있는 자원이 충분치 않다는 느낌을 주는 수치임에는 틀림이 없다. 인류는 먹이사슬의 최고점에 있으면서 지구의 탄생 이후 자연이 누적해 온 자산인 화석연료를 고갈이 염려되는 수준까지 활용하였고, 묻혀 있는 광물들을 도시개발이라는 미명하에 캐내어 건축폐기물을 양산하였으며, 나무를 무분별하게 베어내어 사막화로 지구를 황폐하게 만들어 왔다. 대부분 일방적인 소비적 행태로 인해 사용된 자원이 복구되지 못하면 지구는 영구적인 상처를 받게 된다. 이러한 과정이 계속된다면 그 끝은 뻔하다.

물론 우리 인류가 순환 경제 구축을 위해 노력하지 않은 것은 아니다. 무한에 가깝게 활용할 수 있는 에너지 자원인 태양을 이용해 그 광에너지를 전기로 변환할 수 있는 장치를 만들었다. 다만 그 핵심재료가 되는 폴리실리콘 제조에 전기가 많이 쓰이고, 그 전기는 석탄발전소에서 대부분 만들어지고 있다는 점에서 비난을 받고 있다.

또 다른 자연에너지인 풍력은 어떠한가? 풍력발전터빈과 그 기둥제작에 들어가는 어마어마한 양의 철광석이 필요하기 때문에, 전 세계에 매장된 철광석을 모두 채굴하더라도 인류에게 필요한 전기에너지를 충분히 생산하지 못한다는 이야기가 있다. 게다가 두 에너지원은 각각 다른 이유로 지속가능한 에너지 생산이 어렵기 때문에, 평소에 생산된 전기를 저장하는 배터리 기술의 발전이 함께 동반되어야 한다.

하지만 15년 혹은 20년 전과 비교해보자. 과거보다 태양광 발전의 효율은 올라가고 배터리 저장기술이 혁신되어 이젠 전기차까지 나오고 있으며, 풍력발전 터빈은 육지를 벗어나 바다 곳곳에 자리잡고 있다. 모두가 주지하는 것처럼 자본주의 사회에서 인류의 기술적 진보의 속도는 매우 빠르다.

미국 메릴랜드 대학의 경영학 교수였던 줄리안 사이먼은 유한한 자원에도 불구하고 인구증가는 인류 전반의 창의성을 가속화하여 기술진보를 통해 스스로 또 다른 대체자원을 만들어 낸다고 하였다. 비록 그의 시각이 인간에 대한 무한한 낙관주의이긴 하지만, 인간의 가장 큰 자원은 인간 스스로이고, 우리의 미래는 우리가 책임져야 하고 또 책임질 수 있다는 강력한 메세지가 아닌가 싶다.

투자의 관점에서 보더라도, 자원 재활용으로 에너지효율 증대 및 환경부담 억제가 가능해지고, 이를 통해 규제로 인한 비용을 극복할 수 있으므로 자원 재활용 시장이 지속적으로 확대되는 것은 필연적이라고 생각한다.

예컨대 물 사용량의 지속 증대에 따른 물부족 심화로 물의 재이용 및 폐수의 효과적 처리에 대한 사회적 수요가 증대될 것이고, 사용량이 급증하는 플라스틱, 배터리 등과 같은 제품의 재활용(리사이클링) 수요 확대 및 정책적 지원으로 해당 시장 역시 확장 추세가 지속될 것이다. 특히 플라스틱과 IT 기기, 배터리를 재활용하여 원료로 되돌리는 산업은 특히 중국의 폐기물 수입 규제 등 국가단위의 재활용 사업 성장 및 폐기물 억제 노력과 연계되어 빠른 성장이 전망된다.

저자가 직접 투자하여 경험해 본 산업처럼 물의 재이용·폐기물의 재이용 및 배출·기체의 처리와 재활용 등이 정상적이고

효율적으로 이루어질 수 있다면 지구가 환경 오염으로 인해 받는 부담을 최소화할 수 있을 것이며, 이는 결국 순환경제가 지속가능한 성장을 뒷받침하는 하나의 축으로 거듭날 수 있다는 것을 반증하는 것이다. 그러므로 친환경 PEF들은 환경 회사들이 M&A를 통해 규모의 경제를 달성하고, 업무가 보다 투명하고 건전하게 이루어질 수 있는 거버넌스가 확립될 수 있도록 하여, 산업 전체의 성장에 기여해야 할 것이다.

앞으로는 환경 이슈가 바로 경제 이슈이자 정치 이슈이고 사회 이슈가 될 것이라고 생각한다. 어떠한 비즈니스 활동에서도 환경 이슈를 무시하고 진행할 수 없을 것이며, 환경 오염을 유발하는 그 어떠한 요인도 이에 대한 해결책 없이 진행되는 것은 불가능할 것이라고 본다.

사용된 자원의 재활용은 더 이상 별도의 산업차원에서만 고려되는 것이 아니라, 배출자책임제도처럼 실제 사업을 하는 주체들이 직접적으로 더 고민하고 해결해야 하는 상황이 다가올 것이다. 그러므로 기업 및 소비자들은 모든 제품, 부품, 설비 및 장비 차원에서 친환경 어젠다가 적용된 제품에 주목하길 바란다.

최진석: 순환경제로의 본격적인 시도는 이미 진행되고 있다. 대표적인 사례로 유럽 그린 딜을 살펴볼 수 있다. 유럽 그린 딜은 2050년까지 탄소 순배출량을 제로로 만드는 탄소중립(Carbon

Neutral) 목표와 최초의 탄소 중립 대륙이라는 비전을 말한다. 탄소중립이란 경제활동 과정에서 발생한 탄소 배출량만큼 신재생에너지발 전·조림·탄소배출권 구입 등 탄소감축활동을 통해 탄소 배출량을 상쇄시키는 것을 의미한다.

2019년 EU 정상회의는 EU 집행위원회가 제시한 유럽 그린 딜에 합의하였고, 2020년 3월 EU 집행위원회는 유럽 기후 법안 (European Climate Law)을 채택한 바 있다. 또한 에너지, 건축, 산업, 수송 등 주요 분야별로 세부 목표를 제시하였고, 1천억 유로 규모의 공정전환기금(Just Transition Mechanism Fund, JTF)을 발표하는 데까지 합의가 이루어졌다.

물론 합의 중 석탄의존도가 높은 폴란드는 유럽 그린 딜에 동의하지 않고 자국의 탄소중립 목표를 2070년으로 주장하는 등의 논란도 있었다. 특히 1천억 유로 규모 목표로 발표한 JTF는 3월까지 75억 유로 수준의 저조한 신규 재원 확보로 비판받기도 했다. (이후 신규재원은 추가 확보되었다.)

한편으로 유럽 그린 딜은 탈탄소화가 어려운 철강, 화학과 같은 에너지 집약적인 제조업에 부정적인 영향이 우려되며, 산업구조가 다른 동유럽과 서유럽 간 사회·경제적 격차 확대도 유발할 수 있을 것이다. 또한 탄소 국경세(Carbon Border Tax) 도입 가능성에 대해 중국 등과 국제적 분쟁이 될 가능성도 높다.

하지만 기후변화 대응을 비롯한 순환경제로의 이행이 늦어질 경우 비용부담이 더 커질 것을 우려하고 적극적인 대응책을 마련

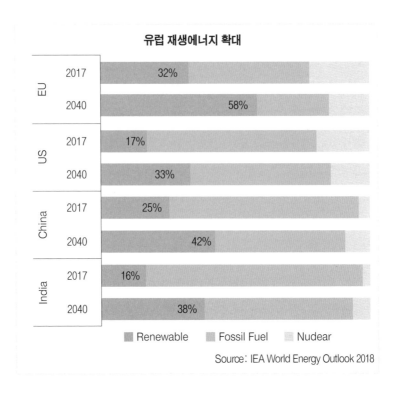

유럽 재생에너지 확대

		Renewable	Fossil Fuel	Nuclear

Source: IEA World Energy Outlook 2018

해야 하는 상황이다. EU와 같이 많은 국가들은 새로운 경제로의
전환을 '신성장동력'으로 삼고, 선도자 효과(First Mover)로 표
준을 선점하여 국제경쟁력까지 확보하려는 명확한 목적에 따라
그 움직임은 지속될 것으로 판단된다.

〈EU 집행위원회가 꼽은 현재의 환경적 위험〉

대기오염	현재 대기오염으로 인한 조기사망자가 연간 400,000명이며, 적절한 대응을 하지 않을 경우 숫자가 급증할 것으로 예상됨
폭염	폭염으로 인한 연간 사망자가 90,000명 발생할 수 있을 것으로 예상되며 5°C 상승시 유럽연합내 연간 66,000개의 추가망명(asylum)신청이 이루어질 것으로 예상됨. 또한 4.3°C 상승시 16%의 생물종이 멸종위기를 겪게 될 것으로 예상됨
물관리	매년 50만 명이 강의 범람 위험에 노출될 수 있으며 매년 220만 명이 해안침수에 노출될 것으로 전망됨
경제	지구 평균 온도가 3°C 증가함에 따라 연간 1,900억 유로의 손실이 예상되며 전 세계에서 강의 범람으로 집이 유실될 위기에 처한 사람들이 연간 5,000만 명에 이를 수 있음. 폭우·폭설·가뭄·지진 등의 기상 이변은 2050년에 20% 식량가격 상승을 가져올 수 있으며 폭염 관련 사망으로 인한 경제적 비용이 연간 400억 유로 이상이 될 것으로 예상됨

출처 : European Commission

특히 유럽의 그린 딜과 같은 순환경제로의 이행추세가 계속해서 동력을 얻고 향후 수십 년 동안 기업 성과에 영향을 미칠 것이라는 주장도 늘어가고 있다. 투자영역에 있어 투자자들이 이를 고려하는 목적은 다양한데, 어떤 투자자는 하방 위험을 완화하기 위한 수단으로 탄소 노출이 높은 회사 또는 산업을 제한하도록 우선 순위를 정할 수 있다. 또 다른 투자자들은 탈탄소화 및 순환경제로의 이행에 선제적으로 움직이려는 투자를 고려할 수 있다. 이 경우 기후변화 대응과정에서의 수익과 강력한 배출감축 목표에 대해 자세히 주의를 기울일 수 있다.

탈탄소 경제로의 이동은 투자자들에게 우수한 투자기회를 제공하고 투자자가 단기 또는 중장기적으로 포트폴리오를 구축하고 운용하는 방식에 영향을 미칠 것이다. 이에 대한 모건스탠리 보고서[55]를 통해 몇 가지 논의들을 살펴 보자. 특히 전통적인 재무지표와 함께 기후지표를 어떻게 사용하는지에 대한 이행사항을 포함시켰다.

첫째로, 산업 및 종목(기업)의 결정이 포트폴리오의 탄소 집중도에 어떤 영향을 미치는지 확인해야 한다. 일반적으로 에너지(Energy), 유틸리티(Utilities)와 같이 배출량이 높은 산업과 금융(Financial), 커뮤니케이션 서비스(Communication services)와 같이 배출량이 낮은 산업의 배분조정이 큰 영향을 미칠 수 있다. 또한 산업별 비중은 동일하게 유지하더라도 개별적인 종목선정을 통해 탄소배출로부터의 영향을 최적화할 수 있는 방안을 마련할 수 있다.

둘째, 기업 단위에서 올바른 방향으로 운영되고 있는지 역시 투자자가 판단해야 할 사안이다. 기본적으로 명확한 배출량 목표와 달성수단의 공표는 기업이 이에 대해 적극적인 정책을 가지고 있다는 것을 나타낸다. 구속력이 없을 수도 있지만, 현재 배출량 및 강도를 바탕으로 한 적절한 목표인지 여부, 또는 적절한 중간단계(Interim Target), 이정표(Milestones) 등을 설정했는지

---

55 Morgan Stanley, 'Climate Transition in a Portfolio Context: What Matters and What to Measure', 2020.7

에 대해 투자자, 규제당국 등의 면밀한 조사가 이루어지고 있다는 걸 감안하면 더욱 그렇다. 최근 공개적으로 목표를 밝힌 기업들이 늘어가고 이를 평가하기 위한 방법론도 개발되고 있으므로 투자자들이 가치평가에 이를 적절히 활용할 수 있는 시점도 다가오고 있다.

셋째, 탄소배출 비용은 기업에 어떤 영향을 미치는지 파악하기 위해 최대 예상 손실액 지표(Var at Risk, VAR)와 유사하게 탄소위험 대비 이익(Carbon Earnings at Risk, CEaR)[56]과 같은 지표를 고려할 수 있다. 탄소 강도에 관해 앞서 언급한 첫 번째와 두 번째 지표의 경우는 다소 부분적인 측정지표인 반면, CEaR은 시나리오 분석을 통해 예상되는 탄소 배출 가격 경로를 기반으로 주어진 기간 동안 손실된 미래 수입의 현재 가치를 추정할 수 있다. 이러한 시나리오는 지구 온도 상승을 특정 임계값 미만으로 유지하는 데 필요한 에너지 전환(예: 화석 연료에서 청정 및 재생 가능한 에너지)으로의 예상되는 이동을 기초로 한다.

끝으로, 저탄소 경제로 이행될 경우 기업에 직접적으로 영향을 미칠 수 있는 요인들을 테마별로 파악해 볼 수 있다. 저탄소 경제로의 전환은 기술 혁신, 저탄소 제품에 대한 소비자 선호도 전환,

---

56 회사의 수익성에 대한 탄소 비용 상승의 영향을 측정하는 것을 말한다. 탄소 가격 상승이 기업에 미치는 영향은 역동적이고 복잡할 것인데, 탄소위험 대비 이익은 배출량, 가격 및 수요 변화 라는 세 가지 주요 변수를 포착해 산업이익에 대한 영향을 측정합니다. 제품을 생산하고 판매하는 데 필요한 모든 온실 가스 배출량을 포함한다.

시장 가격 변화 및 새로운 정책에 의해 좌우될 것이다. 이러한 요인은 개별적으로 결합하여 수익에 큰 영향을 미칠 수 있다. 따라서 회사의 수익원을 면밀히 분석하면 투자자들이 탈탄소화 추세가 진행됨에 따라 회사가 성공할 수 있는지 여부를 평가하는 데 도움이 될 수 있다.

예를 들어, 기후 변화의 근본원인을 완화하는 것으로부터 수익의 상당 부분을 가진 기업은 미래의 상승 잠재력 차원에서 중요시될 수 있다. 반대로, 기후 변화를 악화시키는 제품 및 서비스(예: 화석 연료 기반 에너지 원 및 연소엔진)에서 상당한 수익을 얻는 기업은 저탄소 경제로의 전환에 더 큰 위험에 노출될 수 있다.

순환경제 이행에서 가장 많은 주목을 받는 것이 수소경제일 것이다. 수소 경제로의 이행을 위해 2050년까지 11조 달러의 투자가 필요하며 2050년까지 연간 2.5조 달러의 수익을 창출할 수 있다. 시장은 수소와 직접 관련된 제품(예를 들어 Fuel Cells, Electrolyzers) 또는 의미 있는 간접 수혜자(예를 들어 신재생 에너지)로 분할된다. 또한 탈탄소화가 어려운 부문(예를 들어 석유 및 가스, 철강, 해운)은 수소를 통한 저탄소 이행을 통해 해당 분야에서 선도적인 위치로 도약할 수 있다. Bank of America[57]에서 수소 경제와 관련된 10개사의 케이스를 제시해 이에 대해 소개한다.

수소 경제가 에너지 시스템 내에서 의미 있는 규모로 성장

---

57 Bank of America, '10+ Company case studies for hydrogen', 2020.9

하려면 시간이 오래 걸리므로 투자기회는 타임라인에 따라 다르다. 회색수소에서 녹색수소로 전환해야 할 필요성이 이번 10년 내에 시급히 도달해야 할 목표라는 것을 감안할 때 전기분해(Electrolyzers)는 가장 가까운 미래의 수소경제 최대 수혜자로 판단된다.

연료전지(Fuel Cells)와 수소 차량은 다음 단계이며 완전히 구축하는 데 더 오랜 시간이 소요될 것으로 판단된다. 금속, 석유 및 가스 또는 운송과 같이 탈탄소가 어려운 부문에 대한 해결책으로의 수소 기술로의 전환은 더욱 오랜 시간이 걸릴 수 있다. 블룸버그 새로운 에너지금융(Bloomberg New Energy Finance, NEF)[58]에 따르면 수소 경제는 2050년까지 12TW[59] 이상의 새로운 풍력 및 태양열에 의한 에너지 용량을 필요할 수 있다. 이는 녹색 전기를 위해서만 예상되는 11TW 이상, 즉 재생 가능 수요를 두 배로 늘릴 필요가 있는 수준이다. 대부분의 재생 가능 장비 이름 및 자산 개발자는 혜택을 받을 것으로 보인다. 현재 수소 사업의 직접적인 수혜자는 다음과 같다.

- 전기분해(Electrolyzers): 녹색 전기를 녹색 수소로 변환하려면 전기 분해 장비가 필요하다. 관련 회사로는 Cummins (Hydrogenics), Siemens Energy, Thyssenkrupp, ITM

---

58 Bloomberg NEF, The New Energy Outlook (NEO), 2020
59 Tera Watt : 10의 12승

Power, Nel, McPhy Energy이다.

- 연료전지(Fuel Cells): 연료전지는 운송과 같은 응용 분야에서 사용하기 위해 저장된 수소를 전기로 다시 변환하는데 필요하다. 연료 전지 시스템에 관련된 회사로는 Bloom Energy, Ballard, Plug Power가 있다.

- 연료전지전기차(Fuel Cell Electric Vehicle, FCEV): 수소 구동계에 관련된 자동차 제조업체는 수소 기술과 경제를 도로 및 기타 운송 또는 물류 형태로 확장하는 데 핵심이 될 것이다. 연료 전지 차량에 관련된 회사는 Nikola, Toyota, Hyundai, Honda이다.

- 산업재 가스(Industrial Gases): 기존 수소 전문 지식을 사용하여 녹색 수소로 전환한 다음 다양한 산업으로 이를 확장할 수 있다. 녹색 수소 프로젝트는 기존 산업들과 Air Products, Linde 및 Air Liquide와 같은 산업용 가스 업체들이 협력하고 있다. 석유, 가스, 철강, 시멘트, 해운, 항공우주 등 탈탄소가 어려운 부문에 분야에서는 아직 초기 단계지만 연구개발(R&D)과 시범사업에 투자하기 시작한 기업들도 있다. 많은 산업체들이 수소 생태계를 위한 장비 제작에 참여하겠지만, 현재로선 점유율이 낮은 편이다.

03

대기업들의 적극적인
ESG 참여 행진은 변화되는
사회에서 기업의 경쟁력 강화를
위한 필수불가결한 선택인가,
아니면 정부와 시민사회의
대기업 재벌에 대한 따가운
시선을 잠시나마 피하기 위한
고육지책인가?

전흥민: 재벌들은 정당성 이론(Legitimacy Theory)을 기반으로 한다면, 본인들이 사회에서 누리는 효익을 위하여 일정수준 이상의 사회적 책무를 다한다고 주장하는 연구도 있다. 이는 재벌기업이 사회적 책임활동을 하는 주요 원인이 사회의 시선을 보다 긍정적으로 변화시키기 위해 노력한다는 이론이다.

반면 Kim 외(2019)[60]는 한국의 재벌기업이 비재벌기업보다 활발히 기부금 활동을 수행하지만, 대부분의 기부금활동이 재벌그룹 내에서의 자원이동을 통하고 있어, 소수주주로부터 최대주주로의 자원이전을 수행하는 터널링 효과(Tunneling Effect)를 가진다고 보고하고 있다. 더불어 Chun and Song(2021)[61]도 한국상장기업을 대상으로 기업의 기부금활동이 오히려 해당 기

60 Kim, R, Pae, J., and Yoo, C. (2010). Business groups and tunneling: Evidence from corporate charitable contributions by korean companies, Journal of Business Ethics, 1-24.

61 Chun, H., and H. Song. (2021). Corporate Philanthropic Giving and Cost of Equity Capital: Evidence from Korea, Korea Observer, 59-79.

업에 대한 내재자기자본비용을 증가시키는 것으로 보고하고 있어, 기업의 기부금 활동에 대해서 대리인비용이 작용될 수 있음을 보고한 바 있다. 하지만 최근 들어 수행되고 있는 대기업들의 환경 관련 사업들은 단순히 사회적 책무를 다한다는 차원을 넘어서서 해당 그룹 자체의 포트폴리오를 다변화하는 차원에서 보다 다양하게 수행되고 있다.

SK는 국내 1위 폐기물 처리 플랫폼 업체인 환경관리주식회사(EMC홀딩스)를 2020년에 최종 인수하였고, 이는 SK건설이 어펄마캐피탈(前 SC PE)이 보유한 EMC홀딩스 지분 100%를 인수하는 형태로 추진되었다. SK건설의 EMC홀딩스 인수는 폐기물 처리업체에 대해서 대기업기업집단(재벌기업)이 1조 이상의 대규모의 자금을 투자하여 환경 관련 기업을 100% 인수한 첫 사례이고, 환경 부문에 대한 지속적인 성장을 고려해 볼 때 지속적으로 비슷한 ESG 관련 M&A 사례가 대두될 것으로 기대된다.

더불어 한화의 경우, 2012년 독일 큐셀 인수 후 본격적으로 다운스트림 사업에 진출하였으며, EPC[62] 사업위주의 사업전개를 통해 2019년 말까지 전 세계적으로 약 2GW의 시공 실적을 보유하고 있다. 하지만 EPC 사업이 위험 대비 수익률이 높지 않기 때문

---

62 신재생에너지 EPC(Engineering Procurement Construction)는 태양광 발전, 풍력발전, Energy Storage System 등 신재생 발전 사업을 시행함에 있어, 설계부터 자재조달, 시공까지 일괄 진행하는 것을 일컫는다.

〈한화그룹의 신재생에너지 M&A 현황〉

기업	시점	내용	비고
한화 솔루션	2020년 7월	미국 에너지 소프트웨어 업체 젤리 인수	
한화 솔루션	2020년 12월	미국 수소탱크 업체 시마 론 인수	미국의 민간 우주탐사 기업 스페이스X 로켓에 고압탱크 공급
한화 에너지	2021년 1월	프랑스 토탈과 미국 신재 생에너지 합작회사 설립	

출처: 각 회사 홈페이지 및 사업보고서

에, 2019년부터는 태양광 발전소 개발부터 시공, 매각까지 다운스트림(Down-stream) 전 영역을 아우르는 투자개발형 사업으로 전환 중에 있다.

더불어 2020년에 들어서도 한화솔루션 및 한화그룹은 신재생에너지 관련 해외기업에 대한 인수합병을 활발히 수행하고 있고 이에 대한 자세한 사항은 위와 같다.

한국에서는 유독 무리한 M&A를 통해서 아시아나그룹, STX그룹 등 많은 기업들이 승자의 저주에 빠져서 M&A 이후 그룹 전체의 사업성과가 인수의 후유증으로 오히려 나빠지는 사례가 많았던 것 같다. 반면 SK그룹은 하이닉스, 아이리버, LG실트론, ADT캡스 등 인수 및 M&A 이후 오히려 인수회사의 기업성과가 좋아지기 때문에 이번 EMC홀딩스 M&A도 성공적으로 전개되어 한국에서 재벌기업의 사회적 책무를 보다 충실히 할 수 있는 계기가 되면 좋을 것 같다.

즉 과거에는 대기업 및 재벌기업들이 기업의 단순한 책무를 위한 기부금 활동에 집중을 하였다면, 최근 들어 본인들의 사업 포트폴리오를 종합적으로 고려하여, 기업을 인수하고 특히 ESG경영을 할 수 있도록 적극적으로 활동하고 있다. 따라서 SK와 한화의 사례를 살펴보더라도, 재벌기업들이 축적된 자본력과 노하우를 기반으로 향후 ESG분야에서 특히 두각을 나타낼 것이라고 판단되며, 이는 기업의 경쟁력 강화 측면에서도 큰 도움이 될 것으로 전망된다.

송주형: 나는 대기업들이 ESG 경영의 필요성을 공감하고 있으며, 실제로 기업의 경쟁력 강화를 위해 선택한 것으로 믿고 싶다. 만약 그렇지 않고 겉으로 그런 척만 하는 그린워싱(Green Washing)으로 단기적인 대국민 방패막이용로만 ESG경영을 활용하는 것이라면, 인류 생존의 위기를 진심으로 걱정해야 하기 때문이다.

ESG패러다임이 코앞에 다가왔다고들 하지만 실제로 ESG가 글로벌 사회에 뿌리 내리려면, 가장 중요한 행동주체인 기업들이 발 벗고 나서야 한다고 생각한다. 비록 정부가 법과 제도를 통해 ESG를 촉진한다고 해도, 기업들이 시장논리로 ESG를 접근하는 과정에서 방향이 빗나가면 크게 왜곡된 자원배분이 일어날 것이고, 결과적으로 ESG의 정치적 추진력이 크게 약화될 것이기 때문이다.

SK의 경우 전사적으로 ESG경영을 추구하면서 ESG 전도사역할을 하고 있는데, 물론 기업의 미래는 누구도 알 수 없겠지만국내기업 중 가장 신속하게 친환경적으로 새롭게 개편되는 글로벌 공급망 사슬에 편입될 수 있을 것으로 보인다.

더불어 적극적인 환경 인프라 사업 진출 역시, 지금 기준으로는 매우 값비싼 시장진입으로 보일 수 있으나, 10년 내지는 20년이상의 장기 시계로 보면, 글로벌 시장에서 "Veolia"가 차지하는위상과 유사한 입지를 국내에서 구축할 수 있을 것으로 본다.

사실 전 세계적으로 대형 환경기업이라고 하면 프랑스의Veolia를 떠올리게 되는데, 이 회사는 19세기 중반에 설립된170년 된 회사로서, 매출 30조, 임직원 16만 명에 이르는 초대형 글로벌 환경 메이저 기업으로 우리나라에도 다양한 환경 분야에 진출하여 개발 및 O&M(Operation & Maintenance)을 수행하고 있다.

규제산업인 환경 분야에도 이렇게 해외업체가 버젓이 영업하고 있는 가장 큰 이유는 아직 우리나라 환경 시장이 충분히 성숙하지 못해서라고 생각한다. TSK, EMC와 같은 큰 기업들이 이제막 등장하기 시작했고, 어마어마하게 배출되는 생활폐기물과 산업화에 따른 산업폐기물 속에서 아직도 영세한 기업들이 법도 제대로 지키지 못하면서 영업을 지속하고 있는 것이다.

사실 PEF 입장에서보면 SK가 매수자였던 EMC 딜은 규모의 경제효과를 극대화하여 투자금액의 20배에 육박하는 회수를 성공적으로 완수해낸 환경 분야의 기념비적인 거래로 볼 수 있다. EMC를 매각한 어펄마캐피탈은 과거 SC PE[63]라는 이름으로 영업하던 시절 수처리 사업을 하는 코오롱워터앤에너지 인수를 시작으로 수도권을 비롯해 영남, 호남 등 지방의 영세업체를 사들여 Vertical Integration[64]을 성공적으로 수행함으로써, 국내 1위 규모의 환경, 폐기물 업체로 EMC를 키워낸 것이다.

특히 본 M&A 사례가 주목할 만하다고 느낀 이유는, 대기업인 SK가 하폐수 처리부터 폐기물 소각 및 매립까지 전 환경산업을 아우르는 종합 환경플랫폼 기업인 EMC를 인수했다는 사실이 향후 ESG 경영의 방향을 보여주기 때문이다. 과거에 기업 입장에서 ESG 경영을 한다는 것은 기업의 사회적 책임, 즉 CSR(Corporate Social Responsibility)로 인식해왔기 때문에 사회 공헌이나 환경보호활동에 기부하는 등 마케팅 차원의 생색내기였다.

그러나 환경 개선 및 재활용업을 수행하는 기업을 직접 인수해서 관련 활동이 제대로 이루어질 수 있도록 한다는 것은 훨씬 적극적인 ESG경영으로 해석될 수 있는 것이다.

---

63 Standard Chartered Private Equity
64 전·후방산업의 수직적 통폐합을 통해 중간 마진을 최소화하여 비용경쟁력을 강화하는 인수합병 전략

실제로 물, 대기, 토양 등 자연환경의 오염을 방지하기 위한 환경업체들은 업력이 20~30년 이상 굉장히 긴 편이긴 하나, 대부분 매출이 100억 원에도 미치지 못하는 영세한 중소기업들이고 환경 관련 법규와 제도를 제대로 지키지 않으며 돈을 벌어왔기 때문에 우리나라의 환경산업은 매우 낙후되어 있었고 기관의 자금이 투입되기에는 성숙하지 못한 시장이었다. 그러나 대한민국도 선진국으로 진입하면서 각종 환경규제가 강화되고 이를 지키지 않으면 시장에서 퇴출될 가능성이 높아지면서, 관련 업체들의 합종연횡 내지는 합병을 통한 대형화가 생존을 위해 필수적인 조건이 되면서 TSK, EMK 그리고 EMC 등 소규모 업체들의 합병으로 탄생된 환경 메이저 기업들이 탄생하게 된 것이다.

PEF들도 이러한 추세에서 투자기회를 발견하고, 환경 관련 투자를 전문으로 하는 PEF가 생겨나는 등 PEF의 자금들이 업계로 물밀듯이 쏟아져 들어왔다. 그 결과 매립 · 소각 등 초기에 PEF가 집중했던 영역에서 비즈니스를 수행한 기업들의 몸값이 천정부지로 오르게 되었다. 일반적으로 PEF업계에서 인수가격을 산정할 때 EBITDA[65] 배율 8배 정도를 기준으로 많이 삼는데, 환경 · 폐기물 관련 업체들은 해당 배율이 13~18배에 이르는 등 향후 높은 성장성이 담보되지 않으면 받아들이기 어려운 가격대를

---

65 회사가치(Enterprise Value)를 상각전 영업이익(Earnings Before Interest, Tax, Depreciation, and Amortization)으로 나눈 값으로, 영업으로 벌어들이는 금액 대비 회사를 어느 정도 가치로 보느냐는 상대가치비교 개념(Relative Valuation)

형성하고 있는 것이다. 그래서 일부 PEF들은 조금이라도 더 저렴하게 매수하기 위해 인허가가 완료되기 전의 매립지를 검토하거나 영업정지 혹은 재무적인 이슈가 발생하는 특수한 상황에 처한 회사에 접근하여 거래를 만들고자 하고 있다.

현재 SK그룹이 ESG경영에 가장 적극적이지만 이것은 곧 모든 기업들의 경영방향이 될 것이며, 과거처럼 단순 생색내기 차원의 ESG가 아니라 직접 국가 전반의 ESG를 개선하는 차원의 적극적인 움직임을 보여줄 것이라고 생각한다.

에코매니지먼트코리아홀딩스(EMK) 사례 역시 폐기물 업체를 통합하여 규모의 경제효과를 극대화한 가치제고(Value-Up) 사례이다. 다만 EMC의 경우 PEF가 볼트온(Bolt-on)하여 가치제고를 이룬 후 국내 대기업 원매자에 매각한 사례라면, EMK의 경우 해외자산운용사인 JP모건에셋매니지먼트가 대상기업들을 통합한 후, 국내 PEF인 IMM인베스트먼트에 매각한 사례라는 것에서 가장 큰 차별점이 있어 보인다. 물론 통합된 기업들의 면면을 보면 업종의 차이 역시 존재하고 통합관리 방식도 다르겠지만, 두 회사 모두 최근 주목받고 있는 폐기물 처리업이라는 큰 테두리 내에서 동일한 전략으로 성장한 회사라는 점이 더욱 두드러진다고 하겠다.

특히 IMM인베스트먼트의 본 건 M&A 사례가 주목할 만하다고 느낀 이유는, PEF의 경우 대기업처럼 지속적인 경영을 전제로 회사를 인수하지 않고 회사의 가치제고를 통한 성장 이후 IPO(Initial Public Offering)나 Trade Sale(원매자와의 경영권 매매거래) 또는 배당·감자를 통해 자금을 회수하므로, 본 사례가 PEF들이 환경산업의 미래 성장가능성을 어떻게 바라보는지 인식해 볼 수 있는 기회가 되기 때문이다. JP모건에셋매니지먼트가 2010년 EMK를 특수목적회사로 설립하여, 비노텍·한국환경개발·이엠케이승경·다나에너지솔루션·신대한정유산업·그린에너지 등을 차례로 인수하였고, 2017년에 IMM인베스트먼트가 EMK를 3900억 원이라는 높은 가격에 매입하면서 시장의 주목을 끌었다. 매매 당시 직전연도 EBITDA가 300억 원 수준으로 집계되었던 것을 감안하면 13배의 높은 EBITDA 배율을 주고 샀기 때문에, 이제 시장에서는 환경업체에 대한 인수 EBITDA 배율의 기준을 크게 상승시키는 계기가 된 것이다.

단지 IMM인베스트먼트의 사례만이 아니라, PEF들은 환경분야 M&A에서 높은 가격을 지불하고 기업을 매입하는 전략이 계속되고 있다. 높은 밸류에이션은 원칙적으로 M&A의 장애물이지만, 이러한 높은 밸류에이션에도 불구하고 환경 분야에서 자리 잡은 기업들이 지속적으로 거래가 되고 있다는 이야기는, 매수자 입장에서 생각해보면 그만큼 친환경 분야에 추가적인 성장 모멘텀이 존재한다는 말이기도 하다.

친환경 녹색성장의 트렌드는 빠르게 확대되고 있다. 글로벌 기후변화 억제를 위해 전기차 및 신재생에너지로의 빠른 전환추세가 이어지고 있으며, 특히 코로나19 이후 경기부양을 위해 각국의 인프라 투자가 확대되면서, 해상풍력, 태양광 등 신재생 에너지 기반의 투자가 급속히 확대되고 있다. 환경 오염 규제 강화에 의한 시설부족으로 인해 환경 관련 비용은 지속적으로 상승하고 있으며, NIMBY 현상 심화에 따른 폐기물 처리시설 제한으로 폐기물 처리단가 역시 지속 상승 중이다. 중국 및 동남아에서 폐기물 수입금지 조치가 이어진 후로는 재활용시장 역시 뜨겁게 달아오르고 있다.

이러한 트렌드에 발맞춰, PEF는 기후변화, 사회적 책임강화 등 지속가능경영을 위한 ESG 투자를 확대하여야 하며, 머지않은 미래에 글로벌 공급망 사슬이 ESG를 고려한 기업중심으로 재편될 것이기 때문에, 향후에는 ESG투자를 고려하지 않을 경우 안정적 투자회수가 곤란해지는 상황이 발생할 수도 있다.

특히 친환경 에너지 전환에 따른 스마트 시티(Smart City) 인프라 확대로 저비용, 고효율의 생활공간이 구축되면서 이에 따른 신 사업기회가 창출될 것으로 보이므로, 정부의 그린뉴딜 산업정책에 발맞춘 투자 기회 발굴 역시 주요 운용전략으로 대두될 것으로 보인다.

또한 최근 남양유업과 같이 오너리스크 등의 ESG 이슈로 인해 문제가 되는 기업들은 압도적인 시장지배력과 기술력에도 불구하고 헐값에 사모펀드에 넘어갈 수 있다는 인식이 지배적이다. 이는 기존의 재무적 패러다임만으로는 설명할 수 없는 기업경쟁력의 사례를 잘 보여준다고 판단한다. 특히 대형 사모펀드인 한앤컴퍼니가 남양유업을 인수한다는 발표 이후 남양유업 주가가 수직 상승한 것을 보면, 사모펀드가 ESG경영실패의 해결책이 될 수 있다는 가능성을 보여준다고 할 수 있다. 즉, 대기업들이 ESG경영을 올바르게 하지 않아 기업경쟁력이 하락하면 막대한 자금이 몰리고 있는 PEF들의 먹이가 될 수도 있음을 자각할 필요가 있다.

국내 친환경 녹색산업은 큰 잠재성에 비해 더딘 성장을 보이고 있다. 신기술을 갖춘 사업자들은 상용화 검증 시설 개발을 위한 자금여력, 외부자금 조달, 운영기술의 고도화 및 인적 자원 개발여력이 부족하여 상용화를 위한 전환점을 마련하지 못하고 있는 상황에서, 풍부한 시중 유동성은 증시와 땅투기 그리고 비트코인 등 대체자산으로 쏠리고 있다.

우리나라의 친환경 녹색기업 생태계 내의 선순환 구조 활성화를 위해 민간자본 비중을 높이기 위해서는 정부에서 충분한 마중물 역할을 해야 한다고 생각한다.

코로나19 이후 한국 정부는 경제적 모멘텀을 살리기 위해 한국형 뉴딜전략을 대대적으로 추진하고 있다. 일자리 창출을 위한 사회적 뉴딜을 기본으로, 크게 디지털 뉴딜과 그린 뉴딜의 두 축으로 진행하는 정책사업으로서, 2025년까지 160조 원을 투입해 일자리 190만 1천 개를 창출한다는 계획이다.

현재에도 정책형 뉴딜펀드 등 다양한 채널을 통해 한국형 뉴딜의 자금을 투자하고 있지만, 보다 적극적인 방법을 찾아서 대한민국의 잠재력을 한계치까지 끌어올릴 수 있었으면 한다.

최진석: ESG 트렌드가 강화되면서 국내 대기업이 경쟁력 강화 차원에서 적극적으로 동참하고 있는 것은 명확한 현상으로 보인다. 일반적으로 기업의 경영에 관한 의사결정의 동기는 이윤 창출로 여겨지고 있고, 기업의 존재 목적 조차도 이윤 창출이 유일하다는 주장도 익숙하게 여겨진다. 그렇다면 기업이 ESG에 적극적으로 동참하는 것이 이윤 창출이라는 고유의 동기나 존재 목적에 충실한 것이라고 볼 수 있을까? 아니면 이윤 창출이라는 고유의 동기나 존재 목적에 벗어난 부수적인 활동으로 보아야 할까? 기업의 주인을 주주라고 볼 때, ESG에 적극 동참하는 기업의 주주들은 이를 이윤창출 행위로 보고 주주이익을 극대화하기 위한 것으로 인정할 수 있을까?

이러한 물음에 대해 ESG 분야에서 활발하게 논의되고 있는 주주우선주의(Shareholderism)와 이해관계자주의(Stakeholderism)의 관계를 언급하지 않을 수 없다. 2020년 9월은 노벨경제학상 수상자인 밀턴 프리드먼(Milton Friedman)이 〈뉴욕 타임즈 매거진(New York Times Magazine)〉을 통해 '기업(사업)의 사회적 의무는 이윤을 증가시키는 것이다(The social responsibility of business is to increase its profits).'라는 칼럼을 기고한 지 60주년이 된 해로 영국 〈이코노미스트(Economist)〉[66] 등 주요 언론은 자본주의 역사에서 기념비적인 프리드먼 칼럼의 의미에 대해 비중 있게 다뤘으며, 이에 대한 논쟁을 재조명되고 있다. 기업의 주인은 주주이고 기업의 의무는 이윤의 극대화라는 '주주우선주의(Shareholderism)' 또는 '주주자본주의(Shareholder Capitalism)'가 오랫동안 당위적으로 받아들여지게 된 것은 밀턴 프리드먼을 비롯한 자유주의 경제학자들의 이론적 주장에 기댄 바가 크다.

하지만 이번 60주년에 대한 보도에서 언론들은 오늘날 이해관계자주의에 대한 관심이 높아지는 점을 감안해 이에 대한 논쟁이 더욱 가열되고 있는 것을 다루기도 했다. 특히 ESG의 열풍 속에서 기업의 주인은 주주가 아니라 이해관계자라는 주장이 확대되고 있어 그 어느 때보다 주주우선주의(Shareholderism)와 이해관계자주의(Stakeholderism) 간의 대결이 치열한 것을 다뤘다. 주주만이 기업의 주인일 수 없으며, 주주를 포함한 근로자, 고객, 협력업체, 지역사회, 정부 등 기업을 둘러싼 이해관계자들이 공동의 주인이라는 시각은 '이해관계자 주의' 또는 '이해관계자 자본주의(Stakeholder Capitalism)로 불린다.

2019년 미국 주요 기업 최고경영자(CEO)들이 기업 목저

---

[66] 영국 이코노미스트(The Economist) (2020.9.19), 'What is stakeholder capitalism?'

을 기존 주주(Shareholder) 이익 극대화에서 고객, 직원, 커뮤니티 등 모든 이해당사자(Stakeholder)의 번영 극대화로 바꾸는 성명을 발표[67]하면서 이 논쟁의 중요한 페이지를 장식하였다. 미국 기업 CEO들을 대변하는 비즈니스 라운드 테이블(Business Round Table, BRT)은 2019년 8월 19일 포용적 번영(inclusive prosperity)을 강조하는 '기업의 목적에 대한 성명'을 발표하면서 눈앞의 이윤 추구, 주주 이익 극대화 대신 근로자, 고객, 협력업체, 지역사회 등 모든 이해관계자에 대한 사회적 책임이 중요하다고 선언했다. JP모건체이스의 제이미 다이먼, 아마존의 제프 베이조스, 애플의 팀 쿡, GM의 메리 배라 등 CEO 181명이 성명서에 서명했다.

하지만 이에 대한 비판도 이어졌다. 이해관계자 주의(Stakeholderism)를 비판하는 입장에서는 기업에게 주어지는 이해관계자에 의한 압력은 기업이 아닌 정부 등 공적인 부문이 대응해야 할 영역이며, 기업이 이해관계자들을 지나치게 고려할 경우 주주의 이익뿐만 아니라 기업가치까지 훼손시켜 결과적으로 이해관계자와 사회 전체의 효용을 낮추게 된다는 주장을 하고 있다. 특히 주주 외의 너무 다양한 이해관계자들의 이익을 일치시키기 어렵다는 점 역시 이해관계자 주의에 대한 실질적이고도 강력한 비판 중 하나이다.

---

67 https://opportunity.businessroundtable.org/ourcommitment

물론 이해관계자주의를 옹호하는 입장에서는 기업이 주주의 이익만을 따를 경우 단기주의에 빠져 중장기적인 이익을 저해할 수 있으며, 때로는 이해관계자들의 효용에 배치되는 활동을 적극적으로 수행함에 따라 환경 오염 등 외부효과를 발생시키고 사회 전체의 효용을 낮출 수 있다고 주장한다. 결과적으로 기업의 가치 하락으로도 이어지므로, 기업이 사회의 구성원으로서 이해관계자들에 대한 고려가 필요하다는 입장이다. 특히 이해관계자들에 대한 고려가 기업의 평판효과 등을 발생시켜 기업가치에 긍정적이라는 연구결과들도 자주 인용된다.

질문으로 돌아와서 주주우선주의(Shareholderism)와 이해관계자주의(Stakeholderism)의 관계를 질문에 적용시키면, 주주우선주의자들은 기업의 ESG 활동이 주주의 이익 내에서 이루어질 때만 합당하다고 판단할 것으로 예상된다. 반면 이해관계자주의를 주장하는 측은 기업이 정부나 지역사회와 같은 이해관계자들의 입장 역시 중요하게 고려해야 하므로 ESG 활동이 설령 따가운 시선을 피하기 위한 고육지책일지라도 합당하다는 답변을 내놓을 것 같다.

주주우선주의(Shareholderism)와 이해관계자주의(Stakeholderism)의 관계의 논쟁은 학문적으로도 매우 오랜 역사를 가지고 있고 양측 모두 방대한 연구결과들이 축적되어 있다. 최근에도 다양한 연구들이 진행되고 있어 쉽게 결론을 내리기는 어려운 주제라고 생각한다. 다만 기술의 발전과 커뮤니케이션의 활성화에 따라 개인, 기업, 정부 등 개별 주체들 간의 역할과 관계가 급속히 변화하는 측면이 있으므로 이를 이분법적 시각으로 판단하거나 관념적으로 접근하는 것에서 나아가 보다 종합적으로 살펴보고, 필요 시 전략적으로 선택해 수용할 필요가 있다고 본다.

04

중소기업이나 스타트업도
성공적인 ESG전략이 가능한가,
아니면 ESG전략은
이미 이익창출 기반을 갖춘
대기업만의 전유물인가?

전홍민: 경영학자의 입장에서 중소기업이나 스타트업의 ESG 전략이 가능할지는 회의적인 부분이 있다. 코로나19 이후 전 세계적으로 기준금리가 점차 감소함에 따라 자산의 빈부격차는 점차 심화되고 있으며, 특히 기업도 극단적인 빈익빈부익부의 상황이 지속되고 있다. 따라서 일부의 대기업은 코로나19 상황하에서도 지속적인 이익창출을 하지만, 대부분의 중소기업과 스타트업은 이익의 하락 심지어 적자의 상황도 지속되고 있는 것이 현실이다.

따라서 중소기업이나 스타트업도 ESG전략을 추구하겠지만, 이와 같은 전략이 과연 실효성이 있는지가 이윤추구를 중시하는 경영학자의 관점에서 회의적인 상황이다. 연기금 등의 투자자가 요구하는 기업별 ESG와 관련된 공시 혹은 그 범위가 점차 확대되고 있으며, 이러한 배경하에서 충분한 이익을 창출하고 있지 못한 중소기업이나 스타트업기업이 투자자가 요구하는 수준의 ESG선택을 추구 혹은 대응하기는 쉽지 않다고 판단된다.

특히 스타트업의 경우 일단은 매출확대 혹은 투자유치를 통해서 해당 산업 내에서 살아남는 것이 목표이기 때문에 ESG를 추구할 수 있을지가 의문이다. 예를 들어 스타트업이 환경을 생각해서 ESG경영을 하였다고 하지만 해당 경영활동에 많은 비용을 지출했고, 이로 인해 더욱 중요한 투자활동을 하지 못했다고 한다면 과연 이와 같은 자원배분이 적절하다고 판단할 수 있을까? 개인적으로는 해당 판단은 적절하지 않다고 판단할 가능성이 크다.

물론 장기적으로 스타트업 중 최근 들어 유니콘 기업(기업가치 1조 원 이상의 기업)으로 성장한 배달의민족, 마켓컬리, 혹은 당근마켓처럼 일정 수준 이상의 스타트업이라면 ESG전략을 추구할 수 있겠지만, 대부분의 스타트업 회사들은 생존을 위해서 혹은 이익창출을 위해서 노력을 해야 할 것으로 판단된다.

중소기업과 중견기업도 구분을 해야 할 것으로 판단되는데 안정적인 이익창출을 하고 있는 중견기업은 ESG전략을 마련하고 향후 이를 기업의 중추적인 전략으로 추구해야 할 것으로 판단되는 데에 반해, 중소기업의 경우 단기적으로는 코로나19 이후의 회사의 미래에 대해서 더욱 신경을 써야 할 것으로 판단된다.

다만 중소기업 혹은 스타트업이 ESG전략을 전혀 추구하지 말라는 것이 아니라 회사 대내외적인 상황이 어려운 상황하에서 무리한 ESG전략이 오히려 기업의 가치를 하락시킬 수 있는 우려를 하는 것이다.

따라서 중소기업이나 스타트업에게 ESG전략을 대기업 혹은 유가증권 혹은 코스닥 상장기업처럼 강요할 수는 없고, 강요해서

SKT | ESG Korea 2021

기업명	서비스	기업명	서비스
식스티헤르츠	전국 발전량 관리 예측 솔루션/서비스	MEDIAL 메디아이플러스	임상데이터 빅데이터 수집가공 서비스
lifelike 라이크	Z세대를 위한 지속 가능성 커머스	모두의셔틀	집 앞에서 타는 출퇴근 멤버십 셔틀 서비스
ANGELSWING 엔젤스윙	드론 데이터 활용 현장 가상화 솔루션	NUVI lab 누비랩	영상인식 데이터 기반 급식 운영 솔루션
Wello Wello	개인 맞춤형 정책 추천-신청 서비스	AFTERAIN 애프터레인	인공지능 식물 관리 시스템 (AIoT)
Inobus 이노버스	재활용 가능 AI 플라스틱 컵 수거 선별기	conalog 카날로그	태양광 패널에 부착하는 에너지 하베스팅 IoT 모듈
CODIT 법·규제·정책 솔루션 코딧	법, 규제, 정책 모니터링 플랫폼	This Abled SPECIAL ARTS AGENCY 디스에이블드	발달장애인을 위한 소셜 문화 플랫폼
MARVRUS 마블러스	유초등 돌봄, 정서 케어 교육 플랫폼	bronine 브로나인	만능 충전기 VOLKIT

도 안 된다. 다만 시대의 흐름은 투자자 중심의 ESG전략으로 가고 있는 만큼, 규제당국에서 중소기업이나 스타트업도 ESG전략을 자연스럽게 추구할 수 있도록 세제혜택이나 지원금 등의 당근 전략을 추구해야 할 필요가 있다. 더불어 대기업의 ESG경영에 있어서 스타트업도 해결파트너가 될 수도 있는 만큼, ESG와 관련된 스타트업이 더욱 많이 출현하였으면 하는 바람도 있다. 이와 관련하여 2021년에 SK텔레콤이 다양한 스타트업 기업과 함께 'ESG코리아2021'을 개최하여 ESG 분야 스타트업의 성장을 돕고 특히 사분을 하는 것은 향후 대기업과 스타트업이 ESG 분야와 관련하여 상생할 수 있는 좋은 모델이 될 수 있다고 판단된다.

송주형: 본인은 PEF를 운용하면서 자체 조달능력이 크고 외부에 경영권을 넘기지 않는 대기업보다는 주로 벤처기업을 포함한 중소기업 혹은 중견기업을 인수하거나 성장자본을 제공하는 투자를 집행하게 된다. 중소 중견기업들은 성장측면 그리고 관리측면에서 대기업과 다르게 구조적 이슈에 직면하고 있다.

성장측면에서는 무엇보다도 전략적인 신사업 추진을 수행할 만한 경험과 역량이 부족하다. 특히 오너 중심의 체계적이지 못한 경영 시스템으로 인해 새로운 경영 어젠다를 이해하고 문서화하여 회사 전체의 비전을 공유하고 이끌어나가는 역량을 갖추는 것이 매우 어렵고, 그럴 만한 인재를 확보하기는 더더욱 어렵다. 그러므로 ESG와 같은 시대적 조류에 대한 핵심을 파악하고 이를 경영전반에 적용하는 것은 사실 중소기업이 스스로 알아서 할 수 있는 영역은 아닐 것으로 본다.

관리 측면에서는 관습적인 비효율이 존재함은 물론이고 회계 및 원가 관리시스템 자체가 구비되어 있지 않은 경우도 많아서, 오너가 적극적으로 나서지 않는 이상 혁신적인 관리역량을 구축하는 것이 어렵다. 특히 수익을 창출하여 회사를 굴러가게 만드는 것이 더욱 중요한 만큼 관리보다는 영업조직의 강화에 보다 신경을 쓰고 있는 것이 일반적이므로, 추가적인 관리비용이 소요될 수밖에 없는 ESG경영은 사실상 중요한 경영 어젠다로 올리기조차 어려운 것이 현실이다.

그렇다면 중소중견기업에게 ESG는 허황된 말장난에 불과한 것인가? 결론부터 말하면 나는 그렇지 않다고 보며, PEF가 ESG 경영의 단초를 제공하는 역할을 할 수 있다고 감히 말씀드리고자 한다.

PEF가 하는 비즈니스를 간단히 되짚어보면, 기업 인수 후 투명한 관리체계를 구축하고, 이익률을 제고시키며, 기술적 고도화를 추진하고, 재무안정성을 강화하면서, 해외시장 개척 및 추가 인수합병 등 회사의 가치를 증대시키는 작업을 3~5년간 수행한다. 이러한 과정을 통해 회사의 가치를 제고하면, 원래 인수한 가격보다 더 높은 가격에 해당 기업을 원하는 매수자에게 매각함으로서 이익을 추구한다.

PEF는 가치제고를 직접 책임지고 수행하는 무한책임사원인 GP와 투자자금을 제공하는 유한책임사원인 LP로 구성되는데, 최근 코로나19으로 인한 뉴딜정책으로 많은 정부정책자금들이 PEF업계의 LP자금으로 흘러 들어오면서 "ESG 전략"을 수행하는 PEF에게 혜택을 부여하고 있다.

ESG 전략이라고 하면, 단순히 ESG를 잘 준수하는 기업에 투자한다는 개념뿐만 아니라, Impact Investing, 즉 ESG를 잘 준수하는 기업으로 만들어가는 전략도 포함될 수 있다.

앞서 이야기한 것처럼 PEF는 회사의 가치를 증대시키는 작업을 수행하는데, 투명한 관리체계구축을 통해 G(거버넌스)를 개선하고, 오너 중심의 이익분배 체계를 바꿔 추가적인 고용창출 및 종업원에 대한 인센티브 제공을 통해 S(사회적가치)를 제고하며, 계속적으로 중요해지는 환경법규를 제대로 준수하도록 하여 E(환경이슈)에서 자유로울 수 있는 지속가능한 기업으로 탈바꿈시키는 작업을 통해 다음 원매자가 더 높은 가격에 사도록 하는 것 역시 가치증대 작업에 포함된다.

WWG에서도 이러한 ESG투자 프로세스를 투자건의 발굴부터 투자의사결정, 사후관리까지 모든 투자과정에 필수 고려사항으로 도입하고, 외부 자문그룹과의 활발한 협업을 통하여 정교한 ESG투자를 추진해 나가고 있다. 비록 초기이지만, ESG 체크리스트를 도입하고, ESG평가내역에 대한 ESG보고서를 작성하며, 투자자에게 사후적으로 지속가능경영보고서를 작성하여 반기별로 제공하는 등의 구체적인 절차를 마련한 것이다.

정리해 보면, 중소중견기업의 ESG 전략이라고 하는 것은 기존 체계에서 스스로 달성할 수 있는 부분은 아니다. PEF를 통해 중소중견기업에 추가자금을 투입하고, 경영을 투명화하며, 종업원을 포함한 이해관계자와의 관계를 재설정하고, 관련 법규조차 제대로 지키지 않는 영세한 운영행태를 전면적으로 개편하는 등 구조적인 혁신을 이끌어내야 한다.

이러한 과정을 충실히 거친 중소중견기업 혹은 벤처기업이라면, 충분히 ESG경영을 수행하는 기업으로 거듭날 수 있다고 본다.

최진석: 얼마 전 한국벤처캐피탈 협회에서 ESG 글로벌 사례에 대한 강의를 한 적이 있는데 대한민국 벤처업계의 ESG에 대한

열기가 매우 뜨겁다는 것을 새삼 느꼈다.

벤처업계까지 ESG를 고려해야 하는가 반문할 수도 있지만, 실제 글로벌 사례들을 보면 우리나라 벤처업계에서 관심 가질 만한 내용들이 많다. 글로벌 벤처캐피털 중 벤처기업을 평가할 때 ESG 요인들을 중점적으로 점검하는 경우가 많고 ESG를 통한 새로운 비즈니스 영역의 진출도 활발하다.

하버드 대학교 케네디 스쿨의 자료[68]에 따르면 이미 글로벌 벤처캐피탈은 벤처기업의 성공과 실패를 분석할 때 상업(재무)적 요인(Commercial Factors)과 ESG 요인을 구분해 이를 바탕으로 평가를 수행하고 있다. 예를 들어 산업 및 시장에서의 위상이나, 매출 성장, 고용 성장, 자금소진 속도, 투자자의 수준과 같은 전통적인 재무적 요인을 평가하면서 동시에 ESG 측면에서 소셜미디어 민감도, 뉴스미디어 커버리지 같은 평판요인, 또는 파트너십의 규모나 질적 수준을 평가하기도 한다.

또한 실패를 분석할 때 전통적인 관점에서 제품과 시장의 정합성이 떨어지거나, 벤처기업이 실제 매출이 나오는 결과를 이끌어내는데 실패하는 등의 요인을 고려하면서 동시에 이해관계자관리(Stakeholder Management)의 실패나 기업지배구조의 실패 등 ESG 관점에서의 분석도 수행한다.

---

68 Susan Winterberg 등, 2020. "Responsible Investing in Tech and Venture Capital", Harvard Kennedy School

COMMERCIAL FACTORS   ## ESG FACTORS

SUCCESS FACTORS

Market
- Strong industry/ market position

Finandal
- Sales Growth
- Hiring Growth
- Cash Burn Rate
- Quality of investors/ syndicate

Reputation
- Social Media Sentiment
- News Media Coverage

Partnerships
- Volume and Quality of Partnerships

FAILURE FACTORS

Product Market Fit
- Not solving a customer need in scalable way
- Not engaging customers or networks/ tunnel vision
- Pricing/cost

Execution Challenges
- Poorly designed product or user experience
- Ineffective marketing
- Being out-competed
- Failure to pivot/poorly executed pivot
- Failure to raise additional financing rounds

Team
- Wrong team(insufficient industry experience or wrong mix of expertise)
- Personality dynamics/infighting
- Loss of passion for product

Technology Readiness & Product Integrity
- Not attaining a baseline performance level within reasonable timeframe
- False Claims, Hype, or Mislabeling
- Transparency & Explainability

Stakeholder Management
- Sustainable Business Model Challenges (unfair terms/treatment of stakeholder)
- Legal & Regulatory Challenges
- Stakeholder Opposition

Govemance
- Lack of Diversity on Boards or Executive Team
- Ethical Marketing & Fair Competition Practices
- Human Resources (sexual harassment, culture, workplace safety, overwork/ burnout, etc.)
- Fraud and Embezzlement

출처: Harvard Kennedy School Belfler Center(2020)

예를 들어 고객, 공급업체, 직원 및 단기 근로자, 지역 사회, 시민 사회 및 정부를 포함한 이해관계자 관리는 벤처기업으로서 살펴보아야 할 ESG 측면의 접근법이다. 특히 새로운 기술과 비즈니스 모델을 구축하는 벤처 기업은 때때로 정부 규제 당국과 마찰을 빚는다. 또한 일부 플랫폼 비즈니스는 직원 및 단기근로자의 생산성에 의존하면서도 그 관리가 소홀해 평판이 훼손되고 비즈니스 모델 전체에 문제가 생긴다. 이런 이슈들은 벤처기업 등 소규모 기업들도 반드시 고려해야 하는 사안이다.

물론 직관적으로 벤처나 중소기업의 경우 ESG와 어울리지 않는다고 생각하기 쉽다. 첫째로 규모가 작고 본업에 집중해야 하므로 대기업에 비해 전담부서 등의 체계를 갖출 수 없고, 둘째로 자본금이 충분한 대기업들에 비해 사업의 지속성이나 위기관리 능력이 담보되지 않아 지속가능성을 추구하는 ESG는 먼 이야기일 수밖에 없다는 것이다.

리서치 회사인 CBInsights에서 2008~2010년 사이 투자를 받은 1,100개 벤처기업을 분석한 결과[69] 사업의 실패확률이 매우 높고 단기적으로 사업을 영위하고 있다는 것을 알 수 있다. 자세히 살펴보면 시드(Seed)[70] 단계 회사 중 48%만이 시리즈 A 자금을 모집할 수 있을 정도였고, 약 15%가 시리즈 C를 진행할 수 있었다. 이후 1%만이 10억 달러 이상의 가치로 "유니콘" 지위를 획득할 수 있었다. 이 그룹에는 우버, 슬랙, 스트라이프, 에

---

69 CBInsights. 2018. "Venture Capital Funnel Shows Odds of Becoming A Unicorn Are About 1%."

70 벤처기업이 투자를 유치하는 단계 : Seed - Series A - Series B - Series C로 이어진다.

어비앤비를 포함한 12개 회사가 있었다. 또 다른 1%(13개 기업)는 5억 달러 이상을 출자했다. 전체 기업의 30%만이 M&A 또는 IPO를 할 수 있었다.

하지만 사업의 지속성에 대한 위험이 ESG를 유예해야 한다는 것을 의미하는 것은 아니다. 싱크탱크인 FCLT Global이 실시한 연구[71]에 따르면 더 큰 고정 투자(CapEX-감가상각/자산), R&D 투자(연구 지수, RQ)와 함께 ESG 측면에서도 의미가 있는 이사회 다양성이나 장기 투자자의 존재 등을 10년 이상의 장기적 성공의 원인이라고 분석했고, 반대로 자본의 과잉 분배와 함께 ESG 논란 역시 10년 이상의 장기적 성공을 저해하는 원인으로 분석한 바 있다. 끝으로 한 가지 에피소드를 소개하고 싶다. 한국투자공사는 최근 글로벌 벤처투자를 위해 실리콘밸리와 가까운 미국 샌프란시스코에 사무소를 개설했는데 한국에서 벤처투자를 담당하던 인력이 파견되었다. 그는 최근 흥미로운 현지 사정을 전했다. 파견 전에는 ESG에 큰 관심이 없는데 막상 벤처기업과 투자가 활성화되어 있는 샌프란시스코에 가보니 모두가 ESG를 이야기하고 있다는 것이다. ESG투자 담당자로서 가장 활발하게 논의되는 ESG투자 테마를 그와 공유하면서 국내에도 이런 상황이 널리 알려졌으면 하는 생각을 했다.

---

71 FCLT Global. 2019. "Predicting Long-term Success for Corporations and Investors Worldwide."

05

ESG투자는 지속가능한
장기성과를 위한 충분조건인가,
아니면 그린워싱을 통해
자금을 조달하려는
마케팅 전략인가?

전홍민: 최근의 ESG투자를 살펴보면, 많은 기업들이 ESG투자를 장기성과를 위한 충분조건으로 고려하는 것 같아 일견 다행이라는 생각이 든다. 하지만 규제당국의 입장에서 생각을 해보면, ESG투자를 단순히 그린워싱[72]을 통한 자금조달의 한 창구로 활용하는 기업들과 그러한 과정들을 적절히 걸러내지 못한다면, 처음에는 많은 기업들이 ESG투자를 장기성과를 위한 충분조건으로 고려할 수 있지만, 생각한 것보다 ESG에 대한 성과가 나오지 않고 적절한 필터기능이 작동하지 않는다면 오히려 ESG투자를 그린워싱 혹은 자금조달을 통한 마케팅 창구로 활용할 가능성이 매우 크다고 본다. 이는 "악화가 양화를 구축하는" 과정을 심화시킬 가능성이 크다.

특히 ESG투자 중 환경에 대한 투자의 경우, 투자의 성과가 나오기까지 매우 긴 시간이 걸릴 확률이 높다. 따라서 투자자들 또한 환경투자를 한 기업에 대해서 단기적인 이익이 하락할 경우,

---

72 그린워싱이란 상품의 환경적 속성이나, 효능에 관한 표시광고가 허위 또는 과장되어 친환경 이미지만으로 경제적 이익을 추구하는 일련의 행위를 말한다.

이를 긍정적으로 볼지 혹은 부정적으로 볼지 사전적으로 평가가 쉽지는 않은 상황이라고 본다.

예를 들어 바이오회사의 경우 연구개발비가 중요한 부분은 모두가 알지만, 연구개발비를 투자했을 때 자산화처리도 어렵고 단기간 내에 성과가 나지 않는다면 기업이 연구개발비 투자를 성실히 하지 않을 가능성이 크다. 특히 ESG투자에 대한 부분 중 가장 우려가 되는 것은 ESG 투자에 대한 성과를 계량적으로 측정하기가 매우 어렵다는 점이다.

ESG가 기업에게 중요한 이유는 ESG 규제가 강화되고 있고, 투자자의 ESG 요구가 증대되고 있으며, 기업평가에 있어 ESG가 실제로 반영되고 있고, 고객의 ESG 요구가 증대되고 있기 때문이다. 이 중 글로벌 신용평가사는 ESG요소를 신용평가 과정에서 적극 반영하기로 하였으며, 이는 기업평가에 있어 ESG가 실제로 반영되고 있음을 의미한다.

기업에서도 ESG채권을 발행하고 있으며, ESG채권은 환경, 사회, 지배구조 개선 등 사회적 책임투자를 목적으로(용도 제한 있음) 발행되는 채권을 의미한다고 볼 수 있다. 한국의 ESG채권 전체 발행금액 추이를 살펴보면, 2018년 1조 3천억 원 규모에서 2020년 58조 9천억 원 규모로 빠르게 증가하고 있으며, 특히 2021년에는 현대·기아차, KB금융, 현대제철 등의 대규모의 기업들이 ESG채권을 발행하려고 준비하고 있다. ESG채권의 발행의 주체가 공기업/은행에서 점차 민간기업으로 확대해 나가고 있다.

〈ESG채권 관련 2020년 이후 주요 기업의 ESG채권 발행 내역〉

기업명	종류	금액(단위: 십억 원)
현대오일뱅크	녹색	250
현대제철	녹색	250
롯데지주	지속가능	30
한국남동발전	녹색	300
SK렌터카	녹색	98
롯데글로벌로지스	사회	50
현대기아차	녹색	600
LG화학	지속가능	820

출처: 한국거래소

특히 인터넷 기업인 네이버의 경우, 2021년 3월에 발행된 5억 달러 규모의 2026년 만기 지속가능채권이 투자자의 수요를 기반으로 자금조달에 성공한 바 있다. ESG채권 발행이 이처럼 급격하게 증가하고 있는 이유로는 국내 기관투자자의 자금 운용 전략상에 있어서의 변화가 결정적이라고 볼 수 있다.

특히 국내외적으로 녹색채권 활성화정책이 시행되고 있고, 이는 그린뉴딜정책 · 탄소중립 선언 · 녹색채권 가이드라인 제정 능으로 요약될 수 있다. 한국거래소는 사회적책임투자채권으로 ESG채권을 규정하고 있다.

한국에서도 2020년 이후, 많은 기업들이 ESG채권을 발행하려고 하고 있지만, 가장 큰 문제는 무늬만 ESG채권일 가능성이 높다는 것이다. 특히 ESG채권은 신용평가사에서 어떠한 방식으로 ESG활동들을 해당 기업의 신용평가에 반영할지 여부가 확실히 정해지지 않은 상황이다. 아직은 한국기업평가 혹은 한국신용평가에서도 어떠한 방식으로 기업의 ESG활동을 신용평가 시에 반영할지에 대해서 활발한 논의가 이루어지지 못하고 있다. 따라서 일단 신용평가사에서 어떠한 방식으로 ESG활동을 해당 기업의 신용평가 시에 반영할지에 대한 구체적인 가이드라인이 나와야 할 것으로 판단된다.

ESG채권 발행을 위해서 일반적으로 높은 발행비용으로 인해 채권금리가 높아질 것이라고 판단되는데, 이러한 모델이 지속 가능한가에 대한 부분도 고민을 해봐야 할 것이다(전규안, 노희천 2021).[73] 이 부분은 그린워싱과도 밀접하게 관련이 되어 있다고 판단되는데, 기업이 자금조달을 위한 수단으로서 ESG채권을 발행하기 위해서 오히려 ESG채권제도만을 활용할 가능성이 있고, 발행 후에도 이를 어떻게 관리할지에 대해서 아직 확실한 논의가 되고 있지 못하기 때문에 이에 대해서 고민을 할 필요가 있다. 비용부문과 관련하여 말레이시아와 싱가포르를 살펴보면, ESG채권의 발행과 관련하여 가장 비용이 많이 드는 외부검토비용에 대

---

73 전규안, 노희천, ESG 채권 활성화를 위한 세제 개선방안, 한국세무학회 2021 춘계학술대회.

해서 일정 부분 지원을 하고 있다. 말레이시아의 경우, "The SRI SuKUK and Bond Grant Scheme"을 통해 발행되는 이슬람채권의 외부검토비용의 90%을 지원(발행 건당 최대 8100만 원)을 지원하고 있고, 싱가포르 통화청은 일정한 자격요건을 갖춘 ESG채권에 대하여 ESG채권발행비용(외부검토비용)의 100%를 지원(한도 8240만 원)하고 있다. 따라서 한국에서도 이와 같은, 일정 요건을 충족하고 있는 채권에 대해서 이와 같이 외부검토비용의 상당부분을 보조해 주는 제도를 한시적으로 운영하는 것이 필요하다고 본다.

사실 가장 어려운 부분은 ESG채권을 발행한 후 ESG 관련 활동을 하지 않았을 경우, 이에 대해서 어떠한 후속조치가 가능할지 여부이다. 특히 ESG채권에 대한 발행기준이 모호하기 때문에, 발행 시부터 정부 혹은 공인기관의 일관된 발행기준을 확립하는 것이 필요할 수 있다.

이에 대해서는 금융위원회에서 유럽과 미국의 관련된 법과 제도를 참조하여, 조금 더 확실한 가이드라인을 내놓는 것이 오히려 ESG채권과 관련하여 논의를 할 수 있는 기회가 될 수 있다. 지속가능보고서와 ESG채권 발행 후 발간되는 사후보고서에 대한 강제규정을 제정하고, 금융감독원의 전자공시시스템(Dart 시스템)처럼 ESG채권 발행으로 인한 사후보고서에 내해 금융감독원 산하의 사이트를 만들어서 관리하는 방안을 고려해 볼 수 있다.

특히 ESG투자 활성화 부분에 있어서 두 가지 부분을 고려하고 싶은데, ESG투자에 대한 성과를 계량적으로 측정하기 어렵다면 향후 ESG투자를 열심히 하는 기업들의 경우 투자를 하는 과정에 대한 사유(Rationale)가 상당히 부족해질 가능성이 있다. 더불어 ESG투자를 더욱 열심히 해서 선도적인 기업이 되려고 하기보다, 보험적인 성격에서 산업평균 혹은 산업중간 수준에서의 투자만을 수행한다고 한다면 해당 기업이 오히려 비용·효익 측면에서는 더욱 유리할 가능성이 크다. 따라서 일단 규제당국이 그린워싱하는 기업들을 확실히 걸러낼 수 있는 강력한 규제정책을 실행하는 것이 중요할 수 있다.

물론 너무 강력한 규제정책은 기업들에게 부담으로 작용할 가능성을 배제할 수 없기 때문에, 규제를 통해서 기업들이 ESG투자를 했을 때의 비용이 하지 않았을 때의 비용보다는 적을 수 있도록 해야 할 것이다. 만약에 이를 적절히 통제하지 않는다면 더욱 더 많은 기업들이 환경투자 혹은 사회투자를 등한시할 가능성을 배제할 수 없다. 더불어 그린워싱 측면에서도 채권발행 전 ESG와 관련된 채권인 것처럼 보이지만, ESG 관련 채권이 아닌 것으로 드러날 경우, 이를 어떻게 규제할지에 대해서도 아직 확실한 가이드라인이 나오지 않고 있다. 이를 위해서는 일단 유럽의 사례를 다양하게 참조할 필요가 있다고 본다.

송주형: 나는 ESG 테마가 기업의 장기적인 성장을 위한 밑거름이 될 것으로 믿으며, 그렇게 되어야만 하는 당위성을 갖고 있

다고 본다. 물론 ESG 패러다임이 확산되는 초기에는 ESG가 장기성장의 충분조건이라는 믿음과 더불어, 이러한 상황을 이용하여 자금을 조달하려는 마케팅전략으로의 개념이 모두 공존하고 있는 것이 주지의 사실일 것이다.

사실 자본시장에서 자금을 조달하는 방법은 크게 자기자본과 타인자본 두 가지인데, 자기자본을 조달하는 방법은 유상증자나 IPO 등을 통해서 기존주주 혹은 신규주주들로부터 기업의 과실을 함께 나누기 위해 모집하는 방법이며, 타인자본은 은행으로부터의 대출 혹은 자본시장을 통한 채권발행 등을 통해 일정금리를 보장하면서 모집하는 방법이다.

기업 입장에서는 당연히 자금조달 방법으로 조달비용이 더 낮은 대출이나 채권을 선호할 것이고, ESG테마가 있는 기업이라면 녹색채권으로 인정받아 보다 원활한 자금조달이 가능하기에, ESG 테마가 급성장하면서 녹색채권 시장이 크게 형성되는 경우 기업 입장에서는 이를 통해 자금조달을 마다할 이유가 없는 것이다.

최근 국내 대기업들이 적극적으로 ESG경영에 나서면서 높은 신용을 바탕으로 녹색채권 시장을 이끌고 있다. 뿐만 아니라 산업은행, 수출입은행과 같은 국내 주요 정책금융기관, 세계은행, 유럽투자은행 등 국제금융기구 그리고 JP모건, 뱅크오브아메리카(Bank of America) 등 글로벌 투자은행들이 책임투자라는 명분 아래 앞다투어 녹색채권의 발행을 선도하고 있어, 기업들이 녹색채권 시장에 대한 접근성이 매우 높아졌다. 이는 뒤집어보면, 그린워싱을 통해 녹색채권 시장에서 자금을 조달할 수 있는 가능성도 충분히 높아졌다는 이야기이다.

그러나 마케팅 전략으로만 접근한 그린워싱은 결국 장기적인 시각에서 보면 정부 및 소비자를 속인 결과가 드러날 수밖에 없다. 예컨대 환경보호를 기치로 내걸고 ESG 기업으로서 위장한 회사가 관련 규제를 실제로 지키지 않아 제재를 받게 되거나 언론에 주목을 받게 되면, 거짓말하는 기업으로 낙인 찍혀 주가하락 혹은 불매 운동 등 직접적으로 재무지표에 타격을 받을 수밖에 없을 것이다.

특히 모바일 기반의 SNS 및 소셜미디어를 통한 정보의 급속한 이동을 통제할 수 없는 사회가 되었기 때문에, 약속을 지키지 않는 기업이 직면할 위기는 절대 녹록지 않을 것으로 생각한다.

좀 더 본질적인 부분에서 보면, 선진사회에서 법과 제도를 지키며 지속가능할 수 있는 기업이라면 어쩌면 너무나도 당연히 ESG 경영을 해야할 수밖에 없을 수 있다. 정도의 차이는 있을 수 있으나 우리가 사는 지구환경을 파괴하고, 더불어 살아가는 사회의 통합을 저해하며, 불투명한 주먹구구식 지배구조로 이기적 경영을 하는 기업이 과연 얼마나 오랫동안 본색을 숨기고 돈을 벌 수 있을까 하는 의문이 있다(수십 년 전의 한국과 같은 저개발국가에서 국내에 한정된 영업을 하는 기업 정도가 가능하지 않을까). 관련 정보가 빠르게 공유되고 국가 간 이해관계가 깊게 얽힌 글로벌 기업들은 ESG에 반하는 경영을 이어 가기가 매우 어려울 것으로 본다. 규모가 큰 기업일수록 ESG에 더 열을 올리는 이유라고도 볼 수 있겠다. 투명한 사회환경과 그 당위성으로 인해 ESG 패러다임이 단기적인 전시효과로 끝나지는 않을 것이다. 다만 분명한 것은 패러다임이 자리잡기 위해서 짧지 않은 시간이 필요할 것이고, 그 사이에는 수없는 단기수익추구자들의 마케팅 전략으로서 그린워싱이 존재할 것이라는 점이다.

ESG가 단기적인 과제가 아닌 만큼 이런 행위들을 사전에 걸러내는 것은 현실적으로 어려울 것이기 때문에, 그러한 선별 작업에 정부나 연구단체가 과도한 자원을 쏟아붓는 것은 효과적이지 않을 것으로 본다. 오히려 우수한 통신환경과 민주적인 시민의식을 바탕으로 소비자, 임직원, 협력업체 등이 그린워싱에만 초점을 맞추는 기업을 밑에서부터 찾아내 이슈화시킬 수 있는 분위기를 조성할 필요가 있다. 그리고 한 번 낙인 찍힌 기업에는 다시 기만적인 행동을 하지 않을 만큼의 충분한 제재를 가하여 자율적으로 ESG가 준수될 수 있는 환경이 구축되었으면 좋겠다.

최진석: 최근 기업들이 ESG를 적극적으로 경영전략이나 사업영역에 적용하려는 움직임을 보여주고 있다. ESG를 먼저 고민한 자본시장과 금융투자업계 입장에서 보면 ESG가 초기 논의되던 범위를 벗어나 새로운 단계로 발전하고 있는 것으로 보인다.

처음 ESG가 논의될 때 ESG는 투자의사결정에서 고려할 수 있는 일종의 지표였다. 투자의사결정을 하는 과정에서 기존에 적극적으로 고려되지 않았던 다양한 비재무적 요소들이 ESG라는 지표를 통해 평가되고 투자의사결정의 근거로 활용하면서 ESG가 자본시장과 금융투자업계의 중심 테마로 등장했다.

이런 관점에서 보면 ESG가 매우 수동적인 것처럼 느껴질 수 있다. 즉 평가대상이 되는 기업의 활동에 대해 ESG 및 그 세부항목에 속하는 것들을 하나하나 점검하는 방식으로 구성되기 때문이다. 긍정적인 항목이 많을수록 그 기업의 ESG는 높은 평가를 받고, 반대로 부정적인 항목이 많이 확인될수록 낮은 평가를 받는 식이다.

이와 같은 방식의 ESG 평가는 금융투자업계에서는 오히려 유용할 수도 있다. 계량화가 쉽고 나름의 설명력을 갖기 때문이다. 특히 이를 바탕으로 투자의사결정을 한 결과 높은 수익율을 나타낸다면 더욱 그럴 것이다. 실제로 ESG 관점에서 기업을 평가했을 때 이런 지표에 대한 문제가 노출된 기업들의 리스크가 높다는 연구결과들이 널리 활용되기도 했다. 글로벌 퀀트 투자 자산운용사인 AQR에서 발표한 자료[74]에 따르면 지표로서 ESG 평가가 나쁜 기업들의 경우 주가변동성이 높아 이를 제거할 경우 포트폴리오의 리스크를 줄일 수 있다는 결론을 도출한 바 있다.

기업 입장에서도 지표로서 ESG를 적용하는 방식이 상대적으

---

74 Jeff Dunn, Shaun Fitzgibbons, Lukasz Pomorski(2017), Assessing-Risk through-Environmental-Social-and-Governance-Exposures, AQR

로 긍정적 평가를 받기 유리할 수 있다. 선택적으로 일부 ESG 지표를 개선하는 것은 다소 비용이 소요되더라도 해결할 가능성이 높은 경우가 많다. 이사회의 다양성을 높이거나, 지역사회의 공헌을 통한 이해관계자와 협력하는 것은 상대적으로 달성하기 쉬운 과제일 수 있다. 기업의 본질적인 사업방향에 큰 변화를 가져와야 하거나 위험을 높이지는 않는 내용들이기 때문이다.

문제는 현재의 ESG가 나아가는 방향이 기존보다 적극적으로 변화하고 있고 실질적인 중요 테마가 되고 있다는 것이다. 자본시장과 금융투자업계에서는 ESG를 부수적인 지표로 보는 것을 넘어서 하나의 투자전략으로 보는 경우가 늘어나고 있다. 즉 단순히 ESG 등급을 포트폴리오에 적용해 하위등급 기업들의 비중을 줄이거나 높이는 방식이 아닌, ESG를 적극적으로 추구하는 기업들을 발굴해 투자하는 경우를 말한다. 이런 경우 ESG를 단순 지표가 아닌 메가트렌드에 따른 투자테마로 보고 고유한 ESG 전략을 기획해 포트폴리오를 구성하는 것이 해당된다.

기업 입장에서도 ESG를 실체가 있는 중요 사업목표로 삼거나, 중장기적인 성장 전략으로 산정해 추진하는 사례가 늘어날 것으로 보인다. 특히 에너지 분야에서는 이미 이런 움직임을 쉽게 목격할 수 있는데 대표적인 글로벌 석유기업인 브리티시 페트롤리엄(British Petroleum, BP)의 경우 신재생 에너지로 자신들의 중점 사업분야를 전환할 것을 여러 차례 발표한 바 있다. 국내 에너지 기업들도 이와 같은 모습을 보여주고 있다.

참고사례 : 브리티시 페트롤리엄의 도전과 우려[75]

111년 역사를 자랑하는 세계 최대 정유사인 영국 브리티시 페트롤리엄(BP)은 2020년 9월 14일 '연례 에너지 전망' 보고서를 통해 Beyond Petroleum라는 표어를 내세우며 탈석유화를 선언했다. 또한 2050년까지 앞으로 30년간 석유 수요는 규모와 속도의 차이만 있을 뿐 크게 감소할 것이라고 전망도 내놨다. BP가 2019년까지만 해도 2030년까지 석유 수요가 계속 증가할 것이라는 전망을 내놓았던 것을 감안하면 매우 큰 입장 변화라고 평가할 수 있다. 보고서에서 BP는 3가지 시나리오를 제시했다. △정부 정책과 기술 및 사회 선호도가 최근 같은 속도로 진화하는 BAU(Business-as-usual · 평상시) 시나리오 △각국 정부의 정책으로 탄소배출량이 2018년 대비 2050년까지 70% 감소할 것으로 본 Rapid(급격한) 시나리오 △각국 정부 정책과 함께 사회 및 소비자 행동이 현저히 변할 것으로 기대돼 탄소배출량이 95%까지 감소할 것으로 본 Net Zero(순배출 제로) 시나리오이다. BP는 Net Zero 시나리오가 현실로 나타나면 2050년까지 석유 수요가 80%나 감소할 것이라고 전망했다. Rapid 시나리오에서는 석유 수요의 55%가, 평상시 시나리오에서는 10%가 각각 줄어들 것으로 전망했다. 가장 낙관적인 BAU 시나리오에서조차 석유 수요가 일부 회복세를 보

75 월스트리트 저널(WSJ), 'BP는 녹색에너지의 미래에 베팅했으나 투자자들의 우려는 남아있다 (BP Bets Future on Green Energy, but Investors Remain Wary)', Sarah McFarlane 기자, 2020.9.29

이긴 하겠지만 2020년 초와 비슷한 수준에서 평탄한 곡선을 그리다가 2030년부터는 크게 꺾일 것이라고 예상했다. BP의 선언은 세계 경제와 비즈니스 환경에서 '탈탄소 로드맵'이 더 이상 선택이 아닌 생존임을 각인시켰다는 평가를 받고 있다. 버나드 루니 BP CEO(최고 경영자)는 올해 2월 대표직에 취임하며 7개월간 이와 같은 계획을 준비했으며 6월 석유화학사업부를 50억 달러(5조 9000억 원)에 글로벌 화학업체 이네오스에 매각하기도 했다. 같은 달 전체 직원 7만 명 중 15%에 달하는 1만 명을 감원한다는 구조조정안도 발표했으며 8월 실적 발표 후에는 앞으로 10년간 석유와 가스 생산량을 40% 줄인다고 선언하기도 했다. 이는 하루 석유 생산량을 260만 배럴에서 150만 배럴로 낮추는 것을 의미한다. BP의 새로운 사업전략은 신재생 에너지로의 집중으로 요약할 수 있다. 2030년까지 저탄소 에너지 사업투자를 10배 늘린다고 밝혔고 전기차 충전소도 같은 기간에 7500개에서 7만 개로 증가시키기는 계획을 수립했다. 최근 미국 동부 해상에서 추진하는 해상풍력 프로젝트 지분 50%를 취득하는 데 11억 달러를 투자하기도 했다. 하지만 석유 종말 시대를 대비하기 위해 당장 수익 감소가 예상되는 데도 신규투자에 나서는 것은 BP의 매우 중대한 리스크라고 볼 수도 있다. 유가 급락으로 올해 2분기 BP의 영업손실 금액은 168억 달러(19조 8000억 원)에 달하고 주당 10.5센트였던 배당금은 5.25센트로 축소되는 등 현재 재무적 상황이 좋지 않다는 점에서 더욱 그렇다. BP의 선택이 어떤 결과를 가져올지 면밀히 지켜봐야 할 것이며 그 결과가 다른 에너지 기업들에게도 많은 영향을 미칠 것으로 예상된다.

이런 움직임에 대해 고려할 때 개별사례를 살펴보는 것도 좋지만 앞서 언급한 녹색채권의 발행량 증가로도 이를 추정할 수 있다. 녹색채권을 발행하는 기업들은 무늬만 친환경인 그린워싱(Green Washing)이라는 비판에도 불구하고 결국 녹색채권 발행 시 발표하는 프레임워크(Framework) 내 사용용처(Use of Proceeds)를 소위 친환경 사업에 활용하겠다는 약속을 하게 된다. 이런 관점에서 회사채의 녹색채권 발행의 폭발적 증가는 기업들의 새로운 사업 중 친환경 사업 비중이 늘고 있다는 증거라고 볼 수 있다.

물론 일부는 그린워싱 또는 ESG 워싱이라는 비판을 피해 가기는 어려울 것으로 보인다. 특히 최근 한국전력의 녹색채권 발행사례를 둘러싼 논란[76]은 우리에게 많은 것을 시사해준다. 한국전력은 2년 연속 녹색채권을 발행했고 특히 5년 만기 5억 달러 발행계획에 대해 수요예측에서 53억 달러가 주문되는 흥행을 거두었다. 한국전력 역시 보도자료를 통해 이런 흥행성적을 홍보하기도 했다. 하지만 미국 에너지경제재무분석 연구소인 IEEFA에

---

76   이투데이 (2020.12.18), "[이슈&인물] 크리스티나 엔지 IEEFA "한국전력, 세계 ESG 투자자 신뢰 얻지 못했다"", 유혜림 기자

203

서 이를 비판하면서 많은 논쟁이 야기되었다. 친환경 사업이라는 목적에 맞는 수익금 사용, 프로젝트 선정절차, 수익금 관리 등이 불투명하다는 것이다.

한국전력의 사례를 기반으로 살펴보면, 그린워싱에 대한 비판을 받는 입장에서는 당혹스러울 수 있지만 한편으로는 녹색채권을 비롯한 ESG 채권 또는 ESG 투자업계 생태계가 건전하게 작동되고 있다는 것을 보여준다는 생각도 든다. 개인적으로 그린채권 발행업무에 참여한 적이 있는데 ESG 채권은 발행에서부터 국제자본시장연합(International Capital Market Association, ICMA)의 녹색채권원칙(Green Bond Principles)에 따라 프레임워크를 수립해야 하며, 이에 대해 Second Party

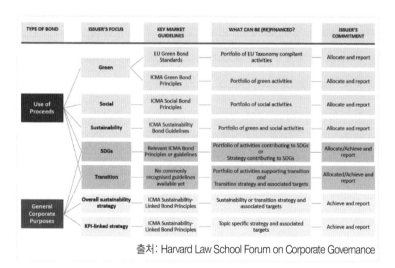

TYPE OF BOND	ISSUER'S FOCUS	KEY MARKET GUIDELINES	WHAT CAN BE (RE)FINANCED?	ISSUER'S COMMITMENT
Use of Proceeds	Green	EU Green Bond Standards	Portfolio of EU Taxonomy compliant activities	Allocate and report
		ICMA Green Bond Principles	Portfolio of green activities	Allocate and report
	Social	ICMA Social Bond Principles	Portfolio of social activities	Allocate and report
	Sustainability	ICMA Sustainability Bond Guidelines	Portfolio of green and social activities	Allocate and report
	SDGs	Relevant ICMA Bond Principles or guidelines	Portfolio of activities contributing to SDGs or Strategy contributing to SDGs	Allocate/Achieve and report
	Transition	No commonly recognised guidelines available yet	Portfolio of activities supporting transition and Transition strategy and associated targets	Allocated/Achieve and report
General Corporate Purposes	Overall sustainability strategy	ICMA Sustainability-Linked Bond Principles	Sustainability or transition strategy and associated targets	Achieve and report
	KPI-linked strategy	ICMA Sustainability-Linked Bond Principles	Topic specific strategy and associated targets	Achieve and report

출처: Harvard Law School Forum on Corporate Governance

Opinion(SPO)의 인증 절차를 거친다. 녹색채권 발행 및 자금사용계획의 적정성 자체를 평가받는 절차이다.

발행과정에서는 ESG 투자자들의 평가 속에서 자금모집을 수행한다. 녹색채권 투자자 설명회에서는 발행기관(Issuer)의 ESG 정책이나 녹색채권 활용계획에 대한 질문과 답변이 이루어진다. 발행 이후에도 인덱스 기관 등으로부터 모니터링이 되는 등 나름의 검증을 거친다. 특히 한국전력 사례에서 보듯 녹색채권에 관한 다양한 리서치기관들의 평가에도 노출된다. 녹색채권을 비롯한 ESG 채권은 모두 이와 같은 절차를 거친다. 녹색채권을 둘러싼 다양한 시장참여자로 구성된 생태계 속에서 적절하지 못한 사례는 자연스럽게 투자가 이루어지지 않거나 때로는 공개적인 비판을 통해 자율규제 되는 방식으로 운영된다.

그린워싱에 대한 비판으로 녹색채권 등에 대한 여러 ESG 규제 논의는 어떻게 보면 ESG 생태계에 대한 이해가 부족하기 때문이라고 본다. 만약 기업이 철저하게 그린워싱 차원에서 녹색채권 발행을 발행하기 위해 ESG를 악용하려 한다면 다양한 ESG 시장참여자들이 이를 공론화시킬 것이고 오히려 부정적 결과를 불러올 가능성이 높다.

ESG 생태계는 일정한 자율성이 보장되는 환경 속에서도 기업의 활동을 ESG 관점에서 평가하고 이를 투자에 이용하면서 자율규제의 원리 속에서 성장해 왔다. 이에 따른 긍정적 효과를 전 세계가 영위할 수 있도록 유럽의 관련협회 등에서 모범규준을 수립하는 등 생태계를 구성해왔다. 만약 소수의 그린워싱 사례로 인해 법령이 만들어지고 인위적인 규제를 가할 경우 일부 악용사례는 사라질 수 있지만 그동안 ESG를 성장시켰던 긍정적 효과까지 사라질 것이 우려된다. ESG는 여전히 발전되고 있는 영역이고 그린워싱에 대한 논쟁 역시 스스로 자발적으로 해결될 수 있다고 생각한다.

2020년 8월 SSRN(사회과학분야 논문 DB)에 ESG의 성과에 관한 주목할 만한 연구 '친환경으로 가는 것은 수지가 맞다(Going Green Means Being in the Black)'[77]가 발표되었다.

본 연구는 약 10년(2009~2019년) 동안 MSCI ACWI 인덱스 구성 종목 중 ESG 우수기업(상위 1/3)과 열위기업(하위 1/3)의 주식 수익률 차이를 Fama-French의 3가지 요인(Factor) 모형(Market, Size, Value)에 Carhart의 Momentum factor를 추가한 4가지 요인(Factor) 모형으로 실증 분석하였다.

연구에 따르면 ESG 점수의 경우 평균적으로 선진국 기업이 신흥국 대비 높았으며 선진국 중에서는 유럽 기업들의 ESG 점수가 우수했다. 수익률 측면에서도 유럽 지역의 ESG 롱숏포트폴리오(ESG 우수기업-열위기업)의 초과수익률(Alpha)이 연 2.40%로

---

77 Conen, Ralf and Hartmann, Stefan and Rudolf, Markus, 'Going Green Means Being in the Black', 2020. 7.2.

타 지역 대비 높았으며 통계적으로 유의미하게 나타났다.

본 연구는 ESG 우수기업의 초과수익률(Alpha)이 기존 요인으로 설명될 수 있는 결과인지 그리고 초과수익의 지속가능성에 대한 분석을 위해 많은 내용을 할애하였으며 통계적으로 유의미한 ESG 초과수익(Alpha)이 존재하는 것으로 결론을 내렸다. 다만 ESG 초과수익(Alpha)의 크기와 유의미함 정도는 지역과 기간에 따라 달라질 수 있다고 언급하여 ESG 초과수익(Alpha)을 포착하는 투자자의 역량의 중요성을 다시금 강조하였다.

본 연구에서는 ESG 초과수익(Alpha)이 존재하는 이유로 첫째, ESG 시장으로의 강한 자금수요와 둘째, Tail Risk를 완화시키는 ESG 특성을 언급하였다. 즉, 유럽과 미국처럼 기업활동에 대한 시민사회, 정부 등 이해관계자들의 인식 수준이 비교적 높은 선진국에서는 우수한 ESG 기업의 환경, 사회, 지배구조 관련 Tail Risk가 낮다고 판단되어 자금수요가 몰리고 있고 이로 인해 ESG 초과수익(Alpha)이 존재한다고 보았다.

따라서 아직 ESG에 대한 자금수요가 크지 않고 ESG점수가 낮은 신흥국 시장의 경우 향후 ESG 초과수익 포착기회가 선진국보다 많을 것으로 예상해 볼 수 있다.

〈ESG Screening Portfolio의 Excess Return〉

Score	Portfolio	Americas	Asis Pacific	EMEA	Japan	Emerging
33 percent cutoff						
ESG	ex. low	1.2*	1.92*	1.68***	0.96	1.56
ESG	ex. high	1.2*	2.28*	0.36	0.48	0.48
E	ex. low	0.96	1.2	1.92***	1.08*	1.56
E	ex. high	1.32**	2.52**	0.72	0.36	0.6
S	ex. low	1.32**	2.4**	1.92***	0.84	1.68
S	ex. high	1.08*	2.04*	0.48	0.48	1.08
G	ex. low	1.08*	1.92	1.68***	1.08*	1.44
G	ex. high	1.2*	1.68	0.36	0.6	0.96

*/**/*** indicate significance at the 1/5/10%

06

국제회계기준과 같이
국제적으로 통일된
ESG평가기준을 마련하는 것이
가능한 것인가, 아니면
적용대상이나 필요에 따라
다양한 평가 방법과 기준을
허용할 수밖에 없는 것인가?

전홍민: 대부분의 성과평가의 주요한 목적은 평가를 통해서 해당 기업이 더욱 나은 성과를 낼 수 있도록 유도한다는 것이다. 따라서 현재의 ESG평가는 부정적인 부분을 강조하기보다는 긍정적인 면을 강조하는 방향으로 이루어져야 할 것으로 판단된다.

2011년부터 기업지배구조원이 상장사를 대상으로 환경, 사회, 기업지배구조점수를 공시하고 있고, 기업지배구조점수는 이미 기업지배구조원이 2005년부터 관련된 자료를 공시하고 있어, 이를 통해 한국 상장기업들의 기업지배구조가 많이 개선되었다고 판단한다. 사실 기업지배구조점수를 평가하는 데에 있어서도 통일된 기준을 마련하는 데에 오랜 기간을 투입했다고 본다.

오랜 시간 검토가 이루어진 기업지배구조점수와 달리, 환경점수와 사회점수는 아직도 발전의 여지가 크고, 이에 대해서 통일된 지표를 만들어 내는 것이 중요할 것 같다. 사실 2020년 이후, ESG가 중요하다고는 하지만, 이를 어떻게 개선시켜 나갈 것인가는 무언가 방향성이 없는 느낌이다. 이러한 시행착오를 감소시키기 위해서는 일단 통일된 기준을 마련하고, 환경점수 및 사회점수에 있어 한국의 현실에 맞는 평가기준을 마련할 필요가 있다고

<K-ESG 분야별 대표문항 예시>

구분	대표문항 내용	문항
정보공시	ESG정보 대외공개 방식은? ESG 정보공개 주기는?	5
환경(E)	재생에너지 사용량? 온실가스배출량 집약도는?	14
사회(S)	정규직비율은? 최근 3년간 산업재해율은?	22
지배구조(G)	이사회 내 여성인력수? 내부비위 발생현황 및 공개여부?	20

출처: 2021 산업자원부 보고서

본다. 특히 환경점수는 유럽의 관련기업 평가사례를 보다 면밀히 참조할 필요가 있고, 이를 한국의 ESG공시와 연계하여, 평가점수를 만들어 내는 것이 중요할 수 있다.

이와 관련하여 산업부는 공신력 있는 ESG평가의 필요성에 대한 업계의견을 기반으로 K-ESG 지표를 준비하고 있다. 국내외에 600개의 평가지표가 난립하고 있고, 해외 ESG 지표는 한국의 경영환경 혹은 특수성을 고려하지 않아, 한국기업만의 ESG지표를 마련하자는 것이 핵심이다. 산업부의 기대는 K-ESG 지표가 여타 ESG 평가지표들이 참고할 수 있는 가이드라인으로 활용되는 동시에, 기존 국내외 주요 지표와의 높은 호환성을 바탕으로, 업계의 ESG평가 대응능력을 강화하는 데에 기여할 수 있을 것으로 보고 있다.

K-ESG(Korean-ESG)가 성공적으로 안착하기 위해서는 민간의 전문가를 최대한 참여시켜, 민간지표와의 적합도를 증가시

킬 필요가 있다. 더불어 해외의 ESG 관련 지표를 면밀하게 살펴 보아, 한국만의 특수성을 최대한 반영하여 관련 지표를 개발해야 한다. 하지만 한국만의 특수성을 지나치게 고려할 경우, 글로벌 ESG 지표와의 상호인정 등 한국형 지표가 세계무대에서는 고립 될 가능성도 배제할 수 없다. 특히 산업부에서 보고하고 있듯, 이 지표는 여러 ESG평가기관들에게 가이던스의 성격을 가지고 있 기 때문에, 이에 대해서 금융업계 및 투자업계가 충분히 동의할 수 있는 가이던스를 만들어 내는 것이 핵심일 것이라고 본다.

더불어 규제당국도 지속가능경영 연간보고서를 기업이 의무 공시해야 하며, 어느 부분까지 공시할지에 대해서 고민을 해봐 야 한다. 예를 들어 GM은 연간데이터를 탄소정보공개프로젝트 (CDP), 글로벌리포팅이니셔티브(GRI), 기후변화와 관련된 재무 정보 공개를 위한 태스크포스(TCFD), 지속가능 회계 표준 위원 회(SASB), UN 글로벌 컴팩트(UNGC) 등의 공개 양식에 따라 보고하고 있다. 한국의 기업들도 향후 ESG경영에 발맞추어 지속 가능 경영 연간보고서를 어떠한 방식으로 작성할지를 고민해 봐 야 할 것으로 판단된다.

한국에서도 ESG평가에 대해서 다양한 논의가 이루어지고 있 으며, ESG평가 시에 어떠한 항목을 강조하는지에 따라, ESG평 가에 대한 등급이 달라질 수 있다. 특히 최근 들어 중시되는 테스 트분석을 기반으로 한 방법론을 도입하여, ESG평가에서 해당 기 업의 정성평가도 더욱 활발히 활용해야 할 것으로 판단된다.

송주형: 여기저기서 ESG에 대한 이야기들이 넘쳐나고 있고, 이로 인해 ESG를 잘하고 있는가를 평가하는 부분이 함께 주목받고 있다. 단순히 기업에 대한 ESG평가를 넘어서, 최근에는 국가에 대한 ESG평가, 그리고 기업에 투자하는 투자기관에 대한 ESG평가도 함께 수반되고 있다. 국내에서도 정책금융기관을 필두로 연기금 및 공제회들이 PEF 출자사업에 ESG요인 및 ESG의사결정 체계 도입 여부를 적극적으로 반영하기 시작했다.

PEF를 운용하는 입장에서 ESG에 대한 세간의 주목은 일견 굉장히 반갑기도 하다. 과거에 "법을 다 지켜가면서 돈 벌기 참 어렵다"라는 말이 유효하던 시절에는, 올바른 신념을 갖고 법뿐만 아니라 윤리적인 테두리 내에서 비즈니스를 하는 사업자가 기회를 찾기가 어려웠다.

그러나 ESG테마가 오히려 돈을 벌기 위한 전제조건이 되면서, 이익극대화를 위한 1회성 비즈니스보다는 모든 이해관계자가 만족할 수 있는 지속가능한 비즈니스가 주목받을 수 있는 환경이 되었다. 비록 ESG를 흉내만 내는 그린워싱의 단계를 어느 정도 거쳐갈 수밖에 없겠지만, 시간이 지날수록 평가 체계가 잡힐 것이고 ESG가 필수적이라는 세간의 인식도 점차 자리잡을 것으로 생각한다.

다만 ESG 평가가 하나의 통일된 기준으로 정립되는 것은 어려울 것으로 보며, 평가주체의 필요성에 따라서 다양한 기준을 가지는 것이 더 바람직하다고 본다.

기업을 평가하는 재무적 지표는 계량적인 특성을 지닌 지표이기 때문에, 비록 업종과 기업 성장단계 등에 따라 다르게 해석될지라도 표준화된 적용이 가능하다. 그러나 대표적인 비재무적 지표인 ESG 지표는 비계량적이거나 계량적이더라도 일괄적으로 적용하기에는 어려운 부분들이 많기 때문에 통일된 하나의 지표로서 모든 기업을 평가하는 것은 적절하지 않다고 본다. 예컨대 환경이라는 측면에서 대표적인 지표인 이산화탄소 배출량 혹은 감축량만으로 모든 기업의 점수를 측정할 수 없는 것이, 미세먼지나 황사와 같은 대기오염으로 인한 피해는 이산화탄소만으로 측정이 안 될 것이고, 수질오염이나 토양오염은 또 다른 지표가 필요할 것이며, 쓰레기 배출량 자체를 줄이거나 남들이 버린 쓰레기를 재활용하는 부분 역시 별도의 측정지표가 필요할 것이다. 뿐만 아니라 ESG를 적극적으로 수행하기 위한 정성적인 노력들, 예컨대 사내에서 수행하는 절약 캠페인이나, ESG정책에 대한 아이디어를 내도록 하는 인센티브 제도 도입 등 장기적인 ESG발전의 토대를 마련하는 작업들에 대한 평가도 필요할 수 있을 것이기 때문에, 목적에 따라 필요한 지표를 마련하는 것이 더 합리적이라는 판단이 든다.

또한 평가대상에 따라서도 평가 기준이 달라질 수 있을 것이다. 이것은 전통적인 재무적 지표의 경우에도 마찬가지지만, 국가의 신용도를 평가하는 기준과 기업의 신용도를 평가하는 기준은 다를 수밖에 없고 ESG의 경우도 마찬가지일 것이다. 그리고 출자기관들이 운용사를 평가할 때에도 재무적인 성과인 수익률 이외에 ESG에 기여할 수 있는 책임투자의 영역을 평가해야 하는데, 이 부분 역시 정답이 존재하는 영역이 아니기 때문에 앞으로도 많은 논란거리가 될 것으로 본다.

그렇다고 해도 이러한 논란을 해결하려고 표준화된 평가지표 도입을 무리하게 추진하다 보면, 평가지표의 빈틈을 파고드는 보다 정교화된 그린워싱을 부추기는 부작용이 우려된다.

본격적인 ESG시대를 맞아 무분별하게 ESG지표가 남발되는 현상을 보고 있으면 표준화하여 일관된 지표로 평가하고 싶은 마음이 드는 건 누구나 같은 생각일 것이다. 그러나 ESG는 특성상 일관된 평가방법이 존재하기 힘든 것으로 보이며, 이는 마치 기업의 인재채용기준과 같다. 인재의 경우 채용목적과 필요성에 따라 다양한 평가방법이 존재하는 것처럼 ESG도 다양성을 인정하면서 반면교사로 삼을 수 있는 성공적인 사례들을 확보해 나갈 수 있도록 하는 것이 더 맞지 않을까 한다.

WWG자산운용의 경우 한국기업지배구조원(KCGS)에 한국 스튜어드십 코드(Stewardship Code) 참여기관으로 가입하였다.[78] 스튜어드십 코드란 "기관투자자의 수탁자 책임에 관한 원칙"이라고도 하는데 타인의 자산을 관리 및 운용하는 수탁자로서

---

78 Korea Corporate Governance Service : WWG 홈페이지(http://www.wwg. kr/stewardship/) 스튜어드십 코드 공개

책임을 다하기 위해 이행해야 할 세부원칙과 기준을 제시하고 이를 따르는 활동을 말한다.

기관투자자 입장에서 보면 기업의 경영활동에 대해 의사표시를 하는 가장 적극적인 방법이 의결권 행사인데, 이 의결권을 행사하는 과정에서 기업의 지속가능한 성장을 통해 자산을 맡긴 수익자의 이익을 도모하고, 궁극적으로는 전체 자본시장 생태계의 건전한 발전을 촉진하는 역할을 수행하는 것이 스튜어드십 코드 이행이라고 볼 수 있다. 매우 추상적이면서도 이상적인 이야기이기 때문에, 현실적으로는 100% 이행하기 위해 좀 더 구체적인 가이드라인이 필요하다.

결론적으로 스튜어드십 코드가 지향하는 바는 ESG가 지향하는 바와 일맥상통하다고 볼 수 있으며, 전체 운용사 중에 일부라도 이러한 노력을 지속하기를 바라는 정책당국의 의지를 엿볼 수 있다고 하겠다.

KDB산업은행은 2021년 정책형 뉴딜펀드 출자기관 선정 시, 특히 직접적으로 ESG평가항목을 도입하기 시작하였다. 스튜어드십 코드뿐만 아니라 ESG 관련한 운용사의 내규, 구축 및 운영현황 그리고 도입계획 등에 대해 기재를 요청하고 심사 시 반영하겠다고 공고한 것이다. WWG자산운용 역시 이러한 트렌드에 발맞추어 내부적으로 "ESG보고서 작성 및 공개지침"을 마련하고, 예비투심위원회 및 본 투자심의단계에서 환경·사회·거버넌스에 대한 검토를 수행하고 필요한 경우 보고서를 작성하는 내

규를 신설한 바 있다. 향후에는 투자자들에게 연 1회 이상 지속
가능경영보고서를 제출하는 등 투자자들이 ESG요소와 재무정보
를 연계하여 볼 수 있도록 지원하고, 중대한 ESG이슈가 생길 경
우에는 즉시 공개할 수 있는 운용체계를 갖추어 나갈 계획이다.

　과거 장기투자와 분산투자가 투자이론의 핵심이던 시절이 지
나, 이제는 ESG와 스튜어드십 코드가 투자업계의 전면에 등장
하기 시작했다. 투자자들은 환경보호 및 개선을 통해 지속가능한
성장을 추구하고, 투자대상기업의 이해관계자를 모두가 만족할
수 있는 건전한 지배구조가 확립되도록 촉구하는 역할이 요구되
고 있는 것이다.

　궁극적으로는 우리 모두가 ESG와 관련된 노력들이 지속가능
한 투자기업의 수익창출에 도움이 된다는 투자신념(Investment
Belief)을 가지는 것이 가장 중요할 것이다.

　최진석: 현재 기업뿐만 아니라 국가들에 대한 ESG 평가 역시
이루어지고 있다. 대한민국의 ESG 평가결과는 평균 이상으로 전
체 순위는 13위이다.

　ESG 평가기관들은 MSCI와 서스테이널리틱스(Sustainalytics)
만 비교해 보더라도, 다양한 관점에서 차이를 나타내고 있다.

　ESG 평가의 평가기관 간 차이를 계량적으로 잘 분석한 연구
중, 가장 폭넓게 알려진 것이 MIT와 Zurich 대학의 교수들이 공
동 집필한 'Aggregate Confusion: The Divergence of ESG

Sovereign ESG rankings on ESG attributes(100=top ranked, 0=bottom ranked)

| | Country | ESG Ranking | Environment | | Social | | | Governance |
			Climate Change	Biodiversity and Land	Innovation	Health	People	Governance
Top 5	Switzerland	100	100	48	97	88	82	91
	Denmark	97	97	87	85	82	94	85
	Sweden	94	91	85	94	76	79	88
	Finland	91	67	82	79	64	85	100
	Norway	88	94	52	67	55	100	94
	Germany	85	70	76	88	97	91	76
	Japan	82	52	91	91	100	73	73
	Netherlands	79	58	79	70	61	88	82
	UK	76	85	70	61	42	67	70
	France	73	64	94	76	85	55	67
	Australia	70	24	18	64	70	64	79
	Canada	67	18	36	56	36	78	61
	South Korea	64	15	61	100	94	58	58
	US	61	36	9	82	48	61	67
	Spain	58	78	55	45	73	42	61
	Poland	55	33	97	42	58	97	52
Others	Italy	52	79	45	52	79	36	48
	Malaysia	48	21	33	55	33	45	55
	Thailand	45	39	42	39	21	52	33
	Indonesia	42	73	39	9	9	30	39
	Brazil	39	88	88	48	18	21	21
	Vietnam	36	27	64	18	27	48	24
	Argentina	33	42	21	21	67	12	27
	Russia	30	12	6	36	91	70	9
	China	27	6	12	73	52	33	36
	Philippines	24	82	73	6	3	39	15
	Mexico	21	55	24	15	30	24	12
	Bangladesh	18	46	100	0	24	27	6
	Turkey	15	45	3	33	39	15	18
	India	12	9	15	24	15	9	30
	South Africa	9	3	30	30	12	3	42
Bottom 5	Saudi Arabia	6	0	0	27	45	0	45
	Pakistan	3	30	27	12	6	18	3
	Nigeria	0	61	58	0	0	6	0

Note: The color reference for overall ranks is using 3-color scale: Green for higher and Orange for lower ranked countries. The color coding for core indicators can be read as darker the better, Green= Environment, Orange= Social and Blue = Governance. These ESG rankings were intended to be an indicative metric only and may not be used for reference purposes or as a measure of performance for any financial instrument or contract, or otherwise relied upon by third parties for any other purpose, without the prior written consent of BofA Global Research. These ESG rankings were not created to act as a benchmark. Source: BofA EMEA ESG Research, World Bank, World Economic Forum, OECD, WHO, Yale, World Resource Institute. See Limitations of methodology on Page 22

Ratings'[79]라는 연구이다. ESG평가 간 차이를 분석한 이 연구는 자본시장과 투자업계에서 ESG를 논의할 때 가장 빈번히 인용되는 논문 중 하나다.

　이 연구에 따르면 무디스, S&P, 피치 등 기존의 전통적인 신용등급 평가기관 사이의 평가결과는 99% 정도 상관관계를 보이는 반면, ESG 평가기관 간의 차이는 평균 약 54% 수준의 상관관계를 나타낸다고 밝히고 있다. 이와 같은 평가기관[80]의 평가 차이는

79　Florian Berg, Julian F Kölbel, and Roberto Rigobon (2020), "Aggregate Confusion: The Divergence of ESG Ratings", MIT, University of Zurich, and NBER

80　KLD, Sustainalytics, Vigeo Eiris (Moody's), RobecoSAM (S&P Global), Asset4 (Refinitiv), and MSCI와 같이 총 6개 기관을 대상으로 분석함

〈주요 ESG 평가기관 간 평가체계 차이〉

	MSCI	Sustainalytics
Materiality	내부적 정의	IFRS 기준에 따른 중요성 판단
Normalization	GICS 산업 분류에 따른 주요 이슈	42개 Peer group에 따른 주요 이슈
Weighting	내부적 기준	내부적 기준
Aggregation	37 Metrics	60~80 Metrics

Source: SSGA (2019)

등급(Ratings) 간의 낮은 상관관계

	SA - VI	SA - KL	SA - RS	SA- A4	VI - KL	VI - RS	VI - A4	KL - RS	KL - A4	RS - A4
ESG	0.73	0.53	0.68	0.67	0.48	0.71	0.71	0.49	0.42	0.64
E	0.70	0.61	0.66	0.65	0.55	0.74	0.66	0.58	0.55	0.70
S	0.61	0.28	0.55	0.58	0.33	0.70	0.68	0.24	0.24	0.66
G	0.55	0.08	0.53	0.51	0.04	0.78	0.77	0.24	-0.01	0.81
Econ	-	-	-	-	-	-	-	-	-	0.43

Correlations between the ratings on the aggregate level (E, S, G, and ESG) from the five different rating agencies are calculated using the common sample. The results are similar using pairwise common samples based on the full sample. SA, RS, VI, A4 and KL are short for Sustainalytics, RobecoSAM, Vigeo-Eiris, Asset4, and KLD, respectively.

Source: MIT(2019)

ESG 평가를 비판하는 데 가장 빈번하게 인용되고 있다. 동일한 기업에 대해 평가기관마다 ESG 등급 등이 다르다면 ESG 평가가 지나치게 자의적으로 이루어졌으므로 신뢰도에도 문제가 있다는 지적이다.

ESG 평가에 대한 이와 같은 문제제기는 ESG 평가를 활용해 투자의사결정을 하는 투자자뿐만 아니라 ESG 평가개선을 목표로 기업의 전략을 고민해야 하는 기업들 역시 주목해야 할 논쟁거리가 되었다.

표준화의 시도 - EU Taxonomy's 6 objectives

CLIMATE CHANGE MITIGATION · CLIMATE CHANGE ADAPTATION · POLLUTION PREVENTION · CIRCULAR ECONOMY · SUSTAINABLE USE OF WATER AND MARINE RESOURCES · HEALTHY ECOSYSTEM

Source: EU Finance (2019)

ESG 정보를 효율적으로 활용해야 할 입장에 있는 일부 투자자와 기업들 입장에서는 평가기관 간 차이에 대해 비판적일 수밖에 없다. ESG라는 개념과 이에 따른 정보와 지식이 여전히 제한적인 상황에서 그 중심에 있는 평가가 일정하지 않다면 혼란이 가중될 수밖에 없기 때문이다. 특히 ESG 평가기관의 공정성이나 객관성에 대한 문제제기로까지 이어지면서 논란이 확대되고 있다.

이와 같은 측면에서 표준화에 대한 주장은 자연스러운 귀결로 보인다. ESG를 표준화하면 투자자나 기업 모두의 혼란을 줄이고 ESG평가에 있어 객관성과 공정성을 담보할 수 있다는 주장이다.

하지만 표준화가 현재의 혼란을 일부 줄여줄 것으로 기대는 되지만 해답이 될 수는 없다고 생각한다. 동일한 재무제표를 보고도 서로 다른 기업의 가치평가가 도출되듯, ESG 역시 표준화 이후에도 차별화된 평가결과가 공존할 것이다. 특히 투자자들은 표준화 이후에도 보다 양질의 ESG 평가결과를 활용해 투자의사 결정을 내릴 것으로 전망된다.

기업과 투자자 모두 공시의 표준화가 ESG의 해답이라는 판단 아래서 기존의 평가를 부정하고 표준화되기만을 기다리기보다는 자체적인 ESG 기준을 고민하고 이를 충족하기 위해 노력하거나, 전략을 마련해 새로운 트렌드에 대비해야 할 것으로 보인다.

ESG 등급은 책임투자 관련 인덱스 구성 및 전 세계 많은 기관투자자들의 책임투자에 활용하고 있다. ESG 등급을 산출하는 중요 평가기관인 MSCI 및 S&P의 방법론을 위주로 살펴보겠다. 이외에도 모닝스타에 인수된 Sustainanalytics, ISS에 인수된 Oekom Research 등 훌륭한 평가기관이 많지만 대중적으로 다소 익숙한 기관들 위주로 소개한다.

먼저 MSCI의 경우 ESG 등급 부여 대상 7,500여 개 기업에 대한 정부기관 자료 및 회사 공개자료, 뉴스 등 다양한 재무적, 비재무적 데이터를 분석하고 이를 ESG 요인별 37개 세부항목(Key Issue)으로 분류한다. 여기서 세부항목에 대한 가중치 및 득점은 위험 노출도(Risk Exposure)와 위험관리(Risk Management)에 따라 구분되는데, 위험노출도(Risk Exposure)의 경우 해당 기업 및 소속 산업이 ESG 측면에서 얼마나 노출되어 있는지, 위험관리(Risk Management)는 기업이 해당 ESG 요인에 얼마나 적극적으로 대응하고 있는지에 대해 0-10까지의 척도로 평가한다.

특히 ESG 평가 부여에서 가장 중요한 과정이 바로 중요 이슈(Key Issue)별 가중치 및 득점이다. 예를 들어 환경요인 중 수

자원(Water Stress) 항목의 경우 같은 사업을 영위하더라도 물이 풍부한 곳에 위치한 기업보다 사막에 위치한 기업에 훨씬 큰 가중치가 부여되는데, 이는 경영진의 수자원전략 수립과 면밀한 수자원관리가 더 중요해지기 때문이다. 이처럼 세부항목을 정성적으로 분석하여 위험노출도(Risk Exposure)가 높은 기업일수록 해당 항목에 높은 가중치를 부여하고 이에 대한 위험관리(Risk Management) 척도를 분석하여 항목별 점수를 산출한다. 결과적으로 이렇게 배분된 항목별 가중치 및 점수를 합산하고 동종 산업군 내 상대평가를 수행하여 ESG Leaders(AAA, AA), Average(A, BBB, BB) 및 Laggards(B, CCC)로 구분된 최종 등급을 부여한다.

한편 S&P Global의 ESG 등급은 7300여 개 기업을 커버하며 MSCI와 달리 등급이 아닌 E, S, G 요인 및 23개 세부 기준별 점수를 합산하여 0-100점 사이의 점수로 부여하고 Rating 부여 대상 기업의 적극적인 참여를 유도하는 것이 특징이다. 평가항목은 MSCI와 마찬가지로 온실가스 배출, 폐기물 관리, 다양성, 안전관리, 지배구조, 보고체계, 사이버 보안 등으로 세분화되며 담당 섹터 및 지역 애널리스트 전문지식과 기업 담당자와의 미팅을 통해 얻은 정보를 반영하여 평가항목별 None, Lagging, Developing, Good, Strong 의견 및 이에 대한 평가표를 작성한다.

이를 요인별로 합산하여 E, S, G 각각에 대한 점수 및 기업의 준비성을 고려하여 최종 점수를 부여한다. S&P Global ESG 평가는 단순 정량분석 결과가 아닌 빅데이터 수집, 산업 분석 및 기업별 미팅 등을 거쳐 최종 평가에 이르기까지 각 단계에서 인간의 정성적인 정보 투입이 수반된다고 할 수 있으며, 등급 평가기관에서는 이를 원활히 수행하기 위해 대규모 애널리스트 조직을 운영하고 있다.

ESG 등급 평가체계는 지금도 지속적으로 발전하고 있으며 ESG 등급 역시 기업별 이슈 및 분석 결과에 따라 정기적으로 변동된다. 따라서 ESG 등급을 투자의사결정에 활용할 경우에는 후행적인 단순 데이터 분석보다는 전체적인 변화와 맥락을 이해하는 것이 중요하다고 본다.

07

코로나19는 환경투자에 대한
관심 및 실천을 실질적으로
앞당기는 촉매제였는가, 아니면
다른 경기민감형 산업들의
실적악화로 인한
착시현상일 뿐이었던 것인가?

전홍민: 코로나19 팬데믹(Pandemic) 현상 이후, 코로나19에 따른 경제적 효과에 대하여 다양한 실증연구가 수행되고 있다. 코로나19는 불확실성을 급격히 증가시키고 있으며, 경영학과 관련된 대부분의 논의에서도 확실한 것은 코로나19 전과 후로 구분해서 논의를 이어갈 것이라는 점이다.

코로나19가 경영학 분야에 던져주는 화두는 불확실성이 커지는 상황하에서, 기존의 경영학이론이 과연 향후에도 적용될 수 있는지 여부이다. 이에 대한 부분은 CSR 혹은 ESG에도 같은 방식으로 적용될 가능성이 있는데, 이에 대해서 코로나19 이후 오히려 ESG가 증가할지 아니면 감소할지는 예측이 힘든 부분이다.

사전적으로 판단해 보면 코로나19 이후 환경변화, 혹은 ESG 투자에 대한 중요성이 증가해서 ESG투자가 오히려 증가할 가능성이 있다. 반면 기업들의 전반적인 가용자원이 코로나19로 인해서 감소한다면 단기적으로는 코로나19 이후, ESG투자가 감소할 가능성도 배제될 수 없다. 특히 코로나19 이후 언택트 문화를 활성화시키고 있으며, 이러한 문화를 반영하여 게임기업 그리고 비대면 식사를 위한 배달업체 및 배달수수료기업(배달의민족, 마켓컬리) 등이 사상 최대의 매출을 나타내고 있고, 여행업·항공기업 등은 사상 최저의 매출을 나타내고 있다. 이처럼 코로나19는 산업 간의 빈익빈 부익부를 더욱 심화시킬 가능성이 매우 크다.

코로나19 이후인 2020년을 대상으로 실증분석을 수행한 연구는 다음과 같다. 먼저 Bae 외(2021)[81]는 미국의 2020년 상장기업을 대상으로 실증분석을 수행한 결과, 코로나19라는 위기상황하에서 CSR활동을 실행한 상장기업은 주식투자자로 부터 긍정적인 반응을 끌어내지 못한 것으로 보고하고 있다. 더불어 Chen 외(2021)[82]는 중국기업을 대상으로 코로나19 시기에 중국기업이 기부금활동을 증가시켰는지에 대해서 실증분석을 수행한 결과, 코로나19 시기에 기업은 가용자원의 부족으로 인해서 관련 단체에 대한 기부금을 감소시켰음을 알 수 있다. 이창섭 외(2021)는 한국기업지배구조원에서 ESG 점수를 산정하는 기업을 대상으로, 경제정책의 불확실성이 해당 기업의 ESG 활동에 미치는 영향을 2011년부터 2019년까지의 상장기업을 대상으로 분석한 결과, 경제정책의 불확실성이 증가하면 할수록 기업

---

81 Kee-Hong Bae, Sadok El Ghoul, Zhaoran (Jason) Gong, Omrane Guedhami, Does CSR matter in times of crisis? Evidence from the COVID-19 pandemic, Journal of Corporate Finance, Volume 67,2021,101876,

82 Chen H, Liu S, Liu X, Yang D. 2021. Adversity Tries Friends: A Multilevel Analysis of Corporate Philanthropic Response to the Local Spread of COVID-19 in China. Journal of Business Ethics. Feb 17:1-28.

의 ESG점수는 오히려 감소하는 것으로 나타났다. 이는 한국에서 기업들이 경제정책의 불확실성이 증가하면 미래를 대비하기 위해서 ESG 관련 활동을 축소하는 것으로, 거시경제적인 부분에 ESG가 많이 좌우된다는 것을 알 수 있다.[83]

물론 이는 초기의 연구로서, 향후 코로나19가 안정화가 되면 더욱 많은 기업들에서 사회적 책무를 위한 ESG활동이 나타날 가능성도 있다. 하지만 코로나19 이후 ESG에 대한 투자가 급격하게 증가하지 않을 가능성이 클 수 있음을 다양한 선행연구를 통해서 유추해 볼 수 있다. Hu and Zhang(2021)[84]은 코로나19가 기업별 재무성과에 미치는 영향에 대해서 국가별 비교연구를 수행한 결과, 코로나19는 기업의 재무성과를 심각하게 악화시켰으며, 의료시스템이 잘 구축되어 있고 금융시스템이 선진화될수록 재무성과가 악화되는 경향이 완화되는 것으로 나타났다.

긍정적인 부분은 코로나19로 인하여 기업이 보다 전문화된 ESG투자를 수행할 가능성이 높아졌다고 볼 수 있다. 인류역사상 코로나19처럼 광범위하고 빠르게 인류의 삶에 영향을 미친 사건은 많지 않은 것으로 판단된다. 더불어 세계화가 빠르게 진행되

---

83 이창섭, 정아름, 전홍민, 2021, ESG결정요인 및 기업가치에 관한 연구-경제정책이 불확실선과 영업이익 변동성을 중심으로, 2021 한국회계학회 하계학술대회 발표논문.

84 Shiwei Hu, Yuyao Zhang, COVID-19 pandemic and firm performance: Cross-country evidence, International Review of Economics & Finance, 74, 2021, 365-372.

면서 인간의 삶의 효용은 증가하고 있으며, 이로 인해서 오히려 코로나19의 피해가 더 커졌다고도 볼 수 있다. 따라서 기업들도 코로나19라는 외부의 충격을 계기로 기존에 수행하였던 기업의 사회적 책임에서 더 나아가 인류의 생존문제에 대해서 대응하기 시작하였다는 점은 긍정적인 면이라고 본다.

일단 기업들은 코로나19에 대응하여 노동자들의 유연한 근무 환경을 강조하기 시작하였다. 코로나19로 인하여 대부분의 대기업들은 재택근무를 활성화하였으며, 온라인으로 대부분의 업무를 수행할 수 있는 환경을 조성하기 시작하였다. 이는 코로나19 이전에는 소수의 기업만이 가능했던 부분이었다. 노동자들도 코로나19로 인하여 재택근무를 수행하면서 가정과 일의 양립에 대해서 다시 한번 생각해 보는 계기가 되었으며, 보다 수월하게 업무를 수행하게 된 바 있다.

특히 코로나19로 인해 한국에서도 어느 때보다 ESG 경영에 대한 정당성(Legitimacy)이 확보되는 2020년이었던 것 같다. 모든 뉴스 그리고 잡지에서도 지속적으로 ESG경영이 소개되고 있고, 대기업들의 실행방안이 매일 뉴스의 헤드라인을 장식하고 있다. 2020년 이전에 발간되었던 대부분의 CSR 관련 연구에서는 기업이 비용 혹은 투자인 CSR에 대해서 정당성을 확보해야 주식시장에서 긍정적인 반응을 얻을 수 있다는 연구가 주였던 것으로 기억한다. 더불어 CSR이라는 개념으로 인하여 기업의 사회적 책임활동이 강조되어 왔지만, 2020년의 코로나19 사태 이후에는 환경에 대한 관심과 이로 인한 기업들의 움직임이 ESG 경영이라는 패러다임으로 인하여 빠르게 정당성을 확보하고 있는 상황이다. 특히 코로나19 이후, ESG 투자라는 개념에서 ESG 통합관리라는 위험관리의 개념으로 진화했다고도 볼 수 있다. 이러한 ESG 통합관리는 기업 단위, 국가 단위, 인류 단위에서 각 레벨의 위험을 감소시킬 수 있는 방향으로 작용할 가능성이 크다.

즉 코로나19로 인해서 환경변화에 대비하지 않으면 이러한 역사상 경험해 보지 못한 팬데믹 현상을 다시 한번 경험할 수 있다는 부분이 기업의 변화 혹은 국가적 변화를 촉진시키는 역할을 한 것으로도 볼 수 있다.

사실 아직도 2021년 이후의 세계, 각 개별국가의 경제성장률이 불확실한 상황이고, 대부분 국가의 경제성장률이 근시일 내에는 부의 성장률을 나타낼 것이라고 예측해 본다면, 코로나19의 영향은 2008~2009년의 세계 금융위기를 가볍게 뛰어넘는 역대급 규모라고 볼 수 있다. 특히 세계적인 경제학자·경영학자도 코로나19 이후의 경제 방향에 대해서 뚜렷한 예측을 하지 못하고 있는 상황이다. 대부분의 회계법인 및 로펌의 코로나19 이후의 ESG보고서에서도 코로나19 이후 ESG가 더욱 중시되고 있다는 말만 반복할 뿐, 코로나19 이후 어떠한 방식으로 혹은 어떠한 방향으로 ESG가 신행될시 예측조차 하지 못하고 있다.

경영학자의 관점에서 구체적으로 코로나19 사태가 ESG경영에 미치는 영향을 살펴보면, 결국 환경측면에서 환경 오염, 자원 및 폐기물 관리에 국가 및 기업들이 총력을 기울일 것으로 판단된다. 이러한 노력은 어느 정도 미래의 국가 혹은 환경적인 변화를 촉진할 수 있다고 판단되며, 분명 긍정적으로 작용될 수 있다고 확신한다.

사회 측면에서 살펴보면, 비대면 문화의 활성화로 인해서 사회 측면의 데이터보호 및 프라이버시가 어느 때보다 중시될 것으로 판단된다. 현재에도 데이터보호 및 프라이버시 문제는 국가의 화두로 작용하고 있지만, 향후 비대면 문화의 활성화로 인해서 이러한 화두는 중요의제로 대두될 가능성이 크다. 지배구조 측면에서는 기업윤리 부분이 어느 때보다 강조될 가능성이 있다. 앞서 투자자의 관점에서도 비윤리적인 기업에 투자를 하여 초과수익률을 나타내는 것이 오히려 자랑이 아니고 명성을 후퇴시키는 것으로 인식되고 있다. 코로나19로 인해서 기업측면에서는 ESG경영의 활성화 그리고 기관투자자 측면에서는 ESG투자의 활성화가 이루어지고, 초과수익률이 어느 정도 확보된다면 수요와 공급 측면에서도 균형이 이루어질 수 있다고 본다.

송주형: 코로나19 이후 세상의 변화 방향과 속도가 완전히 바뀌었다. 탐욕의 수레바퀴를 단 자본주의의 끝없는 팽창이 어느 순간 멈추었으며, 아날로그적 세계화의 급제동에 이은 디지털적 세계화의 급진전이 이루어졌다. 어떤 사람들은 백신접종 이후 다시

코로나 이전으로의 복귀를 꿈꾸고 있지만, 다른 사람들은 이미 적응된 새로운 삶에 안착하여 다른 양태의 삶을 살아가고 있다. 또한 인공지능 및 비대면 기술의 급속한 발전과 맞물리면서 새로운 직업관과 산업발전의 토대를 만들어 내기도 하고 있다.

한동안 코로나가 죽어가는 지구를 살리고 있다는 이야기도 있었다. 화석연료 사용량의 급증으로 지구의 대기는 끝없이 오염되고 미세먼지는 인류의 호흡기 질환을 만성화시키고 있었는데, 코로나로 인한 국가 간 이동제한 및 생산 중단이 지구를 멈추게 했고, 그토록 깨끗해지기 어려웠던 한국의 하늘이 한동안 맑았던 기억이 있다. 이처럼 코로나가 환경의 중요성 및 그 필요성을 다시금 체감하게 해주었고, 어떻게 환경이 파괴되어 왔었는지를 여실히 보여 주었다고 본다.

또한 코로나로 인한 회식중단 및 재택근무의 일상화는 사회적 관계의 재설정으로 이어졌다. 바깥에서 업무를 주로 보던 남성과 가사일을 주도하던 여성이 같은 공간에서 시간을 보내며 서로의 일에 대한 이해가 높아짐과 동시에 너무 잦은 부딪침으로 인한 갈등 심화가 있어 보인다. 또한 고용인과 피고용인의 관계가 온라인을 통해 보다 업무중심적으로 재편되면서 불필요한 갈등요소가 없어지는 측면이 있는 반면, 피고용인을 믿지 못하는 고용인의 원격관리 감독이 오히려 비효율적인 업무 프로세스를 낳기도 한다. 사실 사회적 관계에 대한 부분은 미리 정해진 정답을 향해 진화해 나가기보다는 공정함, 정의로움, 평등함과 같은 가치에 대한 사회적 합의에 따라 바뀌어 나가는 것이라고 생각한다. 그러므로 비대면 소통장치를 통해 사회이슈에 대한 일반인들의 토론도 점점 더 활발해질 것으로 본다.

무엇보다도 코로나19는 사람들을 집을 비롯한 특정 장소에 오랜 기간 머무르게 하였다. 사람들이 소통하고 교류하는 곳은 대부분 온라인상이었고 "메타버스[85]"라고 하는 가상현실이 이들의 놀이터가 되었다. 더불어 가상현실에서 사용되는 화폐, 즉 비트코인으로 대표되는 암호화폐의 성장세가 눈부셨다.

미국을 비롯한 선진국들의 코로나19 대응 미숙으로 초반에 수없이 많은 사람들이 사망하였고 금융위기 이후 문제만 생기면 계속 돈을 푸는 바람에 법정화폐에 대한 신뢰에도 금이 가는 과정이었다고 본다. 이러한 시기에 중앙집중화된 권력들을 대체할 수 있는 분산화된 화폐 시스템에 대한 세계인들의 막연한 동경과 꿈이 암호화폐들의 가치를 급상승시킨 것이 아닌가 한다.

다시 말하면, 코로나19는 아날로그 세계에서 보내는 시간보다 디지털 가상세계에서 사람들이 보내는 시간을 늘렸고, 이로 인해 가상세계에서의 생활과 의사결정이 중요한 과제로 떠오르고 있으며, 비트코인이 대변하고 있는 보다 분산화된 의사결정에 대한 인식이 주위에 빠르게 확산되고 있다.

---

85 가상·초월(meta)과 세계·우주(universe)의 합성어로, 3차원 가상 세계를 뜻한다. 보다 구체적으로는, 정치·경제·사회·문화의 전반적 측면에서 현실과 비현실 모두 공존할 수 있는 생활형·게임형 가상 세계라는 의미로 폭넓게 사용되고 있다.

이와 같은 관점에서, 코로나19가 ESG 트렌드의 확산에 기여한 부분이 충분이 있다고 본다. 사실 코로나19가 ESG 트렌드 확산에 직접적으로 영향을 미치는 부분은 그렇게 두드러져 보이지 않는다고 볼 수 있다. 또한 사회 전체적인 질병 대응과정과 개인의 위생에 대한 경각심이 환경과 사회에 대해 관심을 환기시켰을지 모르겠으나, 이것도 직접적인 인과관계로 보기에는 약하다고 판단된다.

좀 더 강력한 인과관계는 코로나19가 촉발한 경제 위기가 시장보다는 정부의 역할을 크게 확대시켰고, 정부는 경기부양을 위한 자금 투입의 대의명분이 필요했다고 본다. 이러한 대의명분에 ESG가 부응했고, 각국 정부의 그린뉴딜 등 강력한 부양책과 기업들의 호응에 힘입어 ESG트렌드가 대세로 떠오른 것으로 이해된다. 예컨대 유럽정부들의 2050년 탄소중립 사회 구현이나 대규모 한국형 뉴딜정책이 모두 그러한 이해를 뒷받침한다고 본다.

주지하다시피 ESG라는 개념은 시장에서 가격 메커니즘으로 적용될 수 있는 것이 아니라, 오히려 정책과 제도를 통해 시장을 보완하는 개념이라고 본다. 비록 자본주의가 시장이라는 도구를 통해 주어진 자원을 효율적으로 사용하여 물질적 풍요를 주지만, 그 이면에는 외부효과에 의한 환경파괴나 자본가에 편향된 부의 분배로 인한 불평등의 확내 등 심각한 부작용이 따르는 것은 부인할 수 없는 사실이다. 이러한 시장실패를 바로잡는 것이 현대 경제학에서는 정부의 역할인 것이고, 지금시점에서는 "ESG 패러다임의 정착"이 정부의 역할로서 자리매김한 것이 아닌가 한다. 과거 국제기구에서 개발도상국가들에 자금을 투입할 때부터 이미 ESG와 관련된 다양한 평가지표를 시험해 왔고, 코로나19로 인해 이제 본격적으로 그 쓰임새가 개방된 모습이다.

정책자금과 더불어 ESG트렌드에 발맞춘 기업 자금이 유입되면서, 일시적으로 ESG투자성과가 좋아지는 착시현상으로 파악하는 시선도 당연히 존재할 것이다. 특히 시장주의자들은 정부의 개입이 비효율적이고 시장을 왜곡하여 궁극적으로 지속가능한 재무적 성과를 내지 못한다고 믿기 때문에, 최근 주목받는 ESG는 그린워싱에 불과하다고 본다. 즉, 코로나19로 인한 경제충격이 백신접종 이후 감소하면서 시장이 정상화되면, 서서히 ESG 열풍이 감소하게 될 것이라는 예측이다.

솔직히 미래를 예측하는 것은 어렵다. 그러므로 ESG에 대한 향후 의견도 어느 정도는 단순한 믿음에 기반하지 않을 수 없다. 그러나 "미래를 예측하는 가장 좋은 방법은 미래를 창조하는 것"이라는 경영학자 피터 드러커의 말처럼, ESG가 올바른 방향이라고 믿고 꾸준하게 실천하는 경제 주체들이 많아질수록 세계가 ESG패러다임을 완전히 받아들이게 되는 시기가 더 빨리 오지 않을까 한다.

최진석: 코로나19의 확산으로 전 세계가 유례없는 고통을 겪

고 있으며, 글로벌 금융투자 산업과 자본시장 또한 역사적으로 경험한 적 없던 새로운 상황 속에 놓여 있다. 모두 주지하다시피 코로나19는 단순한 전염병 확산의 차원을 넘어 오늘날 우리가 속한 사회, 경제, 정치 등에 관한 체계 자체의 위험을 드러냈다는 측면에서 예일대 명예교수였던 찰스 페로(Charles Perrow)가 주장한 정상사고(Normal Accident)[86]로 볼 수 있다. 정상사고 란 고도로 발전되고 긴밀하게 연결된 세계에서 예상치 못했던 요 인들 간의 상호작용으로 발생하는 피할 수 없는 대재앙을 의미한 다. 고도화된 효율성을 추구하고 전 세계가 하나의 가치사슬 속 에 있던 세계가 코로나19로 인해 극단적인 단절을 경험하고 새 로운 현상들이 나타나고 있기 때문에 정상사고라는 개념은 현재 를 설명하는 데 적합한 개념이라고 본다. 코로나19 상황을 정상 사고로 볼 경우, 이를 해결하기 위해서는 보다 총체적이고 반성 적인 접근이 필요하다.

오늘날 기업의 활동은 환경과 사회에 큰 영향을 미치고 있고 이해관계자들 역시 기업과 그 지배구조에 대해 더 많은 것을 요 구하고 있다. 코로나19 이전에도 이에 대해 인지하고 있었지만 이와 같은 위험을 직접적으로 경험하지 못했기 때문에 크게 주

---

86 Charles Perrow, 'Normal Accidents: Living with High Risk Technologies', Princeton University Press, (1999)

목하지 않았다고 생각한다. 하지만 코로나19라는 정상사고를 전 인류가 함께 경험하면서, 기업을 둘러싸고 있는 환경에 관한 이 슈나 이해관계자들에 대한 역할과 의무, 위기에 대응하면서 노출된 기업별 지배구조의 모습 등에 대한 주목도가 크게 높아졌다고 생각한다.

이런 맥락에서 ESG로 대변되는 비재무적 요인들이 기업 평가에 활용되고 투자수익률에도 영향을 주고 있는 움직임이 금융투자업계에서 폭넓게 확산되고 있는 건 어찌 보면 당연한 것일 수도 있다. 자본시장 및 투자업계뿐만 아니라 모든 산업과 기업에 새로운 패러다임으로 확산되는 현상 역시 같은 선상에 있다고 본다.

예를 들어 JP모건 보고서[87]에 따르면 코로나19 위기는 2차 세계대전 이후 최악의 경기침체를 불렀을 뿐만 아니라 투자자들이 이를 21세기의 첫 번째 지속가능성 위기로 평가할 수 있다고 주장한다. 또한 기후변화에 대한 관심이 다시 집중되고, 투자에서도 좀 더 지속가능한 접근이 우선되는 의사결정을 촉구하는 경종이 되고 있다고 밝혔다. JP모건은 총 자산규모 13조 달러 수준의 전 세계 투자자들을 대상으로 설문조사를 했으며 설문응답자들 가운데 70% 이상이 코로나19 같은 전례없는 사건들은 기후위기 같은 이슈들에 대한 투자자들의 관심을 불러일으킬 것으로

87 JP Morgan, 'Why COVID-19 Could be a Major Turning Point for ESG Investing (2020.7.1.)

믿는다고 답했다. 또 50% 이상은 이번 팬데믹이 앞으로 3년 동안 ESG 모멘텀에는 긍정적으로 작용할 것으로 전망했다. 코로나19가 ESG 투자에 미치는 영향이 중립적일 것이라고 믿는 응답자는 18%에 불과했다.

보고서는 코로나19와 환경위기는 총체적 충격이라는 면에서 유사한 것으로 받아들여지고 있으며 의사결정자들에게 중요한 신호가 되고 있다면서 코로나19 위기가 실물 경제와 금융시스템에 미친 충격은 대부분의 예측 모델들이 비선형적인 복잡계 위험들을 제대로 다루지 못하고 있음을 잘 드러냈다고 지적했다.

흥미롭게도 코로나19는 지속가능성에 투자하는 펀드로의 자금 유입을 촉진했다. 지속가능성에 집중하는 펀드들은 코로나19 충격이 전 세계 시장을 뒤흔들었음에도 불구하고 2020년 1분기에는 사상 최대 자금 유입을 기록했다. 모닝스타에 따르면 2020년 1분기 전 세계 펀드에서는 3847억 달러가 유출됐지만 지속가능성 펀드에는 457억 달러가 유입됐다. 미국에서는 지속가능 펀드의 1분기 유입 규모가 105억 달러로 지난해 전체 유입규모 214억 달러의 절반을 넘어서며 사상 최대를 기록했다. 수익률 측면에서도 코로나19 시기 대표적인 SRI/ESG지수 모두 우수한 수익률을 나타내었다. 2009년 금융위기 이후 출시된 ESG 펀드들이 경험한 최초의 시상 위기에 선방했다는 평가를 내릴 수 있을 것이다. 다만 새로운 전환점으로 평가할 수 있을지는 더 오랜 관찰이 필요할 것으로 판단된다.

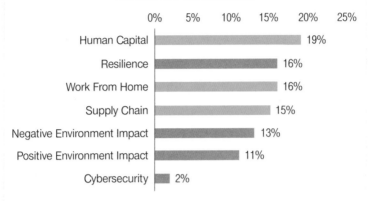

코로나19 이후 중요 ESG 요소

	0%	5%	10%	15%	20%	25%
Human Capital					19%	
Resilience				16%		
Work From Home				16%		
Supply Chain				15%		
Negative Environment Impact			13%			
Positive Environment Impact			11%			
Cybersecurity	2%					

Source: Survey - Tracking ESG Implication of the COVID-19 crisis(J.P Morgan)

Best Place to Work 기업 주식수익률 비교

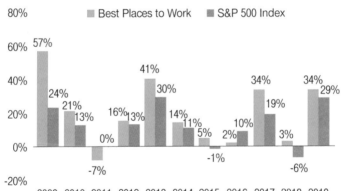

■ Best Places to Work ■ S&P 500 Index

Source: Glassdoor research

한편 직업 평가 기관인 글래스도어 리서치(Glassdoor Research)에 따르면 일하기 좋은 근무환경의 경우 높은 주식수

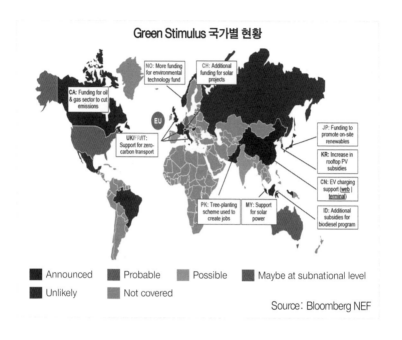

Green Stimulus 국가별 현황

NO: More funding for environmental technology fund

CH: Additional funding for solar projects

CA: Funding for oil & gas sector to cut emissions

EU

UK/FR/IT: Support for zero-carbon transport

JP: Funding to promote on-site renewables

KR: Increase in rooftop PV subsidies

CN: EV charging support (web | terminal)

PK: Tree-planting scheme used to create jobs

MY: Support for solar power

ID: Additional subsidies for biodiesel program

■ Announced　■ Probable　■ Possible　■ Maybe at subnational level
■ Unlikely　■ Not covered

Source: Bloomberg NEF

익률을 나타내고 있어, 근로자가 일하기 좋은 근로환경을 제시해 주는 것이 기업 입장에서도 높은 초과수익률을 나타낼 수 있는 기제가 되고 있다. 향후에도 UN이 제정한 지속가능발전목표(Sustainable Development Goals)를 추구하며 기업 및 투자활동이 중장기적으로 미치는 환경과 사회, 나아가 미래에 대한 영향을 고려하는 것 역시 중요한 테마가 될 것으로 전망된다.

특히 코로나19에 따른 경제적 위기를 타개하기 위해 각국이 추진하고 있는 재정정책인 "Green Stimulus"를 보더라도 전 세계와 각국 정부는 자국의 산업보호라는 명분으로 생각하던 것에서 완전히 다른 접근법으로 바뀌었다고 볼 수 있다. 온난화의 책임과 해결의무를 서로에게 떠넘기던 각국 정부는 오히려 기후변화 대응을 선도하기 위해 경쟁하는 기후전쟁을 벌이고 있다. 코로나19를 거치며 사회적 이슈 등에 대한 거시적 문제들은 이제 산업이 되고 유망한 투자대상이 되었다.

08

주주행동주의 펀드들은
ESG 친화적인 투자자인가,
아니면 기업사냥꾼의
또 다른 이름일 뿐인가?

전홍민: 한국에서 주주행동주의 펀드들은 한국의 기업지배구조를 개선시키기 위해서 많은 노력을 해왔다. 특히 라자드에셋자산운용의 장하성 펀드의 경우, 소액주주의 권리를 강화하기 위해서 많은 노력을 했지만 결과적으로 큰 성공을 하지는 못했다고 평가받고 있다.

1997년 이후 주식시장이 외국인에게 전격적으로 개방되면서 국내 대기업들은 기존 외국계 주주행동주의 펀드의 주요 타겟이 되었다. 해당 외국계 주주행동주의 펀드들은 재벌기업의 회계이슈와 지배구조들에서 파생되는 여러 문제들을 기반으로 하여 경영권 분쟁을 실시하였고, 결국 막대한 이익(자본이득+배당소득)을 차지한 바 있다.

반면 다양한 외국인투자자의 경제적 효과와 관련한 선행연구들은 외국인지분율이 높은 기업의 경우 대리인비용이 감소하여 자기자본비용이 감소하고 있으며(Rhee and Chun, 2018), 더 많은 특허권 확보 및 연구개발비를 지출함(Joe 외, 2020[88])을 주

88 Joe, Denis Y/. Frederick D. Oh & H. Yoo. 2019. Foreign Ownership and Firm Innovation: Evidence from Korea, Global Economic Review, 48, 284-304.

장하고 있다. 특히 Aggarwal 외(2011)는 미국을 제외한 타 국가를 대상으로 외국인 지분율이 높은 기업의 경우 해당 기업의 기업지배구조 수준을 유의하게 개선시켰음을 실증하였다.

특히 한진칼 경영권 분쟁과 관련하여 KCGI[89]의 활동은 한국형 행동주의 펀드의 좋은 예라고 본다. 2019년 KCGI의 주주제안권 행사와 관련하여 한진칼 측과 진행된 일련의 소송은 상장법인의 소수주주권 행사요건에 관한 법률적 쟁점을 언론이나 소수주주에게 전면적으로 부각하는 계기가 되었다고 본다. 특히 한진그룹 경영자들의 갑질과 여러 가지 이슈와 관련하여 KCGI의 문제제기는 일견 타당해 보였으며, 한국에서의 주주행동주의 펀드들에 대한 인식의 대전환을 이루었다고 봐도 좋을 것이다.

최근의 ESG열풍과 관련하여, 주주행동주의 펀드들도 1997년 대비 진화했다고 판단된다. 단순히 주주중심주의적인 기업지배구조측면에서 벗어나서, 이해관계자 자본주의를 이해하기 시작했으며, 연기금도 단순한 투자자라기보다는 스튜어드십 코드를 통한 주주권 행사를 적극적으로 시행하려고 하고 있다.

물론 국민연금의 경우 주주권 행사와 관련된 구체적인 방안과 관련하여 주주권 행사를 촉구하는 의견과 주주권 행사가 기업경영에 관한 과도한 간섭으로 이어질 수 있다는 의견이 여전히 상충되고 있지만, 시대적 흐름은 ESG열풍과 맞물려서 연기금의 주

---

89 Korea Corporate Governance Improvement : 대한민국의 독립계 사모펀드

주권 행사를 강화하는 방향으로 이어질 것으로 판단된다.

경영학자의 관점에서 걱정이 되는 부분은, 오히려 연기금 혹은 기관투자자들이 효과적으로 기업지배구조개선 혹은 ESG 경영요구를 할 수 있는지에 대한 부분이다. 연기금이 5% 이상 투자를 한 기업이라면 어느 정도 주주권 행사를 할 수 있다고 보지만, 국민연금이 보유한 관련 전문인력이 투자기업 대비 현저히 적은 상황에서 개별 사안에 대해서 일일이 파악을 하는 것이 과연 가능할 것이냐는 문제가 있다.

이상혁, 배진한(2020)[90]은 2016년 이후 국민연금의 스튜어드십 코드 실행에 대해서 실증연구를 수행하였는데, 국민연금은 반대 의결권을 행사한 기업에 대해 이후 투자 지분율을 축소하는 등의 직접적인 영향력을 행사하지 않았고, 국민연금의 투자 지분율 변경은 주가수익률과 성장성에 영향을 받았지, 반대의견 개진에 영향을 미치는 지배구조의 취약성, 감사품질, 최대주주지분율과는 유의한 관계가 없었다. 즉 이러한 결과는 스튜어드십 코드 도입 이후, 국민연금은 반대 의결권 행사 외에 기업에 실질적인 영향을 주지 못했다고 결론짓고 있다.

즉 일단 ESG 경영요구 혹은 기업지배구조를 효과적으로 변화시키기 위해서는, 관련 인력의 확보 및 전문성의 확보가 필수적

---

90 이상혁, 배진한, 스튜어드십 코드 도입과 국민연금의 적극적 주주활동, 경영학연구, 2020.

이라고 판단되고, 이에 대한 역할을 할 수 있는 방안으로 연기금이 공동으로 의결권 관련 기구를 만드는 것을 제안하고 싶다. 한국에서는 ISS(Institutional Shareholder Services)와 같은 의결권 자문사도 실질적으로 없는 상황이고, 의결권에 대한 통일화된 기구가 없는 상황이다. 물론 각 연기금 혹은 기관투자자가 알아서 잘하는 게 최선일 수 있지만, 앞서의 이상혁, 배진한(2020) 연구를 참조해 보더라도 실질적인 영향력을 미치기 위해서는 일단 관련 인력과 전문성의 확보가 필수적이라고 본다. 이를 위해서, 3대 연기금이 출자하여 의결권 관련 기구를 설립하는 것에 대해 제안하는 바이다.

둘째로 한국에서 기업지배구조와 관련하여 가장 논란이 되는 것이 기업집단, 즉 재벌이라고 판단이 되며 공정거래위원회와 보다 면밀히 협업을 하는 기관이 필요할 수 있다. 즉 연기금과 공정거래위원회와 협업을 하여, 일감 몰아주기 혹은 증여세 탈루 등의 기업지배구조적인 측면에서 문제를 일으킨 재벌기업에 대해서 공정거래위원회에서 포착을 하면, 이를 관련된 연기금에 바로 통보하여, 향후 보유지분율을 조정하는 등의 행동을 할 수 있게 하는 등, 재벌기업이 견제를 당하고 있다고 인식하게 하는 것이 중요하다.

송주형: 나는 주주행동주의 펀드의 본질은 상장기업 투자를 통한 수익 추구이며, 행동주의 헤지펀드의 입장에서 ESG는 수익추

구를 위한 수단이라고 생각한다.

정부에서 정책적으로 사회적 책임 등 ESG테마를 강제로 반영하여 만든 펀드가 아닌 다음에야 헤지펀드가 단순하게 기업의 ESG 중심 경영을 하도록 요구하기 위해 행동주의 전략을 활용할 이유는 없다. 펀드매니저의 인센티브는 기본적으로 펀드 수익률에 연동되며, ESG가 펀드 수익 제고라는 측면에서 가치 있는 수단이라고 판단되었을 때에만 투자기업에 ESG경영을 하라고 요구할 것으로 보인다.

대부분 비상장 기업을 인수하여 경영자를 뽑고 이사회에 직접 참여하여 경영을 수행하는 PEF와 달리, 행동주의 펀드들은 상장된 기업에 일정 지분을 투자하여 주주총회에서 발언하고 언론을 이용하는 등 현재 경영자들이 기업의 가치를 제고하도록 압박하게 된다. 이러한 과정에서 배당 확대, 자사주 매입 등 주가상승에 도움이 되는 다양한 압박전략을 활용하는데, ESG도 최근 트렌드에 힘입어 그러한 전략 중 하나가 될 수는 있다고 본다.

그러나 헤지펀드는 이러한 전략과 적절한 EXIT 타이밍을 통해 수익을 극대화해야 하는 목적을 갖고 있기 때문에, 본질적으로 장기적인 ESG전략을 갖고 움직인다고는 보기 어려운 것이다.

경영에 직접 참여하는 PEF는 조금 다를 수 있다. 기본적으로 비상장주식의 중장기적인 본질가치 향상에 집중하는 PEF의 경우 ESG를 단순히 매도가격 상승을 위한 테마로 활용하기보다는 실제로 ESG 적용을 통해 업무 프로세스가 개선되어야 향후

ESG기업에 관심이 있는 원매자가 실사를 통해 그 가치를 알아보고 더 높은 가격에 회사를 인수하게 될 것이기 때문이다.

최근 PEF들이 국내에서 환경 관련 기업들을 적극적으로 인수하는 배경은 환경기업이라는 껍데기만 쓰고 정상적인 활동을 하지 못하는 기업들을 M&A하여, 가치제고 활동을 통해 해당 기업들의 본질가치가 상승할 수 있는 제반 여건이 마련된 것에 있다고 본다.

최진석: 전통적인 의미의 주주행동주의(Activist) 펀드는 마치 기업사냥꾼과 같이 부정적인 평판을 가지고 있는 반면, ESG를 활용하는 펀드나 기관투자자들은 긍정적으로 받아들여지는 것 같다. 하지만 특유의 공격적 이미지에도, 주주행동주의는 벤저민 그레이엄이나 워런 버핏과 같은 일반적으로 존경받는 투자자들도 모두 활용하는 광범위한 투자전략 중 하나이다. 물론 단기적인 이익을 추구해 투자대상기업의 영속성을 훼손하는 일부 펀드들도 활용하는 전략이기도 하다.

주주들이 기업의 의사결정에 적극적으로 영향력을 행사해 기업가치제고 등의 변화를 이루어냄으로서 주주로서의 이익을 추구하는 주주행동주의는 의외로 ESG 관점에서는 매우 보편적인 투자방식 중에 하나이다. 대부분의 ESG 전략을 추구하는 펀드들이 투자대상기업에 대한 적극적인 의결권 행사 및 주주참여(Engagement)를 통해 주주권리활동을 수행하고 있다. 특히

ESG를 전체 투자의사결정에 적극적으로 반영하는 글로벌 연기금들에 있어 이와 같은 전략은 일종의 의무처럼 여겨질 정도다.

액티브 오너십(Active Ownership)이라고 불리는 적극적인 활동의 추구는 계량적으로도 주주참여(Engagement)의 대상이 된 미국기업들이 주주참여 이후 시장평균을 크게 웃도는 재무성과를 달성했으며 참여활동 초반 연평균 1.8%이던 초과수익률(Abnormal return, 이해를 돕기 위해 초과수익률로 번역)은 참여활동 성공 이후 4.4%까지 상승했음을 증명[91]하며 크게 각광받고 있는 상황이다. 예를 들어 미국의 대표적인 연기금 캘퍼스(CalPERS)의 경우 주주참여를 적극적으로 행사한 기업들은 러셀 1000 인덱스 대비 13.72%, 러셀 1000 섹터 인덱스 대비 12.11%의 누적 초과수익률을 달성했음을 실제로 증명하며 캘퍼스 효과(CalPERS Effect)라는 용어를 만들어 내기도 했다.

전 세계적으로 확산된 스튜어드십 코드 역시 이런 움직임에 일부 소극적이었던 기관투자자들에게 보다 적극적인 주주권리 활동에 참여하도록 하게 되는 계기가 되었다. 특히 초기 스튜어드십 코드와 ESG를 서로 다른 맥락에서 논의해야 한다는 주장도 제기되기도 했으나 현재는 기관투자자들의 주주권리의 논의에 ESG에 관한 토픽들은 중점적으로 다루어지게 되었고 반대로

91 Elroy Dimson, Oğuzhan Karakaş, Xi Li, "Active Ownership", The Review of Financial Studies, 28(12), 2015

ESG 차원의 투자전략에서 적극적인 주주권리 활동은 필수적인 업무로 여겨지고 있다.

특히 많은 연기금들이 경우에 따라서는 주주행동주의로 불리는 헤지펀드들과도 연대해 투자를 수행하는데, 최근 ESG에 관한 안건들도 빈번하게 다루고 있다. ESG와 관련된 주주권리 활동은 정보를 공유하고 지식을 축적함에 있어서뿐만아니라 기업 내부의 정치적인 역동성을 제고해 주요 이슈들이 이사회 차원에서까지 논의되도록 만드는 등의 효과를 가져온다는 평가다.[92]

---

92 Jean-Pascal Gond. "How ESG engagement creates value: Bringing the corporate perspective to the fore". 2017

09

차등의결권은
합리적인 거버넌스를 위한
필수불가결한 제도인가, 아니면
오너경영자로 권력을
집중시키는 불공평한 제도인가?

전홍민: 차등의결권에 대해서는 최근 10년간 다양한 논의가 있어 왔다. 특히 2021년에 쿠팡이 미국에서 상장을 추진함에 따라 한국에서도 차등의결권 도입을 보다 적극적으로 수행해야 하는지에 대해서 다양한 논의가 이루어지고 있다. 이는 쿠팡 김범석 의장이 미 증권거래위원회(SEC)에 제출한 증권신고서에서 창업자인 김범석 이사회 의장에게 차등의결권을 부여한 것이 계기이다.

차등의결권은 크게 두 가지로 구분될 수 있다. 즉 1주당 1개 미만 의결권을 부여하는 부분의결권과 2개 이상 의결권을 주는 복수의결권이다.

한국에서도 넓은 의미에서의 부분의결권에 해당하는 무의결권은 지난 2011년 상법에서 도입, 허용되어 있는 상황이다. 논란의 대상은 복수의결권이다. 이는 현행 국내법에서는 인정되고 있지 않으며, 비상장 벤처기업에 한정해 1주 10의결권의 주식 발행을 허용하는 법안이 국회에 제출되어 있는 상황이다.

김신영(2020)[93]에 따르면 차등의결권제도를 도입하려고 할 때에는, 차등의결권구조가 가능한지를 단계별로 구분해서 살펴보아야 한다고 주장한다. 즉 비상장회사나 신규상장을 하는 회사에서의 차등의결권주식 발행은 허용했을 때의 효익이 크므로 허용하고, 이미 상장된 회사에서는 차등의결권주식발생은 소수주주의 이익을 해할 가능성이 높아, 오히려 회사의 가치를 감소시킬 가능성이 있음을 주장한다.

경영학자의 입장에서 복수의결권은 특히 한국처럼 재벌기업이 존재하고, 소유와 지배의 괴리가 높은 상황하에서는 오히려 소유와 지배의 괴리를 더욱 심화시킬 수 있는 제도라고 판단된다. 특히 위에서 언급한 것처럼 비상장 벤처에 한해서 허용한다는 법안이 통과가 된다면, 향후 허용폭이 넓어질 가능성을 배제할 수 없다. 이는 차등의결권이 만들어질 수 있는 판례가 생기는 것이고, 허용대상 회사만 넓혀주는 방향으로 간다면, 이를 반대할 논리를 찾기가 매우 어렵기 때문이다. 특히 차등의결권을 실제로 활용하고 있는 미국 재무관련 학자 중 다수들도 차등의결권에 대해서 시장을 하향평준화하는 제도로 평가하는 상황이다.

한국에서는 재벌기업들이 계열사간 출자를 통해 적은 지분으로 이미 다양한 기업을 지배하고 있는 상황이다. 여기에 복수의결

---

93 김신영, 국내 차등의결권제도 도입 방안에 관한 연구- 일본, 홍콩, 싱가포르, 상하이 차등의결권제도와의 비교를 중심으로-, 금융법연구, 17(1), 2020.

권마저 허용한다면, 한국에서 대리인비용을 야기시키는 데에 가장 큰 역할을 한 소유-지배괴리도(Cash flow right-voting right divergence)[94]의 문제가 더욱 커질 가능성을 배제할 수 없다.

즉 투입자금이 상대적으로 적게 드는 비상장사를 지배구조의 상층부를 올리는 과정에서 일감 몰아주기 등 시간이 상대적으로 오래 걸리는 방법보다 외부 자금 조달 등 방법으로 단기간에 자산을 확장시키는 장치로 활용될 가능성을 배제할 수 없다. 따라서 원칙적으로는 불허용을 하되, 비상장 벤처회사에 한해서 아주 예외적으로 허용을 하는 방식으로 접근을 하는 것이 한국의 현실에서는 가장 적절할 것이라는 생각을 해 본다.

송주형: 차등의결권은 상장된 회사의 장기적이고 안정적인 거버넌스를 위해 필수 불가결한 제도라고 본다.

미국·영국·일본 등 선진국에서는 이미 차등의결권이 도입되어 운영 중인데, 도입의 가장 큰 목적은 단기적인 시장의 신호에서 벗어나 중장기적으로 회사의 비전을 집행해 나갈 수 있도록 창업자에게 힘을 실어주기 위해서이다. 국내시장에도 많은 작전세력이나 불순한 음해세력들이 주가를 조작하고 악의적인 소문을 퍼뜨려 멀쩡한 회사를 헐값에 인수하는 경우들을 종종 보게 된다.

---

94 한국개발연구원 2003년도 보고서에 따르면 소유지배괴리도의 수준이 높은 기업집단들에서 소유지배구조는 기업 내외부의 통제시스템 작동을 방해하여, 대리인 문제를 유발하는 근본적인 요인이라고 주장하였다.

차등의결권을 가진 창업자는 이러한 불순한 시도들에 대해서 강력한 방어권을 가지고 장기적인 회사의 성장에 집중할 수 있다.

또한 이러한 차등의결권은 기본적으로 투자자들의 동의가 없으면 애초에 발행이 불가능하기 때문에, 불순한 세력들이 발행하는 차등의결권 주식은 투자자들이 시장에서 매입하지 않으면 그만이며, 만약 악용되는 경우 주가에 반영되기 때문에 시장논리로 평가절하가 되기도 한다. 굳이 우리나라처럼 정부에서 발행자체를 법으로 금지하는 것이 효과적인 방법이라고 보지 않으며, 오히려 작전세력들이 상장기업을 통해 단기적으로 기업을 흔들고 경영권을 빼앗을 수 있는 기회를 만들어줄 수도 있는 것을 생각하면 차등의결권의 전면 도입을 고려해야 한다.

ESG는 장기적인 목표로서 회사를 건전하게 만드는 경영자의 강력한 추진력이 필요한데, 단기적인 재무성과에만 치중한 주주들이 ESG를 반대하면 경영자가 원한다고 해도 그 추진력에 한계가 있을 것이다. 차등의결권은 좀 더 장기적인 시각으로 ESG를 도입하여 회사를 더 투명해지게 만들고 환경 및 사회친화적인 기업이 되는 데 기여할 수 있을 것이다.

최진석: 주주평등의 원리로 대변되는 1주 1의결권 원칙은 기업에 대한 소유권과 의결권이 비례하기 때문에 가장 바람직한 의결권 구조로 오랫동안 받아들여져 왔다. 하지만 최근 차등의결권에 대한 활발한 논의로 1주 1의결권의 원칙을 주장하는 것이 다

소 시대착오적으로 여겨지는 분위기까지 느껴진다. 특히 자본시
장 내 IT 기업이 비중이 높아지고 국가경제의 경쟁력의 원천으로
여겨지는 상황에서 이에 적합한 차등의결권의 도입은 시대의 대
세가 된 것으로 보인다.

특히 국제적으로도 차등의결권을 허용하는 경우가 크게 늘
고 있다. 미국의 뉴욕증권거래소(NYSE), 나스닥(Nasdaq), 일
본의 도쿄증권거래소(Tokyo Stock Exchange), 프랑스 등의
유로넥스트(Euronext) 등이 그렇다. ISS 데이터에 따르면 러셀
(Russell) 3000의 약 7% 정도가 차등의결권을 도입한 것으로
보이며 페이스북(Facebook), 알파벳(Alphabet) 등 우리에게
익숙한 대형IT기업들도 여기에 해당한다.

하지만 벤처기업 등에 적용할 경우 산업 및 경제전체의 혁
신성을 높일 수 있다는 장점에도 불구하고 기관투자자들은 이
에 대한 반대입장을 표명해왔다. 국제적인 기업지배구조 협의체
(International Corporate Governance Network, ICGN)는
차등의결권이 소수주주의 권리보호 등을 이유로 부정적이며, 중
요 인덱스에 포함되어서는 안 된다는 입장[95]을 표명했다. 미국 기
관투자자협의회(Council of Institutional Investor, CII)는 뉴
욕증권거래소와 나스닥에 차등의결권을 도입한 기업의 상장을

---

95 "The inclusion of non-voting or limited voting shares in stock market
    indices", ICGN (International Corporate Governance Network) Report,
    2017. 1

금지할 것을 촉구하는 서면을 발송하기도 했다. 또한 주주권리 업무로 유명한 미국 연기금 캘퍼스(CalPERS)는 차등의결권을 유지한 기업의 주식을 매입하지 않는 원칙 도입까지 검토한 바 있다.

벤처투자 등 다양한 자산군에 장기적인 관점에서 투자하는 기관투자자자들이 차등의결권에 대해 비판적인 이유는, 차등의결권이 주주들이 의결권 행사를 통해 대리인 비용을 낮추는 등의 효과를 줄이기 때문이다. 상장 초기 창업자의 혁신성을 보존해 기업가치에 긍정적 효과를 준다는 연구결과에도 불구하고 경영진의 도덕적 해이 등에 대한 견제장치를 무력화시킨다는 것이다. 이런 비판은 도덕적 해이로 여론의 많은 비판에도 차등의결권에 의해 경영권을 보호받았던 위워크(Wework)의 창업자 애덤 뉴먼의 사례[96]를 보더라도 유효한 것으로 보인다. 특히 혁신기업을 위한 제도가 일반기업에 의해 불합리하게 악용될 소지까지 감안한다면 더욱 그렇다.

무엇보다 차등의결권의 허용이 기업의 국적이나 비즈니스 영역과 관계없이, 벤처기업을 유치하기 위한 각국 정부와 거래소들의 필요에 의해서 경쟁적으로 확산되고 있다는 점도 고민할 필요

---

96 Wall Stree Journal, 'Some WeWork Board Members Seek to Remove Adam Neumann as CEO.
SoftBank officials are among those expected to push for Neumann ouster', Maureen Farrell 기자 등 (2019.9.22)

가 있다. 2021년 2월 뉴욕증권거래소에 상장한 쿠팡의 예를 보더라도 벤처기업들이 실제 사업을 영위하거나 직원·고객 등이 속해 국가에 상장하는 대신, 차등의결권 제도를 활용할 수 있는 국가나 거래소를 자금조달을 위한 목적으로 선택하는 것은 이해관계자가 중요시되는 관점에서 적절하다고 볼 수 없다. 즉 각국 정부가 자국의 경제발전을 위한 목적으로 차등의결권을 경쟁적으로 허용하고 전 세계적으로 확산될 경우 역설적으로 자본시장의 주주와 해당기업의 이해관계자들의 괴리가 확대될 가능성이 높다고 생각한다.

참고사례 : 알리바바의 기업지배구조 사례 (하버드 기업법 참고)[97]
알리바바(Alibaba)는 2014년 뉴욕증권거래소에서 사상 최대 규모의 IPO를 실시했으며, 마윈(Jack Ma) 등이 설립한 이 기업은 현재 아시아 상장기업 중 가장 시가 총액이 큰 기업일 뿐만 아니라 세계 최대의 이커머스 회사이다. 특히 알리바바는 독특한 기업지배구조로 운영 중인 것으로 유명하다. 알리바바의 이사회의 이사들 대다수는 수십 명의 개인단위로 구성된 소위 '알리바바 파트너십'에 의해 지명되거나 임명된다. 이 파트너십이 알리바바를 전반적으로 운영한다고 말할 수 있다. 하지만 파트너십 자체는 마윈을

---

97 Fried, Jesse M. and Kamar, Ehud, Alibaba: A Case Study of Synthetic Control. European Corporate Governance Institute - Law Working Paper No. 533/2020, Harvard Business Law Review (2021.2.15)

종신위원으로 하는 훨씬 작은 파트너십 위원회에 의해 통제된다. 따라서 알리바바는 표면적인 것보다 훨씬 적은 숫자의 개인들에 의해 관리되고 있다고 말하는 것이 더욱 정확할 수 있다. 더욱 흥미로운 것은 알리바바의 지분 5% 미만을 소유하고 있는 마윈이 알리바바의 지분을 더 이상 사들이지 않더라도 경영권을 혼자서 관리할 수 있다는 점이다. 그 이유는 알리바바에 대한 마윈의 통제권이 그의 알리바바 지분에 기초하는 것이 아니라 다른 회사인 앤트 그룹(Ant Group)에 대한 통제권에 기초하기 때문이다. 마윈이 이와 같이 앤트 그룹을 통제하는 것이 알리바바에 대한 두 가지 측면에서의 통제권을 나타낸다고 설명할 수 있다.

첫째, 마윈은 파트너십 위원회를 효과적으로 통제할 수 있고, 궁극적으로 알리바바 파트너십과 알리바바 이사회의 대다수를 통제할 수 있다. 이는 마윈이 직접 통제할 수 있는 앤트 그룹의 임원 중 일부가 파트너십 위원회의 위원으로 고용되어 있기 때문에 가능하다. 특히 마윈은 이들 파트너십 위원회 위원들을 앤트 그룹 파트너십 등 직위로부터 언제든지 해고할 수 있다.

둘째, 마윈은 자신이 고용한 위원들을 통해 알리바바의 사업에 매우 중요한 일종의 '라이센스'를 일시적으로 중단시킬 수 있다. 이런 라이센스는 제3의 기업들이 가지고 있으나 이를 유지할 수 있는 권리는 마윈에게 있으며 이는 알리바바에 대해 그의 영향력을 보완해 준다. 알리바바의 핵심자산이 제3의 기업들에 의해 보유되는 이유는 중국의 규제 때문이다. 중국은 케이먼(Cayman)과 같은 조세회피지역에서 설립된 알리바바와 같은 외국기업이 인터넷이나 미디어와 같은 민감한 분야에서 사업권을 보유하는 것을 금지하고 있다. 이러한 규제를 극복하기 위해 알리바바는 라이센스를 중국인 소유비율이 100%인 이른바 계약통제방식(Variable Interest Entity, VIE)에 보관하고 있으며 일련의 계약을 통해 알리바바에게 이러한 자산에 대한 통제권을 부여하고 있다. 알리바바의 VIE를 보유한 개인 10명은 알리바바 이사회 이사 9명(이 중 한 명을 제외한 나머지는 알리바바 파트너십 위원회 위원)과 앤트 그룹 임원 1명(이 역시 알리바바 파트너십 위원회 위원)이다. 마윈의 앤트 그룹에서의 지위는 앤트 그룹 임원뿐만 아니라 알리바바 파트너십의 어떤 위원이나 파트너가 아닌 알리바바 임원도 지배할 수 있게 해주기 때문에 마윈은 VIE를 소유한 모든 개인들을 지배한다고 말할 수 있다. 중국 계약법은 다른 법적 행위를 가장해 불법적인 목적을 달성하려는 계약을 무효화하기 때문에 중국에서 알리바바의 지배구조 사례의 VIE 약정 집행 가능성은 불확실하다. 과거에 정부 관계자들은 때때로 VIE의 사용을 금지하거나 해체할 것을 요구해 왔다. 마윈은 향후에도 알리바바에 대한 영향력을 얻기 위해 VIE 법적 취약성을 이용 할 수 있을 것이다. 특히 알리바바가 마윈을 경영에서 배제할 경우 VIE 약정이 무효로 선언되고 사업이 어려워질 것을 우려해 쉽게 소송을 제기하기 어렵다. 마윈이 통제하는 VIE 소유주들이 마윈을 대신해 자신의 요구가 관철되지 않는 한 알리바바와의 VIE 계약을 준수하지 않겠다고 주장하도록 할 수도 있다. 알리바바의 사례는 수십년간 기업지배구조 논쟁의 중심에 있었던 소유권과 비례하지 않는 경영권이 피라미드형 지배구조(Pyramidal ownership structures)나 복수 의결권 제도(Dual-class shares) 없이도 발생할 수 있다는 것을 보여준다.

본 사례는 충분한 지분이 없어도 제3의 기업들과의 계약의 조합을 통해 기업을 지배할 수 있다는 것을 나타낸다. 영미식 주주 중심의 기업지배구조는 마치 표준처럼 간주되어 왔다. 하지만 국가별 기업지배구조의 특수성 역시 존재한다. 알리바바의 사례만 봐도 매우 복잡하고 이해하기 어려운 면이 존재한다. 그러므로 특히 신흥국의 기업을 분석할 때 이상적인 기업지배구조를 상정하기보다는 국가별 기업지배구조의 특수성을 인지하면서도 동시에 투자대상 기업의 기업지배구조가 적정한 가치를 제공할 수 있는지를 냉정하게 평가하려는 투자자 고유의 특성을 감안해야 한다고 생각한다.

특히 경영권을 방어하기 위해에는 주식의 보유기간에 따라 의결권을 달리 부여하는 테뉴어 보팅(Teture Voting),[98] 지주회사식 지배구조나 상호출자 등의 다양한 장치들이 이미 마련되어 있다는 것을 감안하면 차등의결권은 장점만을 부각시키기보다는 도입의 필요성을 종합적으로 고민할 필요가 있다고 본다.

---

98 장기투자자가 소유한 주식에 더 많은 의결권을 부여하는 제도이다.

10

여성의 사회적 역할 강화 및
거버넌스 참여 확대가
기업의 경쟁력 강화 조건인가,
아니면 단순한 여성권리 신장을
위한 필수불가결한 요소인가?

전홍민: 여성가족부의 발표에 따르면 2018년 말 기준, 국내 500 대 기업의 여성임원 비율은 3.6%로, 2014년 2.3%보다 소폭 증가 하였다. 이는 여성의 경제적 참여가 활발히 증가하고 있는 시대상 을 반영한 결과이기도 하지만, 여전히 OECD 국가들보다 500대 기 업의 여성임원 비율이 낮은 상황이라 이에 대한 개선이 필요하다.

특히 500대 기업 중 여성 임원이 1명 이상 있는 기업 수는 190개로 약 40%에 달하고, 여성임원 비율이 10% 이상인 기업 은 약 60개 내외로 조사되고 있다. 또한 정부는 공공기관의 운영 에 관한 법률 개정을 통해 공공기관에서 임원 성비 균형을 위한 양성평등 임원 임명 목표 제도를 도입하는 등 고위직 고용에서 양성평등 정책을 적극적으로 추진하려고 하고 있다.

선행연구에서는 여성이 남성보다 윤리적이고, 이타적 성향을 나타낸다고 보고하고 있고(Adams and Funk, 2012[99]; Mesch

---

99 Adams, R. B. and P. Funk (2012), "Beyond the Glass Ceiling: Does Gender Matter?" Management Science, 58(2), 219-235.

2009[100]), 여성은 남성에 비해 타인과 공감하는 능력이 뛰어나며, 타인의 복지에 보다 관심을 가지는 공동체적 성향을 나타낸다고 보고하고 있다(Eagly et al. 2003).[101] 따라서 이러한 이타적이고, 공동체적 성향을 바탕으로 기업 내에서 여성 임원은 남성 임원보다 조직 내에서 구성원의 만족에 관심을 갖는 관계지향적인 성향을 나타낼 가능성이 크다(Lamsa and Sintone, 2001).[102] 특히 미국과 유럽을 대상으로 한 여성경영자에 대한 선행연구에서는 여성경영자가 기업의 사회적 책임활동에 긍정적으로 영향을 미치는 것으로 보고하고 있다(Borghesi et al. 2014[103]; Gingliner and Raskopf 2020[104]).

2020년 1월 9일 한국에서도 '자본시장과 금융투자업에 관한

100 Mesch D. J. (2009), Women and philanthropy: A literature review, Working paper 4/09, The Center on Philanthropy, IUPUI, Indianapolis, IN.

101 Eagly, A. H., M. C. Johannesen-Schmidt, and M. L. Van Engen (2003), "Transformational, trans- actional, and laissez-faire leadership styles: A meta-analysis comparing women and men," Psychological Bulletin, 129, 569-591.

102 Lamsa, A. and T. Sintone (2001), "A discursive approach to understanding women leaders in working life," Journal of Business Ethics, 34, 255-267.

103 Borghesi, R., J. Houston, and A. Naranjo (2014), "Corporate socially responsible investments: CEO altruism, reputation, and shareholder interests," Journal of Corporate. Finance, 26, 164-181.

104 Ginglinger, E., and C. Raskopf. (2020). Are Women directors inherently ESG friendly? Evidence from board gender Quotas. European Finance Management Association. 2020.

법률'의 개정안이 국회에 통과되어, "이사회의 성별 구성 특례조항'이 신설되었다. 즉 2022년부터 사업연도 말 현재 자산총액 2조 원 이상 주권상장법인기업의 경우, 이사회의 이사 전원을 특정 성의 이사로 구성하지 않도록 규정하고 있다. 즉 대상 기업은 이 법 시행일로부터 2년 이내에 1인의 여성이사를 반드시 선임하여야 한다. 따라서 이사회 내에서 여성이 증가할 수 있다면 혹은 적어도 한 명 이상의 여성 이사가 적극적으로 활동한다면, 남성 일변도의 이사회 내에서의 다양성 측면에서 바람직할 것이라고 판단된다.

서구의 국가들은 경영의사결정을 수행함에 있어 이사회 내에서의 다양성을 특히 중시하는 것으로 알고 있고, 다양성의 중시가 보다 나은 경영의사결정 및 기업성과향상으로 이어질 수 있음을 실증적으로 보고하고 있다(Adams and Ferreira, 2009; Adams et al. 2010).[105, 106] 한국에서도 여성이사가 더욱 증가하여 향후 여성임원이 확대되고 여성임원이 한국 상장회사의 기업지배구조를 크게 개선하는 역할수행을 기대해 볼 수 있다.

105 Adams, R. B., & Ferreira, D. (2009). Women in the boardroom and their impact on governance and performance. Journal of Financial Economics, 94(2), 291‑309.

106 Adams, R. B., Gray. S., & Nowland, J. (2010). Is there a business case for female directors? Evidence from the market reaction to all new director appointments. 23rd Australasian Finance and Banking Conference.

특히 노르웨이, 핀란드, 프랑스 등 유럽 국가들은 이사의 여성 할당제를 법률로 도입하고 수행하고 있다는 점에서, 한국도 여성 임원제가 2022년부터 도입할 예정인 '자본시장과 금융투자업에 관한 법률'의 개정안과 함께 현재보다 더욱 활성화되기를 기대해 본다.

송주형: 현대사회에서는 기업의 경쟁력 강화와는 관계없이 여성의 사회적 역할 및 거버넌스 참여 확대가 진행되고 있다고 보며 더욱이 이것이 궁극적인 여성의 권리신장을 위한 핵심요소가 되고 있다고 본다.

유교사상 중심이었던 조선이 망하고도 백 년이 넘도록 여성 차별에 대한 논의는 지속되어 왔고, 여성의 권리는 투표권 · 교육기회 · 결혼 · 출산 및 육아에 대한 선택권 등 다양한 영역에서 남성과의 평등한 대우를 받는 방향으로 진전되어 왔다고 본다.

남자와 여자가 생물학적으로 분명한 차이가 존재하는 것은 인정하지만, 인간적으로 동등한 권리를 가져야 한다는 명제하에 많은 생활영역에서 평등한 대우에 대한 논의가 있어 왔고, 특히 일부 여성을 제외한 남성들의 전유물이던 최고위 의사결정기구에 대한 여성들의 참여의제가 급부상하고 있다.

흔히 '여성 TO'라고 하는 여성우대는 역차별이라는 비난을 받고 있으며, 실제로 능력 위주의 선별이 아닌 경우가 있기 때문에 기업경쟁력 강화에 도움이 되지 않을 수 있다는 의견에 공감가는 것도 사실이다. 당장 여성 임원이나 CEO의 등장이 기업 이미지 쇄신 역할을 할 수도 있겠으나, 리더십 차원에서 확실한 역량을 보여줄 수 있는지 검증되지 않았다면 장기적으로 기업경쟁력에 손실을 끼칠 수밖에 없을 것이다.

그러나 기회를 주고 여건을 마련해 준다는 차원에서 이러한 시도가 무의미하다고 볼 수는 없다. 생물학적 차이로 인해, 물리적인 힘을 중심으로 사회가 조직되던 과거에 여성은 집에서 아이들을 키우고 음식을 만드는 등 남성의 조력자로서 오랜 기간을 보내왔다.

그렇기 때문에 사회의 중심 리더그룹으로 갑작스럽게 역할을 변경하기는 어렵다고 본다. 아무리 지식과 자본을 중심으로 사회가 돌아간다고 해도 이미 구축된 카르텔을 무너뜨리기는 쉽지 않을 것이다. 성평등에 대한 진보된 인식을 바탕으로 제도를 하나씩 보완하여 여성 리더 그룹의 규모가 일정 이상 구축된다면 자연스럽게 여성 인구비율과 여성 리더비율이 서로 수렴해가지 않을까 한다.

최진석: 여성의 기업 내 역할강화가 기업가치 제고에 도움이 된다는 주장이 금융 투자업계와 자본시장에 폭넓게 확산되고 있다. ESG의 평가기준에 성별 다양성(Gender Diversity)을 포함하는 사례도 많고 이를 기준으로 한 인덱스까지 개발되어 있

CUMULATIVE INDEX PERFORMANCE - NET RETURNS (USD)
(MAY 2016 - MAY 2021)

— MSCI World Women's Leadership
— MSCI World

194.51

183.67

ANNUAL PERFORMANCE(%)

Year	MSCI World Women's Leadership	MSCI World
2020	13.16	15.90
2019	25.09	27.67
2018	-9.63	-8.71
2017	22.03	22.40

다. 예를 들어 MSCI에서 개발한 'The MSCI World Women's Leadership Index'의 경우 23개 선진국(Developed Markets)에 속한 기업 중 이사회 이사 등 기업 내 리더로 일하는 여성의 비중이 높은 기업 위주로 구성되어 있다. FTSE 역시 'FTSE Women on Boards Leadership Index'를 개발했다. 이들 인덱스들은 기업 내 여성의 역할강화가 기업가치 제고에 장기적으로 도움이 된다는 주장을 반영한 것이며, 장기적으로 일반적인 인덱스보다 높은 수익률을 거둘 수 있을 것이라는 전제를

바탕으로 하고 있다. 일반 인덱스와 비교했을 시 아직 좋은 성과를 나타내고 있지는 못하지만 세계적 인덱스 기관에서 이와 같은 특수한 인덱스를 개발한 사례는 참고할 만하다.

이와 같은 주장에는 여성이 이사회 등에 적극적으로 참여할 경우 기업 내 감시와 견제(Check & Balance) 기능이 강화되어 윤리나 준법에 관한 문제가 줄어들고 있고 기업의 위험관리 능력도 향상된다는 아이디어를 바탕으로 하고 있다. 만약 남성 위주의 성과 지향적인 월가 대형은행의 조직문화가 원인 중 하나라고 지적 받고 있는 2008년 글로벌 금융위기 역시 '리만 브러더스'가 아니라 '리만 시스터스'라면 발생하지 않았을 것이라는 크리스틴 라가르드(Lagarde) 유럽중앙은행(ECB) 총재(전 IMF 총재)의 발언[107] 역시 마찬가지다.

같은 맥락에서 소수의 남성 창업자 그룹에 의해 운영되는 기업이 성장해 해외 진출을 하거나 다른 사업으로 확장할 때 여성의 이사회 참여나 역할 강화는 반드시 고려해야 하는 사안일 수도 있다.

동질적인 특징을 가지고 유사한 생각과 배경을 공유하는 소수의 남성 창업자 그룹이 전혀 다른 해외시장이나 새로운 사업영역

---

107 영국 가디언즈(The Guardian) (2018.9.5), 'If it was Lehman Sisters, it would be a different world' · Christine Lagarde, Richard Partington 기자

에서 기존 사업과 또 다른 특성을 지닌 고객들을 상대하게 될 때 초기의 리더십, 시장에 대한 이해, 의사결정방식 등이 초기처럼 작용하기는 어려울 것이다. 이 경우 여성을 이사회에 포함시키는 등 새로운 변화를 모색할 필요가 있을 것이다. 특히 여성을 고객으로 하는 사업을 영위할 경우 여성고객의 취향과 선호를 보다 잘 이해할 수 있기 때문에 성과에 긍정적으로 기여할 수 있을 것이다.

이런 생각들이 확산된 덕분인지 최근 국내기업의 여성의 이사회 참여비율이 높아지고 있다는 기사를 종종 목격할 수 있다. 매출기준 상위 100대 상장사를 대상으로 볼 경우 2020년 3분기 여성 사외이사후보 비율이 7.9%였다면, 2021년에는 31.6%[108]까지 늘어나는 등 큰 변화가 나타나고 있다. 특히 2022년 8월부터 시행될 자본시장법에 따르면 자산 2조 원 이상의 상장법인의 경우 이사회를 특정 성별만으로만 구성하지 않도록 의무화하고 있어 이런 움직임은 더욱 확산될 것으로 보인다.

하지만 이에 대해 추가적인 연구와 논의도 필요하다. 첫째로 기업의 중요한 목적 중 하나가 영리를 추구하는 것이라고 볼 때 기업의 이사회는 기본적으로 실력이 뛰어난 이사잔들에 의해 운영되어야 할 의무가 있다. 이사뿐만 아니라 조직 내 리더나 일반

---

108 조선일보 (2021.3.11), "새로 뽑는 사외이사, 31%가 여성", 김강한 기자

직원들 역시 주어진 조건에서 최대한 우수한 인력으로 구성되어야 기업의 존속과 발전에 유리하다는 것은 자명하다. 성에 대한 차별로 인해 우수하고 적극적인 여성이 리더십을 발휘하지 못하는 기업이 개선되어야 하는 당위성만큼, 기업의 중요의사결정에 참여하는 이사진의 능력에 대해서는 다양한 요인을 종합적으로 고려해야 한다. 글로벌 ESG 평가기관에서 기업을 평가할 때 여성의 비율만큼 이사의 역량, 독립성, 보상체계, 성과 등도 함께 검토한다는 것을 참고할 필요가 있다.

둘째로 여성의 참여만이 이사회나 기업 내 임직원의 다양성을 가져오는 것은 아니라는 것도 고민해 볼 이슈다. 다양한 인종, 세대, 출신지역 등을 고려해 채용하고 의사결정에 참여시키는 것 역시 중요한 과제일지 모른다. 실제로 〈하버드 비즈니스 리뷰〉[109]에 따르면 한 가지 형태의 다양성에만 집중하는 것은 충분하지 않으며, 사회적 다양성(성별, 인종, 민족, 연령 등), 직업적 다양성 등 여러 가지 다양성을 모두를 높이는 것이 중요하다고 지적한다.

즉, ESG를 위한 기업이 다양성을 추구한다면 이를 통해 얻을 수 있는 것은, 기업 내 생각과 경험의 다양성 속에서 기업의 가치

109 Stephanie J. Creary, Mary-Hunter McDonnell, Sakshi Ghai, and Jared Scruggs, "When and Why Diversity Improves Your Board's Performance". Harvard Business Review. 2019

를 높이고 위험을 낮추는 것이지, 인위적이고 비효율적인 자원배분을 가져올 수 있는 강제화된 비율을 통해서는 아닐 것이다.

11

현재가 아닌 미래 사회에서도
ESG 요인들은
여전히 유효할 것인가, 아니면
가상현실 및 인공지능 등이
중심이 된 사회환경에서 더 이상
의미를 갖지 못한 구시대의
캐치프레이즈가 될 것인가?

전홍민: 2021년 4월 20일 SK그룹 최태원 회장은 아시아판 다 보스포럼으로 불리는 보아오포럼에서, 'ESG 경영은 기업 생존의 문제'라고 강조하였으며, 대한상공회의소는 2021년 5월부터 국 내 경제계 전반에 ESG경영을 확산시키기 위한 활동을 수행하고 있다. 기업의 장기적인 존속과 지속적인 성장을 위해서는 단순히 경제적 활동과 같은 재무적 요소뿐만 아니라 비재무적 요소를 강 조한 ESG 활동을 함께 수행해야 하는 시대가 되었다.

현재의 ESG열풍은 기업이 인류의 공통적인 과제인 환경의 문 제에 공동으로 대응할 수 있다는 장점이 있다. 하지만 향후 10년 뒤에도 ESG경영이 지속가능할지는, 물론 예측 불가능이지만 어 느 정도 회의적인 시각인 것이 사실이다.

먼저 ESG 활동이 기업의 재무성과에 긍정적인 혹은 부정적인 영향을 미치는지에 대해서 아직 일관된 실증결과를 나타내고 있 지 못하다. 따라서 기업 입장에서도 ESG활동에 대해서 인풋만큼 의 아웃풋이 적어도 2~3년간 창출되지 않는다면 지속적으로 투 자하는 것에 주저할 수밖에 없다. 특히 기업 규모가 상대적으로 작은 중소기업이나 재무적으로 제약이 있는 기업의 경우, 특히

나 ESG 활동에 대해서 큰 부담감을 가질 수밖에 없으며, 오히려 ESG 활동을 감소시킬 가능성도 배제할 수 없다.

기업의 ESG 활동은 현금성 자산의 지출을 발생시키므로, 기업의 ESG 활동이 기업의 성과에 도움이 되는지에 대하여 의견이 나뉘고 있다. 기업성과 측면에서 기업의 ESG 활동이 긍정적 또는 부정적인가에 대하여 실증적으로 검증하기 위해서는 이를 측정할 수 있는 지표가 요구된다.

2016년 기준 전 세계 125개의 ESG 정보 제공기관이 존재하며, 우리나라의 경우 한국기업지배구조원이 2011년부터 기업의 ESG 활동을 점수화하고 있다. 신고전이론(Neo-classical Theory)에 입각한 초기의 사회적 책임 활동과 기업의 재무성과에 관한 연구에서는 기업의 사회적 책임 활동에 대해 부정적인 의견이 다수였다(Fisher-Vanden & Thorburn 2011; Jacobs et al. 2010).[110] 이들 연구에서는 주주의 부를 최대화하는 것이 기업의 궁극적 목표이며, 기업의 환경 및 사회적 책임 활동은 비용을 발생시켜 기업성과에 부정적인 영향을 줄 것이라고 주장하였다. 이는 지금도 소수의 집단에서는 기업의 유일한 목적은 이

---

110 Fisher-Vanden, K., and K. S. Thorburn, K. S. 2011. Voluntary corporate environmental initiatives and shareholder wealth. Journal of Environmental Economics and Management 62 (3): 430-445., Jacobs, B. W., V. R. Singhal, and R. Subramanian. 2010. An empirical investigation of environmental performance and the market value of the firm. Journal of Operations Management 28 (5): 430 - 441.

윤창출이며, 사회적 책임활동은 기업의 제약요인으로 작용하고 있음을 주장하고 있다.

하지만 코로나19 이후, 기업의 의무를 이윤창출에 한정하는 학자 혹은 실무자는 많이 감소하였는데, 그 주요 이유로는 기업이 이윤창출에만 몰두한다면 향후 벌어질 다양한 불확실성을 감소시킬 수 없을 것으로 보기 때문이다. 에드먼드의 파이코노믹스[111]에서도 기업이 이윤추구와 사회적 가치의 파이를 함께 증가시키는 방법론에 대해서 강조하고 있으며, 이러한 파이 증가가 결국 기업의 생존에도 영향을 줄 수 있음을 주장하고 있다.

반면 이해관계자 이론(Stakeholder Theory)에서는 기업은 사회적 책임 활동을 통해 비소유주 이해관계자의 이익을 충족시켜 보다 효율적인 계약을 수행함으로서 지속적인 성장의 새로운 활로를 개척할 수 있다는 견해를 보였다(Freeman, 1984; Fatemi & Fooladi, 2013[112]).

따라서 ESG가 향후에도 지속되기 위해서는 ESG 활동을 수행했을 때의 성과가 어느 정도 인정되고, 사회적으로도 ESG 활동을 했을 때의 확실한 인센티브가 확보되지 않는다면, 10년 뒤에는 ESG 활동이 구시대의 캐치프라이즈가 될 가능성이 높다고

111 알렉스 애드먼스, 파이코노믹스, 매일경제신문사, 2021.

112 Freeman, R. E. 1984. Stakeholder management. A strategic approach. Marchfield, MA: Pitman., Fatemi, A. M., and I. J. Fooladi. 2013. Sustainable finance: A new paradigm. Global Finance Journal 24 (2): 101‑113.

본다. 특히 정부 및 규제당국에서는 기업이 ESG 활동을 했을 때 확실한 인센티브를 줄 수 있는 방향으로 정책을 수립하는 것이 장기적인 ESG 경영을 유도할 수 있는 기제가 될 수 있다고 본다.

ESG경영이 무엇인지에 대해서 각 기업별, 개인별, 국가별로 확실한 개념정립을 해나가야 할 것으로 판단된다. 남이 한다고 ESG경영을 하는 것이 아니고, ESG경영을 내재화할 수 있는 이론을 정립하고 실천해야 할 것으로 판단된다.

경영학자의 관점에서, 기업이 코로나19 이후 기업의 이윤창출에만 몰두하기에도 쉽지 않은 상황은 충분히 이해가 가지만, 결국 이해관계자 자본주의를 선택하지 않는다면 우리 인류의 미래를 장담할 수 없는 상황이다. 매년 여름의 더위가 심화되고 있으며, 다양한 환경파괴로 인한 기후변화가 나타나고 있다. 이러한 기후변화는 향후 인류의 위기를 초래할 수 있을 것이다. 따라서 기업들이 보다 앞장서서 더불어 살아갈 수 있는 이해관계자 자본주의를 수행해 나가는 것이 향후 한국에서도 핵심사항이 될 수 있을 것이다.

하지만 이러한 과정하에서 잘하는 기업에게 인센티브를 주는 형식으로 해야 할지, 하지 않는 기업에게 채찍을 가해야 할지는 여전히 쉽지 않은 선택의 문제이다. 전자의 경우 ESG경영을 하지 않는 기업이 오히려 증가할 가능성이 있으며, 후자의 경우 ESG경영을 열심히 하지 않으려는 기업이 증가할 수 있다. 어떠한 정책을 펴야 기업들이 보다 적극적으로 ESG경영을 할 수 있을지를 고민해 보는 것이 필요할 수 있다.

이와 관련하여 많은 공청회와 설명회가 열리고 있지만, 가장 중요한 것은 결국 정부가 기업들을 올바른 ESG경영으로 나아갈 수 있도록 방향설정을 해주는 것일 수 있다.

송주형: 미래에 인간이 직접 살을 맞대고 교류하는 비중이 낮아지고 디지털 세상이 중심이 되며 인공지능이 노동을 대체하는 사회가 오게 되면 ESG가 어떤 의미를 갖게 될 것인가?

다양한 전제에 따라 여러 가지 대답이 가능하겠지만, 난 ESG 친화적일 생태계가 구축될 가능성이 높다고 본다.

예를 들면, 메타버스와 같은 디지털 세상이 중심이 되면 사람들의 물질적인 낭비가 전자적인 낭비로 대체될 것이기에 쓰레기가 크게 줄어들 것이며, 인공지능을 통해 쓰레기를 가장 효율적으로 분류 및 재사용이 가능하게 될 것이므로 매립이나 소각과 같은 쓰레기 최종처리시설이 많이 축소될 것으로 본다. 전기 사용 및 저장장치에 대한 이용이 과다해지는 부분이 문제가 될 수 있으나, 이 역시 기술발전과 친환경 에너지원의 확대가 주요 어젠다로 급부상하면서 ESG의 역할을 키울 것이다.

사회적으로 문제가 되는 성별·인종·지역 간 불평등과 같은 것들은 스스로 디자인한 아바타가 중심인 디지털 세상에서는 상호구별이 되지 않아 무의미해질 것이기에 선입견 없는 사회관계 형성이 가능해지리라 본다. 더불어 무한복제가 가능한 지식자원들을 함께 공유할 수 있으므로 교육 등 정보접근의 기회를 확대할 수 있으며, 모두에게 열린 가상사회에서는 각 국가별로 형성된 제도나 법에 의해 제약되는 것이 없는 공평한 기회의 평등이 추구될 것이라고 본다.

또한 현재의 중앙집중식 거버넌스가 가상현실에서는 분산화된 거버넌스로 이양되면서 보다 투명해지고 소수의 권력자가 좌지우지할 수 없는 사회체계가 자리잡지 않을까 한다.

물론 이상적인 생각일 수 있고 인공지능이나 가상현실세계가 도입되는 과정에서 수많은 부작용이 있을 수 있겠으나, 기술 중심의 새로운 세상이 온다고 하여 사람 중심적인 아이디어인 ESG를 송두리째 들어내는 생각을 하기는 어려워 보인다.

최진석: 미래에도 ESG는 매우 중요한 분석수단이자 여러 이해관계자들의 관심을 아우르는 논의주제가 될 것이라고 본다. 기본적으로 ESG는 인류가 직면하고 있고 장기적으로 해결가능한 과제들을 그 중심에 놓고 있으며, 오늘날의 기업 및 투자에서 발생하는 현안뿐만 아니라 보편적인 사회적 이슈로의 확장성이 높기 때문이다.

예를 들어 ESG에서 가장 많은 논의가 되고 있는 세부 주제인 기후변화의 경우 궁극적인 목표를 탄소중립, 즉 넷제로(Net-Zero)로 상정하고 있으며 대부분의 국가에서는 이를 2050년으로 설정하고 있다(중국의 경우 2060년으로 설정했다). 그러므로 최

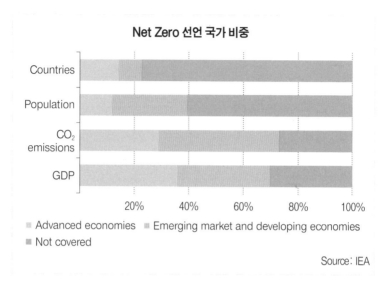

Net Zero 선언 국가 비중

Countries

Population

CO$_2$
emissions

GDP

20%　　40%　　60%　　80%　　100%

▨ Advanced economies　▨ Emerging market and developing economies
▨ Not covered

Source: IEA

소 30년 이상이 시간이 소요되는 중장기적인 어젠다이다. 기후
변화에 따른 다양한 문제들이 나타날수록 전체 인류가 이에 관심
을 갖게 될 것이며, 자연스럽게 각 국가 정책과 기업들의 변화도
함께 불러오게 될 것이다. 현재 많은 국가와 기업들은 하루가 멀
다 하고 기후변화에 관한 정책과 계획들을 발표하고 있는 것만
봐도 그렇다. 만약 특정한 이벤트를 통해 예상보다 쉽게 기후변
화의 문제를 해결하지 못할 경우 미래사회에서도 기후변화에 대
한 논의와 실천은 지속적으로 추진될 것으로 본다.

　기후변화를 포함한 E에 해당하는 이슈뿐만이 아니다. S나 G
역시 여전히 유효할 것이다. 가상현실 확장이나 인공지능사회로
의 이행 과정에서 유토피아만을 꿈꿀 수는 없다. '유토피아는 디

286

스토피아'라는 말처럼 현재의 많은 문제들을 해결하고자 시도한 결과물이라고 할 수 있는 미래사회에서도 예상하지 못한 많은 사회적 이슈가 나타날 것이다. 지배구조 문제 역시 논의될 것이다.

예를 들어 메타버스 속에서도 사회나 조직은 어떻게 운영될 것이며 누가 중요한 의사결정을 하게 될 것인가, 또는 이해관계 간의 충돌은 어떻게 조율되고 이를 관리 감독하는 체계는 어떤 방식으로 만들어질 것인가 하는 문제는 여전히 유효할 것이다.

인터넷이 보편화되면 전 세계가 하나가 되어 기존보다 더 많은 소통과 교류가 발생해 서로가 서로를 더욱 잘 이해하게 될 것이라는 유토피아적인 과거 전망을 떠올려보자. 과거의 전망대로라면 줄어들거나 사라져야 마땅함에도 오늘날 인터넷에서 오히려 더욱 극렬하게 표출되는 갈등, 혐오, 차별 등은 어떻게 설명할 수 있는가. 또한 자율적으로 가능할 것으로 믿어졌던 인터넷 세계에서의 감시와 통제에 대한 이슈는 왜 사라지지 않았는가. 이렇게 과거를 비추어 보았을 때 새로운 기술에 따른 미래사회가 현재의 문제들을 해결해줄 것이라는 기대는 지나치게 낭만적인 것이 아닌가 하는 생각이 들며, ESG 역시 같은 맥락에서 기술의 진보와 미래사회에서도 나름의 역할이 필요할 것으로 예상되는 부분이다.

특히 ESG를 중심으로 한 논의가 최신 기술에서도 함께 언급되는 현상을 보면 더욱 그렇다. 최근 가장 많은 논의가 일어나고 있는 블록체인과 가상화폐가 좋은 예가 될 것이다. 많은 논란이 있음에도 블록체인과 가상화폐는 미래를 전망할 때 빠지지 않고 등장하는 새로운 기술이며 미래의 테마이다. 블록체인과 가상화폐가 현재의 금융 시스템뿐만아니라 정보의 유통과 이에 중요한 보증수단이 될 것이라는 주장이 쉽게 사라지지 않고 오히려 강화되고 있는 것으로 보인다.

흥미로운 것은 이런 논의에서도 ESG에 관한 이슈는 빠지지 않는다. 가상화폐의 신규발행을 위한 소위 채굴작업은 가상화폐 생태계에서 중요한 영역이라고 볼 수 있는데 채굴과정에서 발생하는 막대한 에너지 소모가 탄소 발생량을 늘리고 기후변화에 부정적인 영향을 준다는 것이다.

이처럼 ESG가 장기적인 어젠다를 지향하고 있고 나름의 보편성을 가지고 있어 신기술에 따른 미래세대의 여러 변화에도 논의의 한 축을 담당하고 있다는 점을 감안할 때 쉽게 사라지지는 않을 것으로 예상한다.

참고사례 : 가상공간에서의 주주총회

가상 주주총회(Virtual shareholders meeting)를 위한 서비스는 2009년 Broadridge에 의해 개발된 적이 있다. 첫해 4개 회사가 이를 이용했고 서서히 증가했으나 전 세계적으로는 2019년까지 300개 회사만이 이를 활용하는 데 그쳤다. 모두가 예상할 수 있듯 코로나19는 이런 실적을 완전히 바꾸어 놓았다. 2019년 12월을 회계연도 마감으로 하는 기업들의 주주총회가 열리는

2020년 3월부터 5월 초까지 S&P500 기업의 60%의 주주총회가 가상 주주총회(Virtual shareholders meeting) 서비스를 활용했고 90% 이상이 앞으로 활용할 것이라고 발표했다. 이런 변화는 기업 참여에 매우 적극적으로 변화하고 있는 현재 트렌드를 더욱 가속화시킬 것으로 전망할 수 있다.[113]

---

113 Douglas K. Chia 등, 'Report on Practices for Virtual Shareholder Meetings', Harvard Law School Forum on Corporate Governance (2021.1)

12

불평등은 ESG를 통해
해결해야 하는 과제인가,
아니면 현대 자본주의사회에서
받아들여야만 하는 명제인가?

전홍민: 불평등은 ESG를 통해서 해결되어야 할 과제라고 판단된다. 불행하게도 코로나19 이후, 전 세계는 불평등이 더욱 심화되는 사태에 직면해 있다. 특히 실물경제와 자산가격의 괴리가 심화되고 있으며, 이로 인한 불평등은 더욱 심화되고 있는 상황이다. 2008년에 글로벌 금융위기만 하더라도 침체된 경기극복을 위해 각국 중앙은행들은 금리를 사상 최저로 낮추었고, 이로 인해 돈이 자산시장으로 집중화되게 되었다.

프랑스의 경제학자 토마 피케티는 저서《21세기 자본》에서 미국의 경우 금융위기 이후인 2010년 기준으로 상위 10%가 전체 부의 70%를 점유하고 있으며, 경제성장률이 저하된 상태에서 빈부격차는 지속적으로 확대될 수밖에 없다고 보고하고 있다.

한국만 보더라도 2020년 이후 서울의 집값이 상승하여, 2030 세대가 더 이상 저축을 통해서 서울의 집을 매수할 수 없는 상황에 이른 것도 사실이다. 이렇듯 서울의 집값 상승 및 유동성 과열을 통해 가상화폐의 상승률이 2021년 초 대비 2021년 6월에는 약 4배 이상 상승한 것을 보더라도 불평등은 더욱 심화되는 상황이라고 판단된다. 이제 서울의 경우, 반포나 압구정 등지의 30

평형대 아파트를 구매하기 위해서는 30억 이상의 자금이 필요한 실정이다.[114] 30억이라는 돈은 일반 평균 직장인이 1년에 받을 수 있는 연봉인 6천만 원을 약 50년간 전혀 소비하지 않고 모아야 가능한 금액이다. 즉 서울의 핵심 주거지의 경우, 연봉을 저축하여 매입을 하는 것이 불가능한 상황이 되었다.

따라서 대부분의 2030세대는 본인이 회사에서 인정을 받아 임원으로 성장하는 것을 목적으로 하기보다는 갭투자, 가상화폐 투자, 토지 투자, 주식 투자 등을 통해서 자금을 형성하는 사람이 대폭적으로 증가하고 있고, 이는 어쩌면 당연한 결과일 수 있다.

부의 재분배 문제와 불평등과 관련하여, 조지프 스티글리츠 교수는 '저탄소 시대가 부의 증가는 물론 세계적인 부의 재분배를 촉발할 것'이라고 예측하였다. 특히 그는 기존의 대형 발전소와 달리, 신재생에너지 시대에는 누구나 에너지 생산자가 될 수 있다는 점에서 기존의 화력원료의 시대에는 소유자들에게 부가 집중되었다면, 신재생에너지는 누구나 태양, 수소 등을 활용하여 에너지의 생산자가 될 수 있고, 기술의 발전을 통해서 실행력 및 경제성이 확보될 수 있다고 강조하고 있다. 특히 그는 적어도 햇빛은 석유보다 더 많은 곳에 분포되어 있고, 에너지 권력이 분산되면 더 큰 평등과 더 큰 민주주의로 향하는 움직임이 될 것이라

---

114 2020년에 개정된 대출규제로 인하여, 15억 이상의 고가주택은 더 이상 대출이 불가하기 때문에, 해당 주택은 자기자본으로만 투자를 집행해야 하는 상황이다.

고 주장하였다. 다만 수소경제와 같은 신재생에너지 시대에는 공공재의 비극이 일어날 수 있기 때문에 정부의 역할이 무엇보다 중요하다고 강조하고 있다.

나도 스티글리츠의 교수의 주장처럼, 일단 정부가 ESG활동을 불평등을 약화시킬 수 있는 기제로 만들 수 있도록 다양한 정책을 펴야 한다고 보고 있다. 즉 장기적으로는 정부가 친환경 대중교통 체계나 에너지 고효율 주거 등을 통해, 공공투자를 신속하게 그리고 대규모적으로 집행할 필요가 있다. 특히 우리 사회를 위한 다양한 ESG활동을 하는 기업들의 인센티브를 파격적으로 증가시켜줄 필요가 있다. 기업도 경제적 인센티브에 의해서 움직이는 기제가 크기 때문에, 파격적인 인센티브를 제시하지 않는다면 ESG활동이 오히려 소극적 · 수동적으로 수행될 수밖에 없다.

2021년에 발간되어, 최근에 많은 지지를 받고 있는 하버드 경영대학원의 리베카 핸더슨의 《자본주의 대전환》에서도 기업이 주체적으로 ESG활동을 수행해야 함을 강조하고 있다. 그럼에도 불구하고 한국에서는 기업의 규모와 수익성에 따라서, 모든 기업이 같은 수준의 ESG활동을 수행할 수 없다. 원칙적으로는 정부가 길을 만들면 민간기업이 그에 맞추어 ESG를 수행할 것으로 예상되며, 특히 재벌기업들이 축적된 자본과 수익성을 기반으로 보다 주축적으로 ESG를 수행해야 할 것으로 판단된다. 기업의 규모에 따라 혹은 산업에 따라 ESG활동은 다양하게 수행될 것으로 기대된다.

즉 코로나19 대유행과 파급효과 확산에는 기후변화와 환경파괴는 물론이고 부실한 의료시스템, 정부의 재원조달 부진, 소득불평등 심화와 같은 여러 사회적 이슈 등이 주요 배경으로 지목되고 있는 상황이다. ESG의 개념이 확대되면서, 기업 차원의 가치를 넘어서서 거시경제 전반으로 확산되는 경향을 기대해 본다. 따라서 향후 기업들의 ESG활동들은 불평등을 조금이나마 감소시킬 수 있는 방향으로 작용을 해야 할 것으로 판단되며, 이러한 경향은 코로나19 이후 불확실성이 더욱 확대되는 시대에 더욱 크게 작용할 것으로 판단된다.

송주형: 자본주의 사회라는 기본 틀이 유지되는 한, 경제적 불평등은 사회 구성원들이 받아들여야 하는 명제라고 생각한다. 물론 정치적 혹은 사회적인 불평등은 자본주의 사회에서 근간을 흔들지 않고 어느 정도 보완할 수 있다고 본다. 예컨대 여성의 투표권 확보, 교육기회 확대, 인종 간 차별금지, 동성애 합법화 등 사회적인 논란이 있는 주제들도 충분히 토론을 통해 합의를 도출하고 법이나 제도로 불평등을 완화시킬 수 있다.

그러나 경제적 불평등은 자본주의가 가지고 있는 가장 강력한 도구인 시장논리에 의해 결과적으로 발생할 수밖에 없는 것이기 때문에, 경제적 평등을 추구하는 순간 시장 본연의 기능을 잃게 되어 자본주의가 사라지고 공산주의가 된다고 본다. 자본주의는 기회의 평등을 통해 남보다 더 노력하여 더 나은 결과를 내면 더 큰 경제적 보상을 주는 인센티브가 핵심인데, 경제적 결과를 동일하게 만든다고 하면 이러한 인센티브가 작동하지 않아 결국 의욕 없는 사회가 되어, 공산주의 몰락의 전철을 밟게 될 것이다.

나는 ESG 역시 자본주의라는 틀 속에서 자리 잡힐 것이라고 본다. ESG를 잘하는 주체와 못하는 주체 간에 새로운 불평등을 창조할 것이며, 다만 이는 부의 분배가 바뀔 뿐이지 불평등 자체를 없애지는 못할 것이라고 본다.

그럼에도 불구하고 ESG는 자본주의의 속성을 조금 변화시킬 수는 있다고 본다. 과거 약탈적 자본주의가 성행했을 때의 불평등은 모든 측면에서 강자가 끊임없이 약자를 착취하는 성격이었다면, ESG 중심의 자본주의는 비록 경제적으로는 여전히 불평등하지만, 정치적·사회적 불평등에 대해서는 보완이 가능하기 때문에 약자도 숨 쉬고 살 만한 세상을 만드는 성격을 갖지 않을까 하는 기대가 있다.

최진석: 최근 ESG를 중심으로 한 논의가 활발해지면서 ESG의 확산이 자본주의의 개선이나 보완이 될 수 있다는 사회경제 체계를 중심으로 논의하는 거대담론적 접근법도 눈에 띈다. 하버드 경영대학원의 리베카 핸더슨의 《자본주의 대전환》과 같은 책이 대표적인데, 경제적 불평등과 같은 사회경제적 문제를 해결하는데 ESG가 하나의 해결책이 될 수 있다는 관점에서 ESG의 확산을 설명하고 있다.

ESG가 확산되면서 기존 과도한 시장주의에서는 외부효과나 요인으로 취부하던 것을 과감하게 경제활동 분석에 반영하고 있어 이런 주장은 일면 타당하다고 본다. 하지만 한편으로는 ESG가 확산되는 배경이나 그 효과를 논의할 때 경제적 불평등과 같은 복합적인 사회경제적 문제와 그 해결방안이 지나치게 단순하게 다루어지는 측면이 있다고 본다.

ESG의 시작은 분명 국제적인 지속가능성에 관한 논의 속에서 시작되었지만 그 확산의 동인은 가장 자본주의적인 것이었다. 바로 ESG가 돈이 된다는 것이다. ESG를 통해 기업을 분석해 투자를 할 경우 높은 수익률을 거둘 수 있고, ESG를 고려해 기업을 경영하면 평판효과 등을 통해 기업가치가 높아진다는 인식의 퍼지게 된 것이 ESG의 확산을 불러왔다. 좀 더 거창하게 이야기하면 지속가능성이 중요한 시대에서 ESG를 도입하는 것이 기업의 생존을 위해 필수적이라는 인식이 확대 되면서이다.

즉 기업경영이나 투자에 있어 ESG는 하나의 수단으로서 기존 자본주의를 더욱 강화하는 방식으로 인식되고 확대되었던 것이지, 사회경제 체계의 변환을 모색하고자 하는 목적으로 시도된 것이 아니다. 하지만 현재 ESG를 둘러싼 논의를 지켜보면 ESG 확대가 마치 기존 사회경제체제가 해결하지 못했던 여러 문제들을 해결해줄 수 있는 새로운 방안인 것처럼 포장되고 있는 것 같다.

특히 우려스러운 점은 ESG를 사회경제적 문제와 연결시키는 것에 대한 연구가 충분하지 못하다는 점이다. 기존 경제, 사회, 정치, 과학 등에 관한 정책적 학문적 접근법들에 비해 극히 최근 발전된 ESG를 통해 사회경제적 문제를 해결하려면 기존의 학문적 접근법들을 얼마나 면밀하게 검토하고 포함시키고 있는지 살펴봐야 한다.

예를 들어 기후변화 문제를 투자 포트폴리오에 적용하고, 기업 경영의 핵심정책으로 삼아야 한다는 ESG 업계의 목소리 속에 기존의 정책적 학문적 논의와 접근법에 대한 이해가 얼마나 담겨 있는가. ESG를 새로운 패러다임이라고 소리 높이는 분들 중에서, 정통 기후 전문가를 포함해 얼마나 많은 기존의 연구자들의 성과나 정책적 대안을 검토했는지에 대한 자문도 필요한 시점인 같다.

마지막으로 다시 한번 고민해야 할 부분은 실천에 대한 부분이다. 현재 ESG를 중심으로 경영을 하거나 투자의사결정을 할 경우 그 실천이 최소한 환경 사회적으로는 긍정적인 영향을 미칠 것이라는 낙관론에 기대어 있다. 하지만 이런 낙관론을 바탕으로 한 실천이 또 다른 부정적 효과를 가져올 수 있다.

2006년 노벨평화상을 수상하면서 소위 사회적 경제의 전 세계적인 성공사례로 떠올랐던 그라민 은행의 케이스를 생각해보자. 방글라데시 빈곤층을 대상으로 한 마이크로파이낸스는 그라민 은행의 무함마드 유누스 교수를 전 세계적인 스타로 만들면서 사회적 목저과 기업의 이윤을 결합한 소위 ESG 기업의 성공사례로 볼 수도 있다. 빈곤층에 담보 없이 대출을 했음에도 높은 회수율을 보였고 사회적으로도 대출자들이 빈곤에서 벗어날 수 있도록 도왔다는 긍정적 평가를 받았다. 하지만 방글라데시 출신의 미국 오리건대 라미아 카림 교수가 현지 조사를 통해 세상에 내놓은 책《가난을 팝니다》[115]는 그라민 은행이 빈민을 상대로 자본주의의 이윤을 확대하고 가난의 악순환을 심화시켰다고 지적한다.

최근 스타벅스 코리아의 직원들의 시위사건[116]을 살펴보자. 누적된 마케팅 프로모션에 지친 직원들이 친환경적인 재활용컵 (Reusable Cup) 이벤트에서 야기되어 본사 정책에 대한 반발을 표출하였고 노조설립 없이 자발적으로 트럭시위에 나섰다. 일회용컵 대신 환경을 생각한 재활용컵의 보급을 통해 친환경 기업으로서의 평판을 높이고자 했던 스타벅스의 실천이 오히려 가장 중요한 이해관계자인 직원들의 불만을 촉발시킨 것이다. ESG의 낙관론적인 실천이 다른 문제를 파생시킬 수 있다는 것을 보여주는 사례라고 생각된다.

ESG는 분명히 새로운 메가트렌드이다. 하지만 폭넓은 범위만큼 기존 연구들에 대한 고찰이 필요하다. 또한 ESG에 관한 지나친 낙관론적 실천 역시 재검토해야 한다. ESG를 통해 불평등과 같은 오래된 사회경제적 이슈들을 손쉽게 해결할 수 있다는 접근법 속에 우리가 예상하지 못한 또 다른 문제들을 파생시킬 가능성에 대해 충분히 고민하면서 나아가야 할 때이다.

---

115 라미아 카림 저(박소현 역), '가난을 팝니다', 오월의 봄 (2015.11)
116 뉴시스 (2021.10.7), "'리유저블컵 대기음료 650잔에 눈물"…스타벅스 직원들 '트럭시위", 옥성구 기자

본 서적에서는 ESG와 관련하여 세 저자의 경험을 기반으로 한 '친환경전문 PEF를 지향하며 걸어온 길', '글로벌 ESG투자', '한국의 기업지배구조'에 대해서 각각 사모펀드 대표, 연기금 ESG 담당자, 경영학 교수의 관점에서 서술을 해보았다.

ESG라는 큰 주제 안에서 세 사람은 일부 의견에는 동의를 하기도 하고, 일부 의견에는 서로 배워가면서 ESG에 대해서 지식을 채워나갔던 것 같다. 더불어 ESG와 관련된 12가지 질문에 대해서 학계, 사모펀드, 연기금의 전문가가 대담 형식으로 각자의 관점에서 본인의 의견을 풀어보는 데에 목적이 있었고, 이를 통해 어느 정도 ESG와 관련된 최근의 이슈들을 고민해 보는 데에 목적이 있다.

특히 이 책을 준비하면서 각 분야 전문가가 ESG에 대해서 함께 고민해 보고 논의를 하는 서적이 아직 국내외에 없었다는 점에서 이 책은 꼭 출간을 해야 한다고 서로 이야기를 하였다.

이 책을 준비하면서 가장 고민이 컸던 부분은 "2021년의 한국은 왜 이렇듯 ESG 열풍에 휩싸였나"라는 부분이다. 경제신문을 읽으면서 ESG라는 단어를 보지 않은 날이 없을 지경이고, 모든 기업이 마치 경쟁하듯 ESG경영을 선포하고 이를 수행해 나가고 있다. 2020년 초부터 전 세계적으로 팬데믹 현상을 만들어 냈던 코로나19라는 사태가 2021년의 ESG열풍을 촉진시켰다는 점은 부정할 수 없는 사실이다. 더불어 정부에서도 이해관계자 자본주의를 기반으로 한, 탄소중립(Net-Zero) 기반의 순환경제를 구축해 나가기 위해 노력하고 있는 것도 사실이다.

한국도 이제 순환경제로 나아가야 하며, 기업들이 환경에 대한 보호 및 투자를 적극적으로 수행할 수 있도록 정부가 관련된 정책을 파격적으로 제시할 필요가 있다. 특히 재벌기업들이 주도적으로 ESG참여를 수행하고 있는 모습과, 특히 환경이슈에 대해서 적극적으로 대응하는 모습은 매우 긍정적이라고 판단된다. 기업들이 보다 장기적인 관점에서 환경에 대한 투자를 수행할 수 있도록, 해외의 사례를 보면서 한국의 규제당국들이 보다 다양한 인센티브 제도를 실시해야 '공공재의 비극'이 발생하지 않을 것으로 생각한다. 특히 기업의 규모 혹은 산업별로 ESG를 수행할 수 있는 부분이 달라질 수 있기 때문에 향후 이에 대한 고민을 해봐야 할 것이다.

하지만 여전히 ESG 투자는 지속가능한 장기성과로 나아가기보다, 기업들이 그린워싱을 통해 자금을 조달하거나 마케팅 전략으로 활용할 여지가 큰 것도 사실이다. 이는 ESG로 이름을 지으면 어떠한 활동도 긍정적으로 평가받고 있기 때문이다. 향후 기업의 ESG활동들도 옥석이 가려질 것으로 판단되지만, 그 전까지는 정부 및 규제당국이 조금 더 선제적인 정책을 수행하여, 그린워싱을 하는 기업들을 감소시킬 수 있는 방향으로 정책마련을 해야 할 것으로 판단한다. 특히 ESG 평가기준과 관

련해서는 민간주도로 한국만의 ESG평가기준이 마련되는 것도 의미가 있는 것이다. 이 경우 국가주도보다는 민간주도로 하여 글로벌 ESG평가기관과도 호환될 수 있는 방향으로 만들어지는 것이 적절할 것이다.

기업지배구조부분은 1997년 아시아 외환위기 이후, 어느 정도 코리아 디스카운트(Korea Discount)[117]가 해결되고 있는 부분도 있지만, 여전히 다양한 이슈가 상존하고 있는 것도 사실이다. 본 서적에서 언급한 주주행동주의 펀드 및 스튜어드십 코드에 대한 부분은 향후 연기금의 주요 의제가 될 전망이다.

특히 차등의결권제도는 향후에도 다양한 논쟁이 될 전망인데, 한국의 현실에서는 시기상조라는 의견이 다수설인 것도 사실이다. 하지만 한국에서 도입될 수 있는 차등의결권제도는 향후 다양한 논의를 통해서 발전적인 형태의 제도가 탄생할 가능성도 배제할 수 없다. 여성의 사회적 역할은 현재보다 더욱 커져야 하며, 이는 기업의 경쟁력 강화에 중요한 요건이 될 수 있을 것이다. 특히 향후 ESG열풍이 단순한 열풍이 아닌 장기적인 어젠다가 될 수 있도록 범국가적인 패러다임의 변화가 있어야 할 것이다. 더불어 재벌기업의 기업지배구조를 개선해 나갈 수 있는 이사회의

---

117 Black, B., Kim, W., & Jang, H. (2015). "How corporate governance affect firm value? Evidence on a self-dealing channel from a natural experiment in Korea." Journal of Banking and Finance, 51, 131-150.

장-최고경영자 겸직 금지, 감사위원회 다양성, 내부회계관리제도의 적극적 활용, 기업의 ESG활동 기구 상설화 등 다양한 기제를 적극적으로 활용해 나갈 필요가 있다.

2021년의 키워드는 경제적 불평등의 심화일 것이다. 코로나19로 인하여, 자영업자 및 사업자들은 부익부 빈익빈이 더욱 심화되었으며, 이는 사회적 과제가 되었다.

재난지원금을 단순히 얼마 주는 것으로 지금의 부익부 빈익빈 문제를 과연 근본적으로 해결할 수 있을 것인가? 이는 쉽지 않은 문제이고, 기업들의 ESG도 불평등 문제를 감소시킬 수 있는 방향으로 작용하는 것이 필수적일 것이다. 희망적인 부분은 기술력의 발전을 통해서 태양이나 풍력과 같은 신재생에너지의 생산자가 곧 누구나 될 수 있다는 점이나, 인공지능의 발전은 자본의 효율성을 극대화하여 이미 자본을 보유하고 있는 사람과 없는 사람의 격차를 더 크게 벌려 놓을 수도 있을 것이다.

더불어 일부 금융권 및 연기금에서 탈석탄화를 추구하고 있는데, 우려가 되는 것은 탈석탄화를 추구하는 기본적인 전략은 칭찬할만 하지만, 이것이 단기적인 구호로 끝나지 않도록 해야 한다는 것이다.

일반적으로 연기금 및 금융권 CEO의 임기는 3년 내외로 대체적으로 짧기 때문에 향후 CEO가 교체되면 다른 목소리를 낼 가능성이 있어서, 장기적인 플랜을 가지고 탈석탄화를 추구하는

것이 중요할 것으로 판단된다. 이를 위해서는 정부에서도 금융권 및 연기금이 탈석탄화를 추구하였을 때 관련된 세제 혜택을 주든지 아니면 경영평가를 수행할 때 사회적 가치 분야에서 확실한 가산점을 주는 등 지속가능한 당근 정책을 추구하는 것이 필요할 것으로 판단된다.

정부에 건의하고 싶은 부분은 먼저 환경 관련 공시를 선진국보다 선제적으로 도입할 것을 주장하는 바이다. 한국의 상장기업의 경우 2011년 K-IFRS를 의무도입하면서 기업이 이미 어느 정도의 회계처리 혹은 공시 관련된 노하우가 생겼기 때문에 비재무정보공시에 대한 부분도 정부가 가이던스를 결정해 주면 그에 맞추어 빠르게 공시(Disclosure) 준비를 할 수 있을 것으로 기대된다.

특히 한국 기업들 대부분이 글로벌화를 추구하고 있고, 해외매출 비중이 증가하고 있기 때문에 관련하여 선제적으로 환경공시를 확대해 나가는 것이 필수적일 수 있다. 현재의 스케줄대로라면 2030년은 되어야 비재무정보공시를 상장기업 전체에 대해서 할 수 있을 것으로 기대된다.[118] 하지만 유럽에서 논의되고 있는 환경 관련 규제 및 탄소세 등의 세금 이슈는 2030년 전에 어느

---

118 1단계로 2025년까지 ESG 가이던스 제시 및 자율공시 활성화, 2단계로 2025년부터 2030년까지 일정 규모 이상의 기업에 대해서 의무공시, 3단계로 2030년까지 코스피 상장사에 대한 의무공시를 계획하고 있다.

정도의 결론 혹은 의결이 나올 것으로 판단되기 때문에, 상장기업의 경우는 조금 더 빠르게 비재무정보공시 혹은 지속가능보고서 발간 등을 충실히 수행해 나가는 것으로 방향을 설정하는 것이 중요할 것으로 보인다.

이를 위해서는 금융위원회와 회계기준원 그리고 학계가 머리를 맞대고 조금 더 치열하게 어떠한 방향으로 비재무정보공시를 수행할 것인지를 고민해 봐야 하고 그중 환경과 관련된 공시는 유럽 혹은 미국에서 추구하는 공시의 방향을 참고하여 한국만의 공시의 방향을 조금 더 고민해 보면 좋을 것 같다.

ESG가 이렇듯 대세로 자리잡으면서, ESG를 기반으로 하는 다양한 사업이 생겨나고 있고, 특히 ESG 평가기관, ESG 컨설팅, ESG를 기반으로 하는 언론사, ESG 교육과정을 운영하는 기관 등이 ESG를 기반으로 상당한 이익을 점유하고 있다. 물론 새로운 개념이 도입될 때 해당 개념에 대한 이해를 돕기 위해서 다양한 평가기관, 혹은 컨설팅 관련 사업의 유행은 항상 있어왔다. 하지만, 2020~2021년으로 이어지는 ESG와 관련된 이익집단의 출현은 과연 ESG의 패러다임에 대해서 가장 이익을 보는 주체가 누구인가라는 문제를 제기하게 만들고 있다. ESG도입 초기에는 보다 선제적으로 ESG라는 개념을 도입하고, 이를 활용하는 집단이 거의 독점적인 이익을 향유할 수 있다. 하지만 이마저도

향후 옥석이 가려질 것으로 판단되며, ESG에 대한 보다 확실한 개념정립과 전문화된 지식 및 실행능력 등이 중요한 포인트가 될 것으로 판단된다.

향후 보다 전문화된 지식을 기반으로 ESG 컨설팅 서비스를 제공하지 않을 경우, 기업들이 해당 글로벌 시장에서 살아남기가 어려울 수 있다. 더불어 기업들도 ESG위원회, ESG 관련 부서를 조직하여, 누구보다 빠르게 한국형 ESG에 대한 지식을 흡수하고 있으며, 정부도 적극적으로 나서서, ESG에 대한 가이던스라든지 한국형 ESG 평가모델의 구축들을 수행하고 있다. 이러한 시대적 흐름 속에서 결국 기업들은 더욱 적극적으로 ESG경영을 수행할 것이라고 기대한다.

코로나19 이후 어느 때보다 빠르게 불평등이 심화되고 있으며, 이러한 불평등을 조금이나마 완화할 수 있는 기제가 기업들의 성공적인 ESG경영이라고 믿는다. 환경 문제의 경우 기업들의 이와 같은 적극적인 ESG경영은 결국 온 국민, 더 나아가서는 인류에게 큰 도움이 될 수 있다고 판단된다. 환경파괴를 조금이나마 감소시키는 것은 결국 우리 모두에게 큰 혜택으로 다가올 수 있다. ESG는 단순히 일시적인 현상으로 끝나는 것이 아니고 코로나19 이후 인수합병기회 혹은 투자기회의 패러다임을 전격적으로 변화시킬 수 있는 어젠다라고 생각한다.

본 서적에서는 최신의 사례를 다루면서도, 독자들이 같이 고민을 해봤으면 하는 문제들에 대해서 각 저자의 경험을 공유하고, 일부 논쟁적인 부분에 있어서는 질문을 던져보는 형식으로 책을 저술하였다. 이는 해당 문제들에 대한 정답을 제시하기보다 이에 대해서 같은 시대를 살아가는 일원으로서 함께 생각해 보자는 의미가 더욱 크다고 판단된다. ESG와 관련하여 철학적 질문을 던지는 부분이 이 책을 준비하는 저자들에게도 조금은 낯설고 어려웠던 것도 사실이지만, 불확실한 시대일수록 오히려 ESG와 관련된 철학적인 질문과 답을 해보면서 본인의 의견을 정리해보는 기회가 될 수 있었다.

더불어 이 책을 읽는 독자들이 이 책에서 제시하고 있는 12가지의 질문에 대한 더욱 나은 해답을 제시한다면 이는 이 책을 쓰는 저자들이 가장 바라는 부분일 것이다.

한국에서의 ESG에 대한 열풍이 비단 열풍으로만 끝나는 것이 아니라, 긍정적인 시대적 변화를 일으킬 수 있는 패러다임 변화가 될 수 있기를 기대해본다.